Transculturación y trans-identidades en la literatura contemporánea mexicana

Editado por
Herlinda Flores Badillo
Universidad Veracruzana

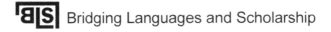
Bridging Languages and Scholarship

Serie en Estudios Literarios

Copyright © 2023 de los autores.

Todos los derechos reservados. Ninguna parte de esta publicación puede ser reproducida, ni almacenada en un sistema de recuperación de datos, ni transmitida de ninguna forma ni por ningún medio, ya sea electrónico, mecánico, fotocopiado, grabado u otro, sin el permiso previo por parte de Vernon Art and Science Inc.

www.vernonpress.com

En América:
Vernon Press
1000 N West Street, Suite 1200, Wilmington, Delaware 19801
United States

En el resto del mundo:
Vernon Press
C/ Sancti Espiritu 17,
Malaga, 29006
Spain

 Bridging Languages and Scholarship

Serie en Estudios Literarios

LCCN: 2022935709

ISBN: 978-1-64889-638-5

Also available: 978-1-64889-146-5 [Hardback]; 978-1-64889-536-4 [PDF, E-Book]

Diseño de cubierta: Vernon Press. Imagen de cubierta: Isa Gómez.

Los nombres de productos y compañías mencionados en este trabajo son marcas comerciales de sus respectivos propietarios. Si bien se han tomado todas las precauciones al preparar este trabajo, ni los autores ni Vernon Art and Science Inc. pueden ser considerados responsables por cualquier pérdida o daño causado, o presuntamente causado, directa o indirectamente, por la información contenida en él.

Se han hecho todos los esfuerzos posibles para rastrear a todos los titulares de derechos de autor, pero si alguno ha sido pasado por alto inadvertidamente, la editorial se complacerá en incluir los créditos necesarios en cualquier reimpresión o edición posterior.

Índice

Introducción — vii
Herlinda Flores Badillo
Universidad Veracruzana

Parte I. El México profundo en el México contemporáneo — 1

Apartado I. Vampirismo, lo gótico mexicano — 3

Capítulo 1 **Refuncionalizando lo sagrado prehispánico en *Vampiros aztecas* de Pablo Soler Frost** — 5
Alexander Torres
University of South Florida

Capítulo 2 **Tezcatlipoca: un espejo humeante en el mundo gótico transmedial** — 25
Andrea Medina Téllez Girón
Universidad Autónoma del Estado de Morelos

Capítulo 3 **Hambre, comunión y excreción: una lectura biopolítica de *El huésped*** — 39
Giovanna Rivero
Escritora y académica independiente

Apartado II. El México profundo: transcultural y violento — 59

Capítulo 4 **Auto-identidades, de la colonia al XXI: escritores de los Pueblos Originarios de México** — 61
Herlinda Flores Badillo
Universidad Veracruzana

| Capítulo 5 | **Violencia, migración y ¿aculturación? De los mé pháa y los zapotecos, dos obras poéticas** | 75 |

Herlinda Flores Badillo
Universidad Veracruzana

| Capítulo 6 | **Historia, fronteras e identidad en *Ahora me rindo y eso es todo* de Álvaro Enrigue** | 97 |

Mario Jiménez Chacón
University of Wisconsin

Apartado III. Temporada de huracanes y sus brujas: transculturalidad y polifonía — 115

| Capítulo 7 | **La Bruja y sus formas: estrategias y alcances de lo transcultural en *Temporada de huracanes* de Fernanda Melchor** | 117 |

Paulo Andreas Lorca
Cornell University

| Capítulo 8 | **Polifonía e identidades en el umbral: construcción de la crítica social en *Temporada de huracanes* de Fernanda Melchor** | 135 |

Jordi Serrano-Muñoz
Universitat Oberta de Catalunya

Parte II. Los otros Méxicos — 149

Apartado IV. Identidad y frontera en la narrativa contemporánea — 151

| Capítulo 9 | **Los (no)espacios transnacionales e identidades fronterizas en la narrativa mexicana contemporánea** | 153 |

Ángel M Díaz-Dávalos
University of Pennsylvania

Capítulo 10	**Identidad y frontera, una lectura comparada de *A vuelta de rueda tras la muerte* de Ricardo Vigueras y *Kentucky Club* de Benjamín Alire Sáenz**	177
	Rodrigo Pardo Fernández *Universidad Michoacana de San Nicolás de Hidalgo*	
	Apartado V. Migración y transculturación, México y su norte	*193*
Capítulo 11	**La migración mexicana a Estados Unidos en clave de género**	195
	María Celina Ibazeta *Universidade Federal Fluminense de Rio de Janeiro*	
Capítulo 12	**Transculturación de la frontera norte de México: la lengua como rearticulación comunitaria en *Estrella de la calle Sexta***	221
	Blanca Judith Martínez Díaz *Missouri State University*	
	Apartado VI. El México y su norte imaginado	*233*
Capítulo 13	**La geografía y transculturalidad de Roberto Bolaño: efímera, desplazada, y espacios imaginarios**	235
	Sam Orndorff *San Diego State University*	
Capítulo 14	**Violencia e identidades: Elmer Mendoza y la creación de una saga detectivesca**	253
	Minni Sawhney *University of Delhi*	

*Apartado VII. El México no profundo
¿La otra migración?* 273

Capítulo 15 **Una sociedad infelizmente transculturada
en *Compro, luego existo* y *Debo, luego sufro*
de Guadalupe Loaeza** 275
Susana Perea Fox
Oklahoma State University

Índice Analítico 289

Introducción

Herlinda Flores Badillo

Universidad Veracruzana

Transculturación y transidentidades en la literatura contemporánea mexicana reune la mirada de diferentes críticos literarios de diferentes partes del mundo, investigadores en diferentes universidades como España, India, Estados Unidos, Brasil y por supuesto, México. Todos ellos abordan el tema de la transculturación desde diferentes teorías, desde las latinoamericanas de Fernando Ortiz, Ángel Rama o los nuevos análisis de Moraña y Sarlo, o desde otras teorías como las de Pratt, Ricoeur o Lotman, entre muchas otras. Cada crítico aborda las trans-identidades desde las diferentes maneras que existen dentro de la narrativa, para poder trasladar a los personajes de una identidad a otra. Algunos lo llevan a cabo desde una visión de bien y mal, entre presente y pasado o desde el ámbito de frontera y los no espacios y/o espacios geográficos; y otros lo hacen desde desde la violencia que ejerce un cambio en la identidad y por supuesto en la cultura. Las teorías son tan diversas en este tema que invito al lector a descubrirlas a través los resúmenes o dando un vistazo a la bibliografía, abarcando autores como Bataille, Jung, Agamben, Galtung, o Valencia, entre otros.

El objetivo de este libro es abrir el diálogo entre investigadores, académicos y estudiantes de doctorado en el área de estudio donde la cultura, la identidad, el espacio y la frontera puedan reunirse en una intersección. Los capítulos del libro tienen como temas principales la identidad, la transidentidad, la cultura y la transculturación en las diferentes obras literarias del México contemporáneo. El primer apartado se centra en lo prehispánico en el México actual, lo tradicionalmente cultural del México profundo en las obras actuales de escritores jóvenes y no tan jóvenes; el segundo apartado pone un énfasis especial en la parte norte de México, la frontera y los espacios.

El tema de la pulsión, la violencia y lo transmedial está presente en la primera parte, que retoma lo prehispánico o los arquetipos que datan desde antes y durante la colonia para traerlos a "una realidad contemporánea". Cada crítico nos sumerge en el texto analizado y nos adentra en profundos análisis de lo que se está escribiendo en el México contemporáneo, que sigue considerando su pasado histórico. Los escritores no han olvidado los orígenes y los traen a la escritura para mantener al lector en un ambiente de un nuevo gótico; los monstruos no son puramente europeos, sino que son trans-identitados a uno mexicano. Basta leer los dos primeros capítulos para ver la maestría en la escritura de *Vampiros Aztecas* y el gran análisis de ambos críticos a una misma obra. Para otros autores, hablar de las culturas de los Pueblos Originarios y las violencias ejercidas en la contemporaneidad, se logra desde la poética o desde la narrativa, es así como mediante voces narrativas o poéticas los críticos literarios abordan la cultura y las violencias dentro de los pueblos originarios. Una autora joven analizada desde esta mirada transcultural y de transidentidad es Fernanda Melchor. Los críticos coincidieron en el análisis de la misma obra: *Temporada de Huracanes* pero cada uno la analiza de manera tan diferente que quien lee ambos capítulos quisiera regresar a leer la obra y ver qué más puede encontrar. Los temas de las brujas, la prostituta y también lo trans-género se abordan con pericia, así como también la biopolítica, que es el tema central de análisis para el *Huésped*. Por otro lado, los temas de la frontera son analizados minuciosamente. Pero también podemos hablar de otra frontera, de esa que no es física, sino mental, de los que viven en un lenguaje foráneo, en una cultura que no les pertenece pero quieren adoptar.

A continuación, comentaré de manera breve el objetivo de cada capítulo del libro sin olvidar que está dividido en dos partes, la primera titulada "El México profundo en el México contemporáneo" y la segunda "Los otros Méxicos". A su vez, cada parte cuenta con apartados, subtitulados de acuerdo a los temas que los críticos abordaron sobre una misma obra o sobre un hilo conductor que unía los capítulos críticos. En el apartado uno, "Vampirismo, lo gótico mexicano", el primer capítulo a cargo de Alexander Torres, académico de University of South Florida, titulado "Refuncionalizando lo sagrado prehispánico en *Vampiros aztecas* de Pablo Soler Frost" analiza el texto de este escritor con el objetivo de encontrar qué tienen que ver los vampiros y los aztecas. Torres recurre principalmente a la teoría Jungiana, bajo esa mirada de lo arquetípico y, por otro lado, estudia el ethos barroco de Bolivar Echeverría. El capítulo dos a cargo de Andrea Medina Tellez, de la Universidad Autónoma del estado de Morelos, se titula "Tezcatlipoca: un espejo humeante en el mundo gótico transmedial", al igual que Torres, sostiene que hay un regreso al mito de Tezcatlipoca, sin embargo, a diferencia del primer capítulo, Medina opta por un análisis transmedial, donde no sólo se toma la obra de *Vampiros Aztecas* sino también el cortometraje "Tzompantli" de Laurette Flores y la pintura "Murciélago" de Sergio Hernández. Tellez decide analizar las obras desde lo gótico transmedial y se basa en la transculturalidad latinoamericana aportada por Rama y Ortiz. Dentro del mismo apartado nos encontramos con una mirada fresca de Giovanna Rivero, escritora y crítica literaria, que analiza la obra de *El Huesped*, de Guadalupe Nettel, en "Hambre, comunión y excreción: una lectura biopolítica de *El huésped*". Desde la teoría de la biopolítica aplicada al desarrollo de maduración y ambiente que rodean al personaje principal Ana, el análisis parte de las teorías de identidades dobles y arquetípicas expuestas por Gilbert Durand.

El apartado dos se ha titulado "El México Profundo: transcultural y violento", comenzando por el capítulo cuatro, "Auto-identidades, de la colonia al XXI: escritores de los Pueblos Originarios de México", a cargo de Herlinda Flores, que analiza las auto-identidades de los escritores de los pueblos originarios a través de sus obras poéticas. Al mismo tiempo, Flores hace un recorrido de cómo se va dejando la mirada del indígena en la narrativa escrita por "mestizos" o escritores occidentalizados y se da paso a la voz de los escritores de los pueblos originarios, recurriendo a teorías como las de Pratt y Fernando Ortiz. En el capítulo cinco, "Violencia, migración y ¿aculturación? De los mé pháa y los zapotecos, dos obras poéticas", la misma crítica, Flores, perteneciente a la Universidad Veracruzana, analiza la obra poética de dos jóvenes escritores de los Pueblos Originarios, Hubert Mattiúwaá e Irma Pineda. Desde la mirada de violencia que se ha ejercido en sus pueblos, considera la teoría de Galtung para dicho análisis. A cargo de Mario Jiménez Chacón de la Universidad de Wisconsin, el capítulo seis, "Historia, fronteras e identidad en *Ahora me rindo y eso es todo* de Álvaro Enrigue", tiene como propósito explorar las diferentes formas que ha adoptado la identidad fronteriza desde la época prehispánica hasta el presente. El capítulo demuestra que esta novela desafía el presentismo histórico con el que se analiza el problema fronterizo, además de presentarlo como un problema bicéfalo.

El apartado tres de esta primera parte, "Temporada de huracanes y sus brujas: transculturalidad y polifonía", cierra de manera intensa con el análisis de *Temporada de Huracanes*, así como ha sido calificada la obra de Melchor, "intensa e inventiva" (*The Guardian*). El capítulo siete, escrito por Paulo Andreas Lorca doctorante de Cornell University, reevalúa el concepto de transculturación mediante la figura de la bruja como su corolario desde la perspectiva literaria y popular. El capítulo ocho "Polifonía e identidades en el umbral: construcción de la crítica social en *Temporada de huracanes* de Fernanda Melchor" escrito por Jordi Serrano-Muñoz, de la Universitat Oberta de Cataluyna, tiene por objetivo analizar las diferentes polifonías del texto de Melchor. Serrano argumenta cómo la polifonía en esa obra conduce a la construcción horizontal de tiempos y espacios, a una policronía y politopía, constituyéndose como el motor de su crítica.

La parte II, titulada "Los otros Méxicos", consta de otros siete capítulos en los que el tema de la frontera está presente. Seis críticos desde diferentes perspectivas analizan las narrativas de diferentes autores, todas las obras teniendo como punto de partida la frontera. El último capítulo que cierra este libro, de la mano de la académica Susana Fox, por el contrario, no habla de esa frontera física en la que habitan y cruzan muchos mexicanos, sino que aborda la frontera desde el centro, desde el aspecto de apropiación del lenguaje foráneo y desde transculturación con la que sueñan algunos de ese otro México.

El capítulo nueve, en esta segunda parte, se titula "Los (no)espacios transnacionales e identidades fronterizas en la narrativa mexicana contemporánea". Su autor, Ángel M Díaz-Dávalos, de la Universidad de Pensilvania, busca en su análisis dialogar con un grupo de narrativas heterogéneas, provenientes de sistemas literarios y culturales (canciones de los Tigres del Norte), cuya representación de una posible "transculturación" surge en un espacio particular: la frontera con los Estados Unidos. Partiendo de referencias sobre las culturas fronterizas desde variados puntos de enunciación, se sirve de la teoría de los espacios antropológicos y los no espacios (Augé). En el capítulo diez, "Identidad y frontera, una lectura comparada de *A vuelta de rueda tras la muerte* de Ricardo Vigueras y *Kentucky Club* de Benjamín Alire Sáenz", Rodrigo Pardo, de la Universidad Mexicana de San Nicolás de Hidalgo, propone una lectura comparada de los libros de cuentos *A vuelta de rueda tras la muerte* del español Ricardo Vigueras, y *Kentucky Club* del estadounidense fronterizo Benjamín Alire Sáenz. Destaca la convergencia espacio-temporal, las situaciones y las violencias, el conflicto y las estrategias para escribir la contradicción propia de un territorio escindido.

El Apartado V "Migración y transculturación, México y su norte" expone en dos capítulos un tema que es recurrente en la narrativa que se enuncia desde la frontera; la migración. El capítulo once, a cargo de la académica María Celina Ibazeta, de la Universidade Federal Fluminense Rio de Janeiro, "La migración mexicana a Estados Unidos en clave de género" se propone analizar la obra de Yuri Herrera *Señales que precederán al fin del mundo* desde una perspectiva de género en donde Makina, el personaje principal, será el leitmotiv del análisis. No sólo se habla de aspectos feministas sino también del fenómeno de migración por el que atraviesa la personaje de la obra. En el capítulo doce "Transculturación de la frontera norte de México: la lengua como rearticulación comunitaria en *Estrella de la calle Sexta*" Blanca Judith Martínez Díaz, académica de la Universidad del estado de Missouri, se enfoca en el contexto de los procesos de transculturación violenta de una cultura sobre otra en la era del capitalismo tardío, así como el análisis de los movimientos contrahegemónicos que surgen en estos contextos anti-comunitarios mediante la reconfiguración de la lengua. El autor de *Estrella de la calle sexta*, dice Martínez, nos demuestra estos potenciales espacios que se generan para la reconstrucción y formación de lazos comunitarios por medio de un agenciamiento de identidades basadas en la re-creación del habla fronteriza.

En el apartado VI titulado "El México y su norte imaginado" Sam Orndorf y Minni Sawhney, analizan las obras de escritores que plantean temas de la frontera violenta, pero también imaginada. Ambos desde el exterior, uno estudiante de doctorado en una universidad norteamericana y, por otro lado, una académica de la universidad de Dehli, en la India, estudian desde diferentes teorías por un lado las obras de Bolaño y, por otro, las del escritor Elmer Mendoza. Para Orndorf, la obra de Bolaño visualiza el desplazamiento masivo, el feminicidio, la violencia, la nostalgia y la ansiedad predominante. Este ensayo analiza cómo Bolaño en esta mega-novela, junto con sus otras historias y escritos intertextuales, encuentra una geografía que está a la vez empapada de verdades transculturales y de verosimilitud literaria. Bolaño crea una geografía real e imaginaria donde América Latina es el manicomio: lo que reprime a los pueblos indígenas, a los jornaleros, a las mujeres y a todos los que resisten al terror de derecha. Para Sawhney, su objetivo primordial, en el capítulo catorce, es demostrar cómo Elmer Mendoza nos atisba el campo de producción cultural en México y su propia posición dentro de este campo mediante su saga detectivesca. Finalmente, el libro cierra con el apartado VII y el capítulo de la académica Susana Perea Fox, de la Universidad de Oklahoma, que analiza la obra *Compro, luego existo y Debo, luego sufro* de Guadalupe Loaeza. Desde una narrativa que algunos pudieran encontrar como superficial, demuestra que las teorías de transculturación y transidentidad son aplicables a la obra y que las fronteras no son sólo físicas, también mediante el lenguaje se puede vivir y cruzar la frontera para así transculturar la lengua, la cultura y la propia identidad. En este capítulo analiza la identidad y la transformación cultural de los personajes al absorber e incorporar las costumbres e ideología de otras culturas, basándose en las teorías de globalización y lo local.

El libro *Transculturación y trans-identidades en la literatura contemporánea mexicana* es de utilidad para académicos, investigadores, críticos literarios y, por supuesto, estudiantes de literatura que deseen conocer más sobre la literatura contemporánea mexicana. Claro está, puede ser un libro de consulta o un libro obligatorio para cursos de literatura mexicana contemporánea. Todos los académicos e investigadores literarios que hemos formado parte de esta obra esperamos que la lectura de este libro sea de utilidad académica pero también se disfrute al ir leyendo el análisis que se hace de obras como *Vampiros Aztecas*, *El Huésped*, poemarios de Hubert Matiuwáa, Irma pineda, o de novelas como *Ahora me rindo y eso es todo*, *Temporada de Huracanes*, *Señales que precederán al fin del mundo*, *Estrella en la calle sexta*, *A vuelta de rueda tras la muerte de Ricardo Vigueras*, *Kentucky Club*, *Compro, luego existo y Debo, luego sufro*, así como obras de Roberto Bolaño y Elmer Mendoza.

Parte I.
El México profundo en el México contemporáneo

Apartado I.
Vampirismo, lo gótico mexicano

Capítulo 1

Refuncionalizando lo sagrado prehispánico en *Vampiros aztecas* de Pablo Soler Frost

Alexander Torres

University of South Florida

Resumen: En una reseña sobre *Vampiros aztecas* (2015), de Pablo Soler Frost, el escritor Luis Felipe Lomelí se pregunta "¿qué carajos tienen que ver los vampiros, tan europeos ellos, con los aztecas?". Desde una óptica junguiana, si se recurre al inconsciente colectivo, se verá que la yuxtaposición no es descabellada. En este relato entre fantástico, psicodélico y pop, los aztecas prehispánicos sobreviven como *tlatlacatecolo*, hombres-búho. El carácter vampírico que el relato da al derramamiento ceremonial de sangre sugiere: 1) que los hombres-búho y los vampiros son la expresión de una misma pulsión arquetípica y 2) que el aura vampírica de la narración implica una "refuncionalización" de un mundo anterior –en este caso, el prehispánico– a la modernidad capitalista. Respecto al segundo punto, se tendrá en cuenta el ethos barroco formulado por Bolívar Echeverría como eje articulador entre los *tlatlacatecolo* y el vampirismo europeo. La pulsión sacrificial que persiste en los hombres-búho representa la sombra de lo que falta, de lo que es reprimido, en la modernidad capitalista y puritana. Y el hombre-búho-vampiro surge como el aspecto prohibido de lo sagrado que se contrapone a la experiencia religiosa basada en la prohibición del pecado. *Vampiros aztecas* es un acercamiento original "al otro lado de las cosas".

Palabras clave: *tlatlacatecolo*, vampiros, inconsciente colectivo, refuncionalización, lo sagrado, ethos barroco, modernidad capitalista

***

Introducción

Vampiros aztecas (2015) de Pablo Soler Frost es un texto caracterizado por el ludismo y por una impronta numinosa capaces de generar una lectura que indaga las profundidades del inconsciente. Al yuxtaponer dos figuras nefastas, la del vampiro europeo con la del *tlacatecólotl* (hombre-búho) del mundo náhuatl en el contexto del México actual, se invita a examinar la posible trascendencia de semejante vinculación simbólico-literaria. Como se trata de manifestaciones numinosas, emplearé aproximaciones teóricas aptas para arrojar luz sobre el significado simbólico que suscita la articulación del vampiro con el *tlacatecólotl*.

En la narración de Soler Frost, se relaciona la necesidad del vampiro de alimentarse de la sangre humana con las prácticas sacrificiales de los mexicas a través de una moderna versión vampírica de los *tlatlacatecolo* u hombres-búho. Es decir, el motivo que predomina en el relato es lo que se podría denominar el arquetipo del vampirismo, pero no en un sentido reducido limitado a una forma popularmente conocida, sino en uno amplio que tiene un alcance trascendental. De modo que antes de comenzar el análisis del texto, haré un repaso de los fenómenos y conceptos que se desprenden de una narración que juega con lo mágico, lo misterioso y aquello que está vinculado a, o puede provocar la experiencia de lo divino, a saber: lo sagrado (McKim 246). Lo sagrado –término que usaré genéricamente para referirme a fenómenos que irrumpen desde una dimensión trascendental o extraordinaria– ha sido objeto de estudio de un buen número de pensadores, pero me concentraré sobre todo en los aportes de Carl Gustav Jung y Georges Bataille relativos al mismo. Asimismo, utilizaré las teorías de Edmund Husserl para fundamentar una mirada de lo sagrado que reúne la psicología profunda, la sociología sagrada y lo trascendental.

Justificación y trasfondo teóricos

Es primordial establecer que *Vampiros aztecas* refleja los cambios originados en la transición epocal por la que ha estado atravesando y actualmente atraviesa la humanidad. Aquí la referencia es el decurso descifrado por Carl Jung entre un eón y otro usando la astrología. Se trata del paso de la era de Piscis a la de Acuario. Afirma Jung que "[a]strológicamente, el comienzo del próximo eón podría situarse entre el año 2000 y el 2200 . . . . Partiendo de la . . . . estrella 'O' en Piscis, y suponiendo para el mes platónico 2143 años, se llegaría al año 2154 para el comienzo de la era de Acuario; partiendo de la estrella 'a 113' se llegaría al año 1997" (*Aion* 104n87). Así que, de acuerdo con los cálculos del fundador de la psicología profunda, la humanidad está en el umbral del eón de Acuario o sumida en él.[1] Es la misma era de Acuario sobre la que canta el grupo estadounidense The 5th Dimension en el tema conformado por dos canciones "Aquarius/ Let the Sunshine In" para el musical de fines de la década de 1960 *Hair*. Esta doble canción, una especie de emblema del movimiento *new age*, vaticina, como indica Liz Greene, una era de armonía y comprensión (163-164). No obstante, para Jung, el eón de Acuario era más bien ominoso (163). Según este pensador, la era en cuestión suponía la unión de los opuestos, y si bien aseguró en una carta que no se sabía cuál sería el resultado de dicha unificación (*C.G. Jung Letters* 52), su temor preponderante al respecto fue que la humanidad desembocaría en un proceso de autodestrucción de grandes proporciones (167). Se basaba, por supuesto, en la autodestrucción humana del siglo XX.

En términos arquetípicos, esta pulsión autodestructiva se remonta al siglo XI, la segunda mitad de la era de Piscis. Como es sabido, el símbolo de Piscis en la astrología es representado por dos peces. Según Jung, el primer pez corresponde al espíritu cristiano, mientras que el segundo se asocia con el anticristiano. A grandes rasgos, la primera mitad de los dos milenios hasta el año 2000 pertenece a Cristo, mientras que la segunda corresponde al Anticristo. Esta fuerza espiritual malévola es inaugurada en el plano humano con la figura del beato italiano Joaquín de Fiore (1135-1202). Por medio de su doctrina herética que presagiaba el comienzo de la edad del Espíritu Santo, sostiene Jung que

> sin tomar conciencia de ello, [de Fiore] mismo introdujo un nuevo "estado", o sea una actitud religiosa, destinada a compensar y cerrar la profunda y temible brecha entre Cristo y Anticristo que se había premonitoriamente abierto con el siglo XI. Lo que tiene la era anticrística es que en ella el espíritu se convierte en antiespíritu y el arquetipo vivificador sucumbe paulatinamente en la forma del racionalismo, el intelectualismo y el doctrinarismo, y ello conduce, por un desarrollo lógico, a la situación trágica del hombre moderno, que, como una espada de Damocles, pende inminente sobre nuestras cabezas. (*Aion* 96)

En pocas palabras, el mal que dentro de la doctrina cristiana se ha intentado suprimir, levanta la cabeza en la modernidad.

Para Jung, lo que se reconoce como el mal posee una existencia infranqueable, por lo que dice:

---

[1] Ya estamos en la era de Acuario, pues el 21 de diciembre de 2020 se dio la conjunción de Júpiter y Saturno, dando inicio a este eón.

> Debemos dejar de pensar en el bien y el mal como términos absolutamente antagónicos. Debemos dejar de lado el criterio de la acción ética que considera que el bien es un imperativo categórico y que podemos soslayar el llamado mal. De este modo, al reconocer la realidad del mal necesariamente relativizaremos al bien y al mal y comprenderemos que ambos constituyen paradójicamente dos mitades de la misma totalidad. ("El problema del mal" 242)

Para desarrollar sus ideas sobre el mal, Jung se apoya en el gnosticismo, ya que, según él, le otorga un lugar divino a aquel (Segal, "Gnosticism" 107). En cierto sentido tiene razón, pero en términos de interpretación histórica, más precisa es la de Georges Bataille respecto del papel que desempeña el mal en el gnosticismo:

> Prácticamente, es posible considerar como un *leitmotiv* de la gnosis la concepción de la materia como un principio *activo* que posee una existencia eterna y autónoma, la de las tinieblas (que no serían la ausencia de la luz sino los arcontes monstruosos revelados por esa ausencia), la del mal (que no sería la ausencia del bien, sino una acción creadora). ("El bajo materialismo" 60)

Bataille también se apoya en el gnosticismo al tratar el mal. Y tanto para él como para Jung es un elemento fundamental de la experiencia de lo sagrado.

En su arquitectura teórica, Bataille recupera los principios –la muerte y el mal– que han sido eclipsados por aquellos valorados por el cristianismo y la cultura occidental/ occidentalizada: la vida y el bien. Y como es sabido, todos estos principios se reúnen bajo su concepción de lo sagrado en la que se reconoce la "identidad de los contrarios entre la gloria y la degradación, entre formas elevadas e imperativas (superiores) y formas miserables (inferiores)" ("La estructura psicológica" 152). Al (re)establecer un continuo entre lo alto y lo bajo y entre el lado derecho (el bienvenido) e izquierdo (el rechazado) de lo sagrado, Bataille rehabilita, para usar las palabras de Bolívar Echeverría, una herramienta experiencial que sirve para "sobrevivir" a la "devastación del núcleo cualitativo de la vida" ("Modernidad y anti-modernidad" 237).

Volviendo a Jung, para elevarse sobre las circunstancias trágicas de la vida moderna, es necesario unir los opuestos, lo cual implica la unificación del bien y el mal. Jung se apropia del dios Abraxas como símbolo arquetípico de esta unión. Explica Robert Segal que Abraxas representa el sí mismo en el pensamiento junguiano (Introduction 41). El sí mismo tiene elementos en común con otro concepto junguiano importante: la psique. El primero se refiere a "la expresión de la unidad y totalidad de la personalidad global"

(Jung, 6: 493); "su concepto es trascendente" (493-494), pues representa la "totalidad psíquica" (494). El segundo incorpora las relaciones del sí mismo (Samuels et al. 116). Y para ser más preciso con respecto a la psique, detalla Jung en una carta al físico teórico Wolfgang Pauli que es una matriz que abarca tres categorías: 1) las pulsiones y las actividades sensoriales, esto es, la vida del cuerpo, 2) la physis, es decir, las manifestaciones materiales o físicas y 3) el espíritu, el cual incorpora el pensamiento, la abstracción y la percepción (Gieser 229). En otras palabras, "la psique es una región ubicada en el espacio entre la pura materia y el puro espíritu, entre el cuerpo humano y la mente trascendente, entre el instinto y el arquetipo" (Stein 142–143). Partiendo del sí mismo y de la psique, considero necesario introducir importantes coincidencias entre el pensamiento de Jung y el de Edmund Husserl (que no solo valen para este análisis). Roger Brooke reconoce la posibilidad de establecer una equivalencia entre la psique junguiana y el mundo de la vida (*Lebenswelt*) husserliana (82).[2] Para Husserl, el mundo de la vida es nuestra "vida mundana natural", el "mundo de las cosas existentes" (*La crisis* 195), pero este solo "cobra sentido y valor verificado por obra de mi propia vida pura y de la vida de los demás que se franquea en la mía" (*Ideas* 383), vale decir, lo que "aparece como un ser-fuera el uno respecto del otro" en esencia es "un uno-en-el-otro puro intencional" (*La crisis* 292). La *Lebenswelt* es tanto un mundo empírico como un mundo intersubjetivo que se organiza de acuerdo con una lógica trascendental, a saber: "un 'yo trascendental'" que a la vez es una "intersubjetividad trascendental" (*Ideas* 383). Como Brooke admite que se puede equiparar la psique al mundo de la vida –horizonte, este último, tanto de lo empírico como de lo trascendental en la visión husserliana–, pienso que es legítimo establecer una equivalencia entre el sí mismo y la (inter)subjetividad trascendental de Husserl. Esto nos vuelve a llevar a la equiparación junguiana entre Abraxas (la unificación del bien y el mal) y el sí mismo.

Por lo general, la fenomenología husserliana no se asocia con las ideas del bien y el mal. Sin embargo, existen planteamientos importantes relativos a estas nociones en la obra de Husserl. Una idea notable que expone es que "[l]a voluntad absoluta universal que vive en todas las subjetividades trascendentales y que hace posible al ser individual-concreto de la subjetividad total trascendental, es la voluntad divina" (Ales Bello 81). Angela Ales Bello da a conocer que en el pensamiento de Husserl se establece

---

[2] Brooke termina vinculando la psique junguiana al *Dasein* heideggeriano. No obstante, me parece más adecuado, al menos para este estudio, ligarla al mundo de la vida husserliano, pues así también se permite hacer el vínculo entre el sí mismo de Jung y el ego trascendental de Husserl.

"una relación recíproca" entre "dos trascendencias, la de la intersubjetividad y la divina" (31). Mantengo que la trascendencia intersubjetiva es un yo trascendental intersubjetivo (constituido intersubjetivamente), mientras que la trascendencia divina se refiere a una voluntad absoluta universal. Además de proponer una trascendencia divina, Husserl creía en el bien y el mal. Referente a la ética husserliana, Susi Ferrarello afirma que el ser humano es portador del *telos* más alto o divino, lo cual consiste en transformar la inmanencia irracional en racional, en ejercitar la lógica divina (218). Desplegar la vida de esta forma sería hacer el bien. Por el contrario, el mal se genera en "the continued practical inattention and continued neglect of new occasions to take stock of oneself and to reappropriate the original ethical life-will (the will to be a new human being)" (citado en Hart 116). En términos husserlianos, el mal radica en "our personal bad (i.e. irrational, hyletic, passive) willing" (Ferrarello 214).[3] Por más interesantes y complejas que sean las aproximaciones husserlianas al bien y el mal, mucho más satisfactorio es el acercamiento de pensadores como Jung y Bataille. No obstante, Husserl ofrece un esquema de la vida social que está fundamentalmente ausente en el pensamiento junguiano y que es más abarcador que el de Bataille (aun cuando el de este sobrepasa a Husserl en otros sentidos).

Ahora bien, si se contrasta la aproximación junguiana al bien y el mal con la husserliana, se puede llegar a otra comprensión de estos fenómenos al manifestarse en el mundo de la vida. Recordemos que, para Jung, el bien y el mal "constituyen paradójicamente dos mitades de la misma totalidad" ("El problema del mal" 242). De hecho, según el pensamiento junguiano, "no hay ninguna realidad sin polos de oposición" (*Aion* 280). Así que, conforme a Jung, las oposiciones son principios activos irreductibles. En un importante esquema que este comparte con Wolfgang Pauli en otra carta, opone en una cruz con eje vertical y horizontal lo trascendental en el extremo superior con lo psíquico en el inferior y la materia en el extremo izquierdo con el espíritu en el derecho (Gieser 228). Un elemento destacable de esta configuración que Jung y Husserl también tienen en común es el plano trascendental. Sobre esta dimensión, Jung asegura que "[e]spíritu y materia son seguramente formas de un ser, en sí, trascendental" (9.1: 196). Asimismo, razona que

> una psicología científica tiene que entender [las] intuiciones trascendentales, nacidas en todos los tiempos del espíritu humano, como proyecciones, es decir, como contenidos psíquicos que fueron situados en un ámbito metafísico y materializados. Históricamente, el

---

[3] Aquello que es hilético es "de hecho carente de sentido, irracional —aunque sin duda accesible a la racionalización" (*Ideas* 207).

ánima nos sale al encuentro sobre todo en las sicigias divinas, las parejas de dioses masculino-femeninas. Éstas, por un lado, descienden hasta las oscuras profundidades de las mitologías primitivas, por otro lado, ascienden hasta las especulaciones filosóficas del gnosticismo y de la filosofía clásica china... (9.1: 58)

Desde el plano trascendental se manifiestan fenómenos de oposición y, como Jung le escribe a Pauli, su gran interlocutor científico: "[I]t seems to me essential to think in a complementary way: to matter belongs nonmatter, to above below, to continuity discontinuity, and so on. The one is a condition of the other" (citado en Gieser 227). Partiendo de esta óptica, el dejarse arrastrar en términos husserlianos por la inmanencia irracional, por la pasividad, en fin, por la mala voluntad, no es solo ineludible, sino necesario. De modo que esto es constitutivo de la relación entre la psique y el sí mismo, entre el mundo de la vida y la (inter)subjetividad trascendental.

El baile entre el bien y el mal, por así decirlo, ha caracterizado una parte importante de la cosmovisión de la *Lebenswelt* de numerosas culturas a lo largo de la historia humana. Como aseveran Connie Zweig y Jeremiah Abrams, la *Weltanschauung* de la Grecia antigua, por ejemplo, "reconocía y respetaba... el lado oscuro de la vida y celebraba anualmente... las famosas bacanales, orgías en las que se honraba la presencia contundente y creativa de Dionisos, el dios de la naturaleza, entre los seres humanos" (24). Como identifica Friedrich Nietzsche, el arquetipo opuesto y luminoso de este dios es Apolo. En lo que respecta a la cultura mexica precolombina, describe Alfonso Caso: "La lucha del Sol contra los poderes de la noche no es sólo una lucha de los dioses, es también y sobre todo una lucha del bien contra el mal" (122). Nuevamente vemos la dualidad entre el bien y el mal. En el caso del mundo de la vida azteca, estos principios se despliegan en el transcurso de sus eones. Michel Graulich precisa que en la visión del tiempo sagrado de los mexicas

[u]na era se llamaba un "Sol". Era como un inmenso día de varios siglos, que primero tenía un periodo de noche, después el nacimiento del astro, el ascenso matutino, el apogeo, la tarde y el ocaso. Los mexicas creían que varias eras, o Soles, de ese tipo habían trascurrido una tras otra, cuatro o cinco. Sobre todo, se creía que en torno a esos Soles libraban una lucha constante los hermanos enemigos, Tezcatlipoca y Quetzalcóatl, que se alternaban en el poder. Primero, Tezcatlipoca fue Sol, pero con el tiempo declinó, se unió con Xochiquétzal y fue expulsado hacia las tinieblas.... Quetzalcóatl tomó el relevo y terminó del mismo modo. El tercer Sol de nuevo fue Tezcatlipoca. El cuarto, por fin,... es otra vez el de Quetzalcóatl.... (29)

Asimismo, puntualiza Graulich que "[c]uando los aztecas tomaron el poder en el México central, presentaron su advenimiento como el principio de un nuevo Sol, el quinto, instaurado por Tezcatlipoca bajo su aspecto de Huitzilopochtli, el dios tutelar de los habitantes de Tenochtitlan" (30); es decir, "Tezcatlipoca y Huitzilopochtli . . . . acabaron con [Quetzalcóatl] e inauguraron un quinto Sol. . . . Pero . . . . Quetzalcóatl debe regresar y destruir el Sol mexica. Tal es la ley de la alternancia de los hermanos enemigos" (34). Esta alternancia que simboliza la que se da entre el bien y el mal es un modo arquetípico fundamental de lidiar con este fenómeno. Si bien la civilización azteca no deseaba el mal, se puede decir que lo afrontaba, como la cultura de la Grecia antigua, integrando –no ocultando– el lado oscuro del sí mismo en su mundo de la vida. Esto involucra, a pesar de todo, el sacrificio ritualizado. Y el hecho de que sea ritualizado es esencial, pues anticipa la alternancia entre los principios en cuestión.

Ocultar el mal, el lado oscuro de la vida, ha sido la estrategia del mundo occidental cristiano. Por ejemplo, sostienen Zweig y Abrams que "[h]oy en día Dionisos perdura entre nosotros en forma degradada en la figura de Satán, el diablo, la personificación del mal"; este "ha dejado de ser un dios a quien debemos respeto y tributo para convertirse en una criatura con pezuñas desterrada al mundo de los ángeles caídos" (24). Pero como postula Jung, el mal no ha podido reprimirse pese a los intentos de ignorar su existencia y de normativizar el bien. Vuelve a surgir desde una dimensión que nos rebasa y, en nuestro mundo occidentalizado, el mal brota de las personas tanto individual como colectivamente en el fenómeno de la sombra. Aun así, la cultura occidental/ occidentalizada coquetea con el principio del mal a través de su simbología popular, pues, figuras como Drácula "despiertan, al mismo tiempo, nuestra fascinación y nuestro horror" (Stevens 64). A pesar de su singularidad, el conde Drácula, el arquetipo vampírico de la modernidad capitalista, cautiva sobre todo por sus rasgos universales. Semejante a o de la misma manera que el mal, los vampiros representan arcaicamente espíritus que siempre nos acompañan; son seres que nos chupan la sangre (Jung, *Children's dreams* 465), o mejor dicho, la vida. También se puede decir esto del *tlacatecólotl*, el hombre búho, del mundo náhuatl. Ambas figuras –el vampiro europeo y el *tlacatecólotl*– no solo pertenecen a la amplia categoría del mal, sino que a nivel de la *Lebenswelt* forman parte del lado izquierdo de lo sagrado, de la degradación y las formas miserables (inferiores) ("La estructura psicológica" 152).

En términos generales, lo sagrado –fenómeno mediante el cual se puede provocar la experiencia de lo divino o lo extraordinario– "constituye el dominio común de la religión o de la magia" ("La estructura psicológica" 147). Se opone a lo profano que, según Bataille, es "el mundo de las *cosas*" ("La parte maldita" 94). Para decirlo con Echeverría, lo profano también equivale al comportamiento ordinario o rutinario dentro del mundo de la vida "al que le corresponde una temporalidad lineal y coyuntural" (*Definición de la cultura* 155). La posición de Bataille, análoga a la de Jung, es que el ser humano en la modernidad (capitalista) se ha alejado demasiado de la experiencia completa de lo sagrado –que implica estar abierto tanto a su polo positivo como negativo, a su forma pura e impura–, lo cual ensombrece la "vida humana como un nublado sobre el campo" ("La parte maldita" 93). Pero el lado izquierdo o negativo de lo sagrado, a pesar de haber sido reprimido, irrumpe en la vida profana de la modernidad en forma de lo que Jung designa la sombra. Y al imponerse la era de Acuario, el sí mismo necesariamente tiene que manifestar la totalidad dual de la personalidad (trascendental) en el mundo de la vida. Entiendo la anticipada dialéctica de la dualidad en cuestión como la vuelta a una alternancia fluida entre no solo "el bien" y "el mal", sino entre el aspecto profano de la "vida mundana natural" y la dimensión sagrada en su totalidad.

Vampiros aztecas: contextualización, análisis y conclusión

De manera lúdica, *Vampiros aztecas* refleja una posibilidad de esta renovada relación. El texto de Soler Frost, por cierto, parece coquetear con el imaginario del "llamado 'movimiento de la mexicanidad', una de las manifestaciones más conocidas del indianismo en [México]" (De la Peña 128). Este movimiento anuncia "la restauración de la civilización autóctona" (128). Según Francisco de la Peña, existen "dos corrientes que atraviesan este movimiento" que denomina "*mexicanidad radical* y *nueva mexicanidad*" (129). Asimismo, de la Peña asegura que "[e]ntre las profecías más populares, destacan aquellas vinculadas a la figura de Cuauhtémoc, el último gobernante del imperio mexica" (129). Renée de la Torre detalla que "en el mito del legado de Cuauhtémoc, según el cual el último tlatoani . . . anunció que con el advenimiento del Sexto Sol, resurgiría la cultura de los mexhicas" (66), aquel se cruza con la expectativa de la llegada del eón de Acuario. Esta versión de "la restauración de la cultura prehispánica" es la neomexicanista, la cual está "estrechamente ligada a la subcultura new age" (De la Peña 138). Para la corriente neomexicanista, el advenimiento del sexto sol en conformidad con las tendencias *new age* implica el "nacimiento de una civilización antimaterialista e inspirada en valores 'espirituales' a causa del cambio de la era de Piscis a la de Acuario" (138). Esta visión, como la de la mexicanidad radical que, por ejemplo, "niega la existencia de sacrificios humanos" (136), contrasta brutalmente con la de Jung en lo que atañe al nuevo eón astrológico en el que fenómenos en principio opuestos como el espíritu ansiado por la *new age* y la materia –que para el gnosticismo representa el mal– ocupan indistintamente el horizonte del mundo de la vida. Así y todo, es preciso señalar que, aun cuando el mito de Cuauhtémoc sea moderno, no hay nada que en teoría prohíba la creencia en él. De hecho, según Mircea Eliade, en los mitos que conforman cualquier creencia sagrada "[s]iempre hay una historia primordial y esta historia tiene un principio: un verdadero mito cosmogónico, que describe el primer estadio, el estadio germinal del mundo" (29). Se sobreentiende que los mitos y sus estructuras universales no tienen que seguir una línea narrativa mitológica en particular. Dicho de otro modo, se puede refuncionalizar o configurar una tradición mitológica en cualquier momento. Sin embargo, los mitos, siguiendo a Jung, responden a los arquetipos derivados del inconsciente colectivo, lo cual significa que en el horizonte de la *Lebenswelt* siempre resurgirán ciertas figuras y actividades simbólicas relacionadas con lo sagrado. Pero si se niega la bipolaridad cualitativa del sí mismo –del Abraxas junguiano– al solo incorporar uno de sus polos a la constitución intersubjetiva del mundo de la vida, emergerá forzosamente la sombra de aquel que ha sido rechazado.

Ahora bien, Jung define el fenómeno de la sombra como la "parte inferior de la personalidad" (*Símbolos de transformación* 196). En el mundo cristiano y capitalista, se considera demoníaca y se mantiene en el exilio temporal de lo reprimido dentro de lo posible. La sombra se plasma en la figura moderna del vampiro, pero al proyectarse en la pantalla cinematográfica o televisiva junto con "otras figuras numínicas, ya no las estamos conjurando" (Jung, "Acercamiento al inconsciente" 95) y, al reprimir la sombra, se "da origen a guerras, chivos expiatorios y confrontaciones entre partidos políticos" (Sharp 159), ya que se experimenta de forma inevitable. La sombra, como con el lado izquierdo de lo sagrado –pues pertenecería a este ámbito ontológico–, necesita ser integrada en la dialéctica entre lo ordinario y lo extraordinario. Cabe recalcar la certeza con la que Jung afirma lo siguiente: "el *sí-mismo* representa una *complexio oppositorum*, precisamente porque, de modo general, no hay ninguna realidad sin polos de oposición" (*Aion* 280). Ahora bien, volviendo a la figura de la sombra, encarnada en el vampiro y en otras figuras numinosas, e iniciando el análisis formal de *Vampiros aztecas*, trazaré un mapa donde se enhebra el aspecto tenebroso del sí mismo con prácticas vedadas de lo sagrado en el contexto de la modernidad cristiano-capitalista.

El protagonista y narrador del relato de Soler Frost –Alan– cuenta la trama desde una clínica donde está encerrado por médicos que lo creen "loco" (11). El texto –dividido en capítulos breves señalados por las cinco vocales del español– empieza con una narración del pasado azteca de la Ciudad de México, construida en el lugar ocupado anteriormente por Tenochtitlán. Recuenta lo sufrido por los aztecas a manos de los españoles. Entre las humillaciones más grandes experimentadas por aquellos está, por supuesto, la supresión de sus prácticas culturales en las que el sacrificio ritual desempeñaba un papel fundamental. No hay un consenso sobre la cantidad de sacrificios que se llevaban a cabo, pero la forma en que fue representada por cronistas estaba teñida de exageraciones y tergiversaciones. Para el historiador mexicano-estadounidense David Carrasco, este es el caso de la *Historia verdadera de la conquista de la Nueva España* (1632) de Bernal Díaz del Castillo (440). Es más, hay que tener en cuenta la cantidad de sangre derramada por los conquistadores. Sin embargo, la violencia sagrada de los mexicas, a diferencia de la violencia española, fue una forma de lidiar, como también lo ha sido para otras civilizaciones importantes, con la arbitrariedad inconmensurable de lo heterogéneo o, en términos junguianos, con demandas trascendentales expresadas en el sí mismo. En *La conquista de América* (1982), Tzvetan Todorov escribe:

> Si el homicidio religioso es un sacrificio, la matanza es un homicidio ateo, y los españoles parecen haber inventado . . . precisamente este tipo de violencia que, en cambio, se encuentra en grandes cantidades en nuestro pasado más reciente, ya sea en el plano de la violencia individual o de la que practican los estados. Es como si los conquistadores obedecieran a la regla . . . de Iván Karamazov: "todo está permitido". (156–157)

Geoffrey Conrad y Arthur Demarest aseveran que los sacrificios aztecas "alimentaban a los dioses y evitaban la destrucción del universo" (81). Recurriendo a la óptica de Bataille, el pueblo mexica entendía lo que sería el lado impuro de lo sagrado para el Occidente cristiano como algo inherente, indiferenciado, a este fenómeno. De modo que la violencia y el buen trato podían formar parte de la sacralidad de la inmolación ritual. Por ejemplo, Michel Graulich escribe sobre una fiesta de Tóxcatl que

> Moctezuma en persona vestía y adornaba con suntuoso atuendo al prisionero de guerra que encarnaba al dios. Lo consideraba como a su "dios querido": se entiende que él era su sacrificante, es decir, que él lo ofrecía y por tanto era quien moría simbólicamente, como Tezcatlipoca, cuando el prisionero era sacrificado. El cautivo encarnaba a Tezcatlipoca durante un año. Se le elegía con sumo cuidado, pues debía ser un joven sin ningún defecto; llevaba una vida principesca y recorría las calles fumando y tocando la flauta, para incitar a hacer penitencia. Recibía los homenajes debidos a una divinidad. Al principio de la veintena de *Tóxcatl*, lo casaban con cuatro esclavas que encarnaban a cuatro diosas. . . . Cinco días antes de su sacrificio, Moctezuma se encerraba para hacer penitencia y prepararse para compartir simbólicamente la muerte de

Tezcatlipoca y su resurrección. En el resto de la ciudad, la gente bailaba y cantaba. (196–197)

Se desprende de esta cita que la violencia (el mal) es un fenómeno inevitable capaz de ser casi hegelianamente sublimada en el plano de la *Lebenswelt* mediante ceremonias sagradas.

En su "Respuesta a Job" (1952), Jung demuestra que hasta en el Nuevo Testamento la represión de aquello que causa dolor, concretamente al ser humano, resurge en forma de la sombra. Jung dice: "Es difícil pensar que tras el Juan del Apocalipsis pudiera ocultarse otra personalidad que la del autor de las epístolas de Juan. . . . El autor de las epístolas de Juan predica el evangelio del amor. Dios mismo es amor. El amor perfecto expulsa el temor" (448). Y más adelante escribe que el Cristo del Apocalipsis, en cambio, "se comporta más bien como un *boss* [jefe] mal avenido y consciente de su poder, extraordinariamente semejante a la 'sombra' de un obispo que predicara el amor" (450). En la dimensión fenoménica, aquellas cosas que se oponen el uno al otro son la expresión del sí mismo. Al espectro de fenómenos captados como opuestos a nivel profano, ordinario, Jung le daría el nombre de sicigia. Por ejemplo, comentando las *Homilías Clementinas*, "colección de textos cristianos gnósticos compuestos alrededor del 150 d.C.", Jung manifiesta que el "desconocido autor entiende el bien y el mal como la mano derecha y la izquierda de Dios, y hace consistir la creación en conjuntos de sicigias, o sea pares de opuestos" (*Aion* 66). La simbolización binaria que da orden al mundo es necesaria para que esta sea inteligible, soportable, pero no es capaz de reunir en una síntesis lo que para nosotros parece ser la arbitrariedad de lo trascendental. No obstante, esta veleidad procedente de la vida misma sí ha podido ser asimilada desde tiempos inmemoriales en las prácticas y experiencias de los polos positivo y negativo de lo sagrado.

En *Vampiros aztecas*, se realiza una especie de viaje hacia el corazón de lo sagrado. Curiosamente, Alan, su personaje principal, es de nacionalidad estadounidense. Narra que nació "en los ochenta, en el gabacho" (12). Y revelando cómo llegó a México y a ser pintor, cuenta:

Viví en México de niño, en la Irrigación; regresamos a Los Angeles, mis padres murieron envenenados. Soy huérfano. No soy güero. Sí soy wero. No.

Luego de ser expulsado del instituto, por pacheco, me vine para México. Ya nada tenía yo en L.A., así que, desde esta Aztlán inventada, hice mi propia peregrinación, que pinté debidamente, al año, en una tira. Aquí llegué, al Anahuac. Terminé mis estudios de forma abierta a interpretaciones. Ingresé a San Carlos. Aprendí a hacer pinturas sobre lienzos. (12)

Es notable que describa la ciudad californiana de Los Ángeles como una "Aztlán inventada", pues como da a conocer de la Torre,

> [l]a mexicanidad radical . . . tuvo gran acogida entre los migrantes mexicanos residentes de los Estados Unidos dado que su desarroll[o] coincidió con la génesis del movimiento chicano y su énfasis en la recreación del mito del regreso a Aztlán que hacía referencia a Estados Unidos, como el lugar ancestral del cual los aztecas partieron en busca del lugar señalado para establecer su pueblo: Tenochtitlan. (66)

De suerte que Alan emprende el mismo viaje mítico que los fundadores de la civilización mexica. Sin embargo, llaman la atención las diferencias modernas, pop y lúdicas de la peregrinación del personaje principal.

En México, el protagonista es finalmente llevado hasta una casa habitada por una comunidad de *tlatlacatecolo* dada a practicar sacrificios humanos. Explica Alan que "siempre hubo algunos que no dejaron a sus dioses sedientos, que no los hambrearon, no los desampararon" (Soler Frost 11). Los describe del siguiente modo:

> Estos eran los tlacatecólotl.[4] Los hombres-búho. "Vampiros" les dirán luego, pero éste es un nombre errado, pues, aunque compartían muchas cosas con los vampiros europeos –su inmortalidad aparente, su juventud y su belleza, su afición a la sangre, su odio y temor ante el cristianismo–, lo principal era distinto. Eran de otra raza. Eran otro misterio. Los hombres-búho. No alcanzo a entender la cifra que me llevó a ellos. (11)

El hecho de que se establezca una distinción entre los *tlatlacatecolo* –la forma plural correcta de *tlacatecólotl*, que se usa solo para el singular– y los vampiros que habitan el imaginario occidental u occidentalizado no es insignificante. Según Alfredo López Austin, los hombres-búho "practicaban la magia en perjuicio de los hombres" (88). De todas formas, en este relato se aprovecha la hibridación entre las creencias precolombinas y lo que vendría después, concretamente la tradición moderna del género vampírico. Cabe

---

[4] Narra el protagonista que "[n]o sólo son hombres-búho: también son tlacatéotl, hombres de dios, y tlaamahuiques, hombres que lo intentan atrapar a uno, y tlacateccatl, acomodadores de hombres" (13).

destacar que sí existen figuras vampíricas centradas en la extracción de la sangre con raíces del México originario como el *teyollocuani* o la *tlahuelpuchi*. Según Edgar Martín del Campo, el *teyollocuani*, figura extendida por la costa del Pacífico de Centroamérica, Oaxaca, el centro de México y la Región Huasteca (108), es "a supernatural entity whose alter ego may assume animal and usually avian forms to sneak into houses at night in order to suck human and especially children's blood" (135). Sobre la *tlahuelpuchi*, Hugo G. Nutini y John M. Roberts escriben:

> Indeed, we can make a good case for regarding the contemporary tlahuelpuchi, considered exclusively as a bloodsucking witch, as a syncretic complex in which the witchcraft cannibalism of pre-Hispanic times was reinforced by a kind of European vampirism, in which the basic structural attributes of the witch are contracted and molded on the basis of the specialized configuration of the vampire. (113–114)

Aunque la *tlahuelpuchi* se asocia con la parte rural de Tlaxcala, entre esta y el *teyollocuani* se ve que hay opciones para narrar un vampirismo más autóctono. Pero el texto de Soler Frost, no sin asimilar y juguetear con la versión mediática del vampiro, apuesta por la resemantización de la violencia sacrificial de los mexicas como, para decirlo con Bataille, la "producción de cosas *sagradas*" ("La noción de gasto" 29).

Antes de experimentar los acontecimientos referentes a los hombres-búho, Alan parece ir conjurando a los *tlatlacatecolo* al pintar en lo que eran anteriormente los predios sagrados de la civilización azteca: "Pintando en las ruinas me fui adentrando en el México prehispánico: me parecía imposible de entender el porqué de la destrucción de los aztecas, y, como los informantes de Sahagún, yo también me preguntaba si acaso nuestros dioses habían muerto" (Soler Frost 12). Más adelante rememora su primer encuentro con un *tlacatecólotl* actual:

> Yendo y viniendo por basamentos y salones topé con uno. El nombre castellano de este hombre era el profesor Esparza, quien daba, en un helado anexo universitario, una clase sobre el Códice Borgia y el Borbónico. Esparza era un hombre gallardo, frío, que nunca parecía estar cómodo, uno de esos indios prusianos, oí decir un día o lo leí en una *app*. Recordaba de pronto a Johnny Depp. (13)

Por un lado, tanto el Códice Borgia como el Borbónico evocan el carácter sagrado de la sangre en las culturas prehispánicas. Por otro lado, el hecho de que al profesor Esparza le recuerde al protagonista a Johnny Depp es un guiño a la película de vampiro *Dark Shadows* (*Sombras tenebrosas* en español), adaptación cinematográfica de la serie televisiva homónima de la década de 1960. Después de pintar en las ruinas prehispánicas y de toparse con Esparza, Alan parece sentir una necesidad de traspasar la dimensión del mundo profano hacia una extraordinaria, sagrada. Narra:

> Me enrollé con una chavita más loca que yo, Rosa (que pintaba), a pesar de mis pretensiones de ser solo. Fui a Huautla de María Sabina, con ella. Aprendí de hongos, del hongo. No lo suficiente. Pero sí que es carne. Fui a Wirikuta, ahora sí solo; allí aprendí que alguien es peyote. A medida que entraba más, más quería saber. . . . Tuve extrañas experiencias oníricas. Habían cabezas y corazones, las unas enfiladas, amontonados los otros. (13)

De acuerdo con la práctica histórica de la magia "en perjuicio de los hombres" (López Austin 88), es posible suponer que lo que describe Alan es un embrujo provocado por el primer *tlacatecólotl* que encuentra "casualmente".

A pesar de esto, el personaje principal sigue su vida sin compromisos en la Ciudad de México, pero le continúan atrayendo los vestigios del mundo sagrado prehispánico. Después de discutir con una de sus novias, Alan cuenta:

> Una mañanita me fui muy pacheco al Tepozteco a una ceremonia mexicanera, de la que nada diré salvo que en ella, mientras sonaban tambores y cascabeles y nos sahumaba el incensario, se gritó:
>
> —¡Joaquín!
> —¡Él es dios!
> —¡Norma!
> —¡Ella es dios!
> —¡Alan!
> —¡Él es dios!
>
> Esto me había turbado profundamente. (Soler Frost 14–15)

Luego conoce a La Janis, trasunto irónico de la cantante norteamericana Janis Joplin, después de perseguir a un niño, otro señuelo de los *tlatlacatecolo*. Alan narra que

> se paró un volkswagen al lado mío, vocho que no había yo escuchado, como si no viniera prendido. Iba una sola persona en el escarabajo rojo. Trabajosamente se abrió la puerta, y una chava, de pelo largo bajo el sombrero guango y lentes rosas, con un suéter de Chiconcuac bien *forever*, e igualita a la gran cantante de Puerto Arturo, me dijo, echándome una nube de humo de marihuana en la cara:

LA JANIS: Súbete. (17)

Al subirse el protagonista al auto, éste los conduce a la guarida de los *tlatlacatecolo*. Cabe señalar que en términos junguianos La Janis funge como psicopompo, el cual guía a las almas en momentos de iniciación y transición (Samuels et al. 122). Sirve de puente entre el ego y el inconsciente (123).

Una vez en la guarida, una casa de la época virreinal, Alan conoce al líder de los *tlatlacatecolo*: El Joven Viejo, que ya había conocido como el profesor Esparza. Repentinamente es encantado y transportado: "De pronto creí estar en el piso oscuro de Huautla. Luego estuve otra vez, risueño y aquí sentado" (Soler Frost 19). El Joven Viejo le cuenta la historia de la sobrevivencia de su especie a pesar de la opresión de sucesivas clases dominantes, determinadas, cabe suponer, por una ética política y religiosa occidental. Es decir, cazar a los *tlatlacatecolo* significaría en este caso erradicar el mal, el polo negativo o lado impuro de lo sagrado. El líder de los *tlatlacatecolo* mantiene exclusivamente la atención del personaje principal hasta que desaparece bruscamente. En ese transcurso, es de notar que El Joven Viejo le hace una pregunta a Alan a la que este responde afirmativamente. Luego, "[d]e súbito", como cuenta el protagonista,

> estábamos en una chinampa, en una tarde brumosa, bajo la constelación particular del Nuevo Mundo, junto a un maguey inmenso, rodeada la chinampa de ahuejotes. Una garza pescaba pececillos. El Joven Viejo me trazó con ceniza un glifo en mi pecho desnudo. Yo me atravesé el lóbulo derecho con una púa. El Joven Viejo hizo lo mismo. El izquierdo. Lo mismo. Sonaron caracolas y atabales. Flamearon al aire banderas de chapopote. (25)

La pregunta que Alan contesta afirmativamente –"bajo la constelación particular del Nuevo Mundo" (o de la nueva era, vale decir, Acuario)– tendría que ver con un sacrificio –cuya función es, como método de producir "cosas *sagradas*", provocar la experiencia de lo divino– que llevará a cabo próximamente en el tiempo de la narración. En los momentos numinosos junto a El Joven Viejo, el personaje principal tiene delante, no obstante el nombre contradictorio de aquel, el arquetipo del anciano sabio. Con respecto a este, sostiene Jung que "aparece en sueños como mago, médico, sacerdote, maestro, profesor, abuelo o como cualquier persona dotada de autoridad" (9.1: 200). Es más, el anciano sabio también funge como psicopompo (Sharp 160), de forma que es posible afirmar que Alan está sumido en el territorio del inconsciente.

Alan, elevado a una dimensión extraordinaria, se adentra en el mundo sacrificial de los hombres-búho hasta protagonizar el sacrificio de un "güero" deseoso de ofrecer su cuerpo a las deidades prehispánicas. Confiesa el personaje principal:

> Empuñé el filosísimo cuchillo de obsidiana. . . . El chavo, desnudo, atenazado por El Tlama y por Itzcóatl, tenía la verga parada. Su tórax pareció a punto de estallar por el súbito estiramiento. Flores en el cuello. Yo también estaba excitado y tenso y raro. Mis manos no eran mías, o lo eran. El güero me miraba, aún sonriendo, muy drogado. Ahora. Hundí el puñal bajo su tetilla izquierda. Su sangre manó con fuerza, y me dio en la cara y en el pecho. Su sonrisa quedó helada. Sus ojos abiertos... Realicé con el cuchillo los tres movimientos que El Tlama me indicó con la cabeza y luego, soltándolo, hundí la mano, tomé el corazón y, tirando, lo saqué del cuerpo, ahora sí exánime. Levanté el corazón a nuestros dioses. Una vasija para las flores del águila que brota me fue ofrecida por La Janis. Dejé allí el corazón humeante. Alguien Azul me tomó y me hizo hundir los labios en el costado y bebimos de las rotas arterias sangre. Me limpié la boca, en la que había un regusto extraordinario. Entró a escena Itzcóatl, que degolló al infeliz. Cayeron nuevas flores, de pistilos como clavos. (Soler Frost 27)

Acto seguido Alan cuenta: "De pronto se manifestó el terror. Quise gritar. El Desollado venía por mí. Alguien Azul venía por mí. La sombra de Tezcatlipoca... Nada podía detenerlo" (27). Por un lado, se lleva a cabo el sacrificio con la convicción del momento y con la sensación agudizada de la excitación erótica y, por otro, se impone la "sombra de Tezcatlipoca". He aquí la manifestación, la unificación de los opuestos constelada por la ineludible imposición del eón de Acuario –y también, por qué no, del sexto sol– anticipado por Jung que, en vez de destrucción planetaria, a lo mejor nos enseñe a abandonar tanto la anomia moderno-capitalista como la pobre sustitución de lo sagrado que se tiene en las ideologías contemporáneas y a conectarnos nuevamente con el lenguaje del cosmos y de la vida misma.

En la última parte de *Vampiros aztecas*, volvemos brevemente a una escena en que Alan describe cómo un médico intenta ponerle una inyección soporífera, lo cual invita a preguntarse si todo lo relatado por el protagonista no ha sido producto exclusivo de su imaginación. Ya sea imaginaria o no su narración, la simbología del texto juega seriamente con los principios del bien y el mal, los cuales responden a una lógica situada en un plano que, además de surcar la historia humana, rebasa las tendencias éticas que han hegemonizado la modernidad. *Vampiros aztecas* se distingue por transgredir con agilidad lúdica los valores que afianzan una relación insípida, purificada y profana con lo sagrado, pues la sombra de este, encarnada en todo aquello que nos estremece, es prueba de que en la raíz de nuestro espectro vivencial siempre está tanto la luz como la oscuridad, un hecho entendido *ab aeterno*.

Obras citadas

Ales Bello, Angela. *Husserl, sobre el problema de Dios*. Universidad Iberoamericana, 2000.

Bataille, Georges. "El bajo materialismo y la gnosis". *La conjuración sagrada. Ensayos 1929–1939*, editado y traducido por Silvio Mattoni, Adriana Hidalgo, 2003, pp. 56–63.

—. "La estructura psicológica del fascismo". *La conjuración sagrada. Ensayos 1929–1939*, editado y traducido por Silvio Mattoni, Adriana Hidalgo, 2003, pp. 137–180.

—. "La noción de gasto". *La parte maldita; precedida de La noción de gasto*, traducido por Francisco Muñoz de Escalona, Icaria, 1987, pp. 25–43.

—. "La parte maldita". *La parte maldita; precedida de La noción de gasto*, traducido por Francisco Muñoz de Escalona, Icaria, 1987, pp. 47–220.

Brooke, Roger. *Jung and Phenomenology*. Routledge, 2015.

Carrasco, Davíd. "The Exaggerations of Human Sacrifice". *The History of the Conquest of New Spain by Bernal Díaz del Castillo*, University of New Mexico Press, 2008, pp. 439–447.

Caso, Alfonso. *El pueblo del sol*. Fondo de Cultura Económica, 1978.

Conrad, Geoffrey W., y Arthur A. Demarest. *Religión e imperio. Dinámica del expansionismo azteca e inca*. Traducción de Miguel Rivera Dorado, Alianza Editorial, 1990.

Echeverría, Bolívar. *Definición de la cultura*. Itaca, 2010.

—. "La modernidad y la anti-modernidad de los mexicanos". *Modernidad y blanquitud*, Era, 2010, pp. 231–243.

Eliade, Mircea. *La búsqueda*. Traducido por Dafne Sabanes de Plou y María Teresa La Valle, Megápolis, 1971.

Ferrarello, Susi. *Husserl's Ethics and Practical Intentionality*. Bloomsbury Academic, 2015.

Gieser, Suzanne. *The Innermost Kernel: Depth Psychology and Quantum Physics. Wolfgang Pauli's Dialogue with C.G. Jung*. Springer, 2005.

Graulich, Michel. *Moctezuma. Apogeo y caída del imperio azteca*. Traducido por Tessa Brisac, Era, 2014.

Greene, Liz. *Jung's Studies in Astrology: Prophecy, Magic, and the Qualities of Time*. Routledge, 2018.

Hart, James G. *The Person and the Common Life*. Kluwer Academic, 1992.

Husserl, Edmund. *Ideas relativas a una fenomenología pura y una filosofía fenomenológica*. Traducido por José Gaos, Fondo de Cultura Económica, 1999.

—. *La crisis de las ciencias europeas y la fenomenología trascendental*. Traducido por Julia V. Iribarne, Prometeo Libros, 2008.

Jung, Carl G. "Acercamiento al inconsciente". *El hombre y sus símbolos*, traducido por Luis Escolar Bareño, Paidós, 1995, pp. 18–102.

—. *Aion*. Traducido por Julio Balderrama, Paidós, 1997.

—. *C.G. Jung Letters*. Editado por Gerhard Adler en colaboración con Aniela Jaffé, traducido por R.F.C. Hull, vol. 2, Routledge, 1975.

—. *Children's Dreams: Notes from the Seminar Given in 1936–1940*. Editado por Lorenz Jung y Maria Meyer-Grass, traducido por Ernst Falzeder en colaboración con Tony Woolfson, Princeton University Press, 2008.

—. "El problema del mal en la actualidad". *Encuentro con la sombra: el poder del lado oscuro de la naturaleza humana*, editado por Connie Zweig y Jeremiah Abrams, traducido por David González y Fernando Mora, Kairós, 2020, pp. 241–246.

—. *Los arquetipos y lo inconsciente colectivo. Obra completa*, traducido por Carmen Gauger, vol. 9.1, Trotta, 2015.

—. "Respuesta a Job". *Acerca de la psicología de la religión occidental y de la religión oriental. Obra completa*, traducido por Rafael Fernández de Maruri, vol. 11, Trotta, 2016, pp. 373–484.

—. *Símbolos de transformación. (Edición revisada y aumentada de Transformaciones y símbolos de la libido)*. Supervisión y notas de Enrique Butelman, Paidós, 1998.

—. *Tipos psicológicos. Obra completa*, traducido por Rafael Fernández de Maruri, vol. 6, Trotta, 2013.

López Austin, Alfredo. "Cuarenta clases de magos del mundo náhuatl". *Estudios de cultura náhuatl*, vol. 7, 1967, pp. 87–117.

Martín del Campo, Edgar. "The Global Making of a Mexican Vampire: Mesoamerican, European, African, and Twentieth-Century Media Influences on the *Teyollohcuani*". *History of Religions*, vol. 49, no. 2, nov. 2009, pp. 107–140.

McKim, Donald. "The Sacred". *The Westminster Dictionary of Theological Terms*, Westminster John Knox Press, 1996, p. 246.

Nutini, Hugo G., y John M. Roberts. *Bloodsucking Witchcraft: An Epistemological Study of Anthropomorphic Supernaturalism in Rural Tlaxcala*. The University of Arizona Press, 1993.

Peña, Francisco de la. "Profecías de la mexicanidad: entre el milenarismo nacionalista y la new age". *Cuicuilco*, no. 55, sept. – dic. 2012, pp. 127–143.

Samuels, Andrew et al. *A Critical Dictionary of Jungian Analysis*. Routledge, 1986.

Segal, Robert A., editor. "Gnosticism as Dealing with Evil". *The Gnostic Jung*, Princeton University Press, 1992, p. 107.

—. "Introduction". *The Gnostic Jung*, Princeton University Press, 1992, pp. 3–52.

Sharp, Daryl. *Lexicon jungiano. Compendio de términos y conceptos de la psicología de Carl Gustav Jung*. Traducido por Elena Olivos, Cuatro Vientos, 1997.

Soler Frost, Pablo. *Vampiros aztecas*. Taller Ditoria, 2015.

Stevens, Anthony. "La sombra en la historia y la literatura". *Encuentro con la sombra: el poder del lado oscuro de la naturaleza humana*, editado por Connie Zweig y Jeremiah Abrams, traducido por David González y Fernando Mora, Kairós, 2020, pp. 64–77.

Stein, Murray. *El mapa del alma según C. G. Jung.* Traducido por Danila Crespi, Luciérnaga, 2004.

Todorov, Tzvetan. *La conquista de América: el problema del otro.* Traducido por Flora Botton Burlá, Siglo XXI Editores, 1987.

Torre, Renée de la. "Tensiones entre el esencialismo azteca y el universalismo *New Age* a partir del estudio de las danzas 'conchero-aztecas'". *Trace. Travaux et Recherches dans les Amériques du Centre*, no. 54, dic. 2008, pp. 61–76.

Zweig, Connie, y Jeremiah Abrams, editores. "Introducción: el lado oscuro de la vida cotidiana". *Encuentro con la sombra: el poder del lado oscuro de la naturaleza humana*, traducido por David González y Fernando Mora, Kairós, 2020, pp. 14–30.

Capítulo 2

Tezcatlipoca: un espejo humeante en el mundo gótico transmedial

Andrea Medina Téllez Girón
Universidad Autónoma del Estado de Morelos

Resumen: El cuento "Vampiros aztecas" de Pablo Soler Frost (2015), el cortometraje "Tzompantli" de Laurette Flores (2014) y la pintura "Murciélago" de Sergio Hernández (2015) adaptan a Tezcatlipoca. El mito de Tezcatlipoca mantiene la originalidad del relato ya que forma parte del material cultural de la historia de México, sobre el cual se construyen los principios de lo gótico. La mezcla entre estos, lo gótico y lo histórico particular, brinda figuras que tienen una doble función, son portadoras de diferente contenido a la vez que mantienen su similitud a lo largo del tiempo y espacio. La figura transmedial de Tezcatlipoca sirve de vaso comunicante para encarnar los miedos de la sociedad mexicana.

En este capítulo se explicará qué se entiende por mundo gótico transmedial, después se enfocará en Tezcatlipoca, y posteriormente se analizarán los textos mencionados.

Palabras clave: gótico, transmedial, semiosfera, Tezcatlipoca, literatura mexicana

***

El cuento "Vampiros aztecas" de Pablo Soler Frost, el cortometraje *Tzompantli* de Laurette Flores y la pintura *Murciélago* de Sergio Hernández refieren a Tezcatlipoca manteniendo principios que caracterizan lo gótico: el extrañamiento, la subjetividad, temor psicológico y sobre todo la demonización. El mito indígena de Tezcatlipoca conserva la originalidad del relato, en tanto que forma parte del material cultural de la historia de México, sobre el cual se construyen los principios de lo gótico. La mezcla entre estos, lo gótico y lo histórico particular, brinda un material combinado del que se puede realizar un análisis según lo plantea Ángel Rama o Fernando Ortiz, entre otros. Sin embargo, no solo es la hibridez narrativa, que resulta de lo gótico y del regionalismo; lo gótico mismo se presenta híbrido y dador de figuras y motivos que funcionan como receptáculos de contenido del tejido social al que se refieren. Es decir, las figuras tienen una doble función, son portadoras de diferente contenido a la vez que mantienen su similitud a lo largo del tiempo y espacio. Por el uso de estas figuras se encarnan los principios que caracterizan lo gótico y permiten su *continuum* a lo largo del tiempo. La figura transmedial de Tezcatlipoca sirve de receptáculo de ansiedades sociales, en los textos se evidencia el terror de vivir preso en el destino del dios.

El objetivo de este ensayo es observar la formación y la migración de Tezcatlipoca en los textos mencionados. Para ello se explicará qué se entiende por mundo gótico transmedial desde la perspectiva de la semiótica cultural y la gramática multimodal ya que se tratan de diferentes representaciones textuales y modos discursivos: una narración, un cortometraje y una pintura. Después se enfocará en Tezcatlipoca en su culto y rito; posteriormente se analizarán los textos en su carácter de homogeneidad y heterogeneidad en el continuo gótico.

1. Gótico transmedial

Lo gótico ha formado a lo largo del tiempo un mundo conformado por literatura, música, pintura, parques temáticos y mucho más. En otras palabras, a lo largo del tiempo el gótico ha transmediado sus figuras a diferentes textos de ficción y no ficción, por ejemplo la figura del vampiro ha sido transmediada a películas, camisetas, canciones, grabados; también se diseñan productos que distribuyen su contenido intencionalmente (transtextos) como *Game of Thrones*; o bien textos que extienden narraciones y perspectivas que no se han estudiado sobre lo gótico. Todos ellos circulan en un mismo domo que se denomina semiosfera. La semiosfera es considerada por Iuri Lotman un sistema en el que los textos violan su heterogeneidad y crean un continuo homogéneo en el que cohabita un conjunto de textos diferentes, sin importar procedencia, medio, modalidad, idioma. En la semiosfera "se genera un proceso dinámico de producción" (16), que se crea por la homo y heterogeneidad de los textos.

La homogeneidad motiva a que se deje de referir "el gótico en..." para convertirse en "lo gótico" como formación común en la que convergen en la misma semiosfera cualquier tipo de texto que contenga elementos góticos. Byron ha llamado la semiosfera creada por el gótico: globalgótica (1-5) por las fronteras culturales que ha unido el gótico y las tendencias a expandir su potencial. Lo que permite esta homogeneidad, este *continuum*, del mundo gótico es lo que David Punter llamó la condición gótica que descubre lo que se reprime y se mueve en la cultura (3). Lo gótico tiene que ver con los límites del humano, con lo que pasa cuando la moralidad sucumbe al vicio, a la obsesión, "those features of our lives which appear to suggest that we are no longer in control, that our hopes for full subjectivity are always at the mercy of other imperatives, other dictates" (5), cualquier manifestación, artefactos, textos que expongan esta condición son considerados parte de la semiosfera del mundo gótico transmedial. La homogeneidad se aprecia en el uso de las figuras del repertorio gótico, partamos de la figura del demonio, dado que es la que retoma los textos en cuestión.

El demonio en el cristianismo era Satanás y todo lo que replicaba o emulaba su comportamiento. La demonización era una práctica cotidiana porque regulaba el sistema de valores de la sociedad, la virtud era premiada y los vicios, castigados; este sistema de valor se aprecia en muchos textos góticos. Con la llegada del racionalismo la demonización se trasladó del vicio a la falta de educación, la creencia religiosa, el fanatismo o en las creencias populares (Crawford 27). Esta última fue una veta del gótico, ya que las emplearon con el propósito de autocrear intensidad emocional, al asociar el sentimiento de terror con lo demoníaco (29). Esto resultó en que el gótico estableciera una demonización que no sólo se basaba en el Satán cristiano, las fuerzas ocultas, sino que lo usaba como una figura metafórica de los temores sociales.

Los temores encarnados en Satanás, el vampiro, los súcubos, etc., han variado a lo largo del tiempo, pero las figuras son las mismas, "The diffusion of Gothic features across texts and historical periods distinguishes the Gothic as a hybrid form" (Botting 9). La hibridez que señala Botting se debe a la transmedialidad de estas figuras que transgreden la frontera heterogénea de los textos y son apropiadas. Marc Angenot se refiere a este desplazamiento como migraciones dentro de los géneros discursivos (28). Esta es la razón por la que apunto a un mundo gótico transmedial, porque sobre estas figuras transmediales — que son las mismas en diferentes textos, tiempos, espacios, pero su contenido varía—, se establece una intertextualidad que forma el continuo en la semiosfera.

Estas figuras mantienen una homogeneidad de representación. Se le nombran figuras transmediales por dos razones. Primero porque el temor específico que se encarna en una época bajo una figura no es el mismo temor que el de otra época y sociedad, pero sí la figura. De esta manera la figura del demonio puede representarse por la vampiresa, multiasesino... permitirá leer el fenómeno de lo demoníaco dentro de la semiosfera gótica por medio de las figuras transmediales que adopta el demonio.

Segundo, una figura transmedial está representada en diferentes medios, por ejemplo, el demonio podrá tener un registro en un bajorrelieve, en leyendas, en graffiti, documental, dará pauta para saber las razones de los temores específicos que encarna y permitirá trazar el continuo específico de esta figura en la semiosfera. Las figuras transmediales mantienen la heterogeneidad porque la carga de su significado cambia manteniendo la homogeneidad en sus características básicas que la identifican como tal, "Gothic, in other words, mutates across historical, national, and generic boundaries as innerworks images drawn from different ages and places" (Smith 4). Así se enlaza bajo una misma figura transmedial, la cual se alinea a una tradición de representación, las ansiedades del siglo XVIII a las del XXI, estableciendo vasos comunicantes entre los textos mediáticos que emplean este tipo de figuras.

La heterogeneidad existe porque hay fronteras entre los textos que componen la semiosfera, ya que cada uno de ellos son parte de un sistema semiótico particular (Lotman 17), de tal manera que el vampiro de Polidori pertenece al sistema literario, el vampiro Lestat de Broadway, al sistema musical, el vampiro-judío de las propagandas rusas de inicios de siglo XIX, al sistema político y así. Dentro del mismo sistema semiótico existe una diversidad marcada a su vez con fronteras no sólo físicas como el autor, la editorial, productora, software, sino también las características particulares de los vampiros, las locaciones, narradores, enfoque teórico, en fin. La heterogeneidad de lenguajes construye desde su diferencia una armonía cuando la atención se focaliza en las figuras transmediales que transgreden las fronteras en su continuo homogéneo, siguiendo el ejemplo, la demonización. La heterogeneidad del vampiro de Polidori plantea un continuo en el mundo narrativo de la Inglaterra del siglo XIX el cual forma parte de un continuo junto con otros textos de la semiosfera literaria inglesa.

El juego embonado entre los textos heterogéneos unidos a los medios, participación y experiencia de los lectores permite la productividad y mantiene activa la semiosfera. La extensión y consolidación de la semiosfera, del mundo gótico transmedial, se genera porque el mismo lector-creador busca la experiencia que le generó un texto gótico y no quiere salirse de ese mundo, busca en diferentes textos esa misma experiencia. José van Dijk explica que existe un paradigma de integración transversal de las plataformas (127), de los textos en los que, al haber capturado el interés del lector, este busca contenido similar en otros textos para replicar su experiencia. Es común que, tras leer *Drácula*, se vea una película sobre vampiros, de tal forma que el texto inicial con el que el lector accedió a la semiosfera es el punto de referencia para iniciar una búsqueda intertextual e intermedial de lo que genere esa misma experiencia detonadora. Esta reconstruye paulatinamente, según la avidez del lector, la semiosfera gótica y la expande al crear textos que emplean sus figuras transmediales.

Hasta aquí se ha apreciado que lo gótico excede la corriente literaria y se convierte en una modalidad de inscripción, como declara Lucie Armitt, "Gothic, then, has become a means of reading culture, not just a cultural phenomenon to read" (10) en el que se explotan las formas, su repertorio y su potencial transmedial. Entonces, ¿cómo leer textos discursivos diferentes que permitan apreciar el potencial transmedial de lo gótico?

Bill Cope y Mary Kalantzis han desarrollado desde 1996 la corriente de la pedagogía de las multiliteracidades. Esta se funda en que las formas en que escribimos y leemos poseen diferentes modos de representación: escrito, oral, visual, auditivo, táctil, gestual y espacial. El lector contemporáneo se enfrenta a textos que mezclan diferentes modalidades, para lo cual los autores proponen una gramática multimodal, sea converjan en un solo texto, se presenten de apoyo o, en este caso, de manera independiente. La gramática multimodal consta de cinco dimensiones de significado: referir, que expone los significados representados; diálogo, cómo estos significados conectan con las participantes que involucra el texto; organizacional, se refiere a cómo los significados están cohesionados; contextual, cómo a los significados encajan con el mundo de significados; e intencional a qué intereses sirven estos significados.

Estos ejes ayudan a resaltar el continuo homogéneo de Tezcatlipoca para que se aprecie su migración transversal a los textos sin olvidar lo heterogéneo.

2. Tezcatlipoca

Tezcatlipoca fue demonizado por el cristianismo según su aspecto de culto con tlacalecólotl y el rito del guerrero.

Rubén Bonifaz plantea que el nombre de Tezcatlipoca no es "el espejo que humea" sino "el humo del espejo" (106). Este historiador advierte que el espejo que sustituye uno de los pies no lo suple, sino que es el dios quien emerge del espejo. Esta interpretación es armónica con la función que el espejo tenía en la sociedad mexica.

Roberto Martínez y Katarzyna Mikulska historian que el espejo era símbolo de poder, adivinación, protección y de la noche. "El espejo de obsidiana era un símbolo de poder otorgado por Tezcatlipoca a los monarcas, por una cara veían el comportamiento de las personas y por otra su propio reflejo" (91); el espejo tenía propiedades adivinatorias, podían ver lo que iba a pasar cuando el espejo parecía emblanquecerse, es decir parecía humearse. "Los ojos de Tezcatlipoca en la *Máscara de turquesa* son espejos de obsidiana, son portales a la noche y la adivinación. Como se observa Tezcatlipoca es a la vez oscuridad y luz de los eventos futuros, hacía visibles o tornaba brillantes las cosas" (León-Portilla 149).

Ahora bien, existe un traslape de identidad entre Tezcatlipoca y su sacerdote Tlacalecólotl. Doris Heyden identifica a un líder religioso o civil con los símbolos de Tezcatlipoca (91) que dirige a los mexicas al lago de Texcoco, en este mismo acontecimiento Tezcatlipoca se presenta en su mutación de Huitzilopochtli. Este traslape también se aprecia en la etnografía que realizó Félix Jorge Baez (1998) sobre tlacalecólotl en la que se le considera gemelo de Quetzalcóatl, que "transmutaba en búho y guajolote, era maestro de las artes adivinatorias, de curación, hechicería y magia. Tezcatlipoca también se transformaba en cuadrúpedos, venado, perro, guajolote, buitre, zopilote" (Benítez 113) y estaba íntimamente relacionado con la adivinación. La identificación de Tezcatlipoca con la muerte, adivinación, venganza, poder de la maldición, apariciones nocturnas terroríficas, su diversidad de nombres, le valieron a los ojos de los frailes españoles la identificación con Satanás (Baez 2001).

Tlacalecólotl es un vocablo que se aplica a diferentes tipos de personas que "tenían la habilidad de manipular las fuerzas naturales ya que conocían el Mictlán, la noche y tenían la capacidad de adoptar diversas formas y pronosticaban el tiempo" (López Meraz 18). Un tipo de tlacalecólotl eran los nanahualtin (plural de nahualli). El Códice Florentino, según Roberto Martínez González define a estos seres: "El *nahualli* [...] es un guardián, aquel que guarda algo, es discreto. Es astuto, devoto, útil. Nunca hace daño a la gente" (40). Los nanahualtin eran los responsables de organizar el culto ceremonial a Tlacalecótl.

Estos guardianes "no sólo habrían servido al Estado, sino que también habrían fungido como guardianes o protectores de un cierto poblado" (45). Ellos empleaban las habilidades otorgadas por Tlacalecólotl-Tezcatlipoca para luchar a favor de su comunidad, sus prácticas fueron recopiladas por Bernardino de Sahagún.

Los ritos sacrificiales, sean presididos por un sacerdote o por un nahualli, tenían un elemento indispensable relacionado con Tezcatlipoca, el cuchillo de obsidiana. Tezcatlipoca sedujo a Xochiquétzal (Díaz 27) también conocida como Itzpapálotl (25-26). Esto representa la seducción entre la muerte y el cuchillo que está incorporada en la tercera oración a Tezcatlipoca: un guerrero pide ayuda al dios para conseguir víctimas para el sacrificio, "que alegre su corazón el matamiento de obsidiana, la mariposa de obsidiana" (Bonifaz 104). Bonifaz explica que la mariposa de obsidiana es Itzpapálotl, entonces la muerte está hecha de obsidiana negra por la presencia de Tezcatlipoca a quien se le pide favor y por el pedernal que consuma la misión guerrera, Itzpapálotl. Bonifaz escribe que en la representación de "Itzpapálotl se encuentran las cuatro realidades que dan fundamento a la sociedad mexica: la figura humana, ofidia, felina y de ave" (111). Estas realidades coinciden con las mutaciones de Tezcatlipoca: Huitzilopochtli es ave, colibrí azul; Quetzalcóatl, ofidia una serpiente emplumada; Xipe Totec, humana el señor desollado y Tezcatlipoca negro, felino que traía la guerra, la muerte. Las mutaciones se presentaban juntas en la fiesta anual a Tezcatlipoca en Tóxcatl, en el que armaban el tzompantli con la cabeza del dios emulado en el sacrificado junto con otras víctimas (Clavijero 184). El resto del cuerpo era servido como alimento a gobernantes y señores.

3. Espejos Negros

Referir. El cuento "Vampiros aztecas" relata la vida de Alan que buscando conocimiento para sus pinturas se sumerge en el pasado azteca y sus ritos. Alan recibe el llamado de los tlacalecólotl, uno de ellos, Esparza le revela su secreto al mismo tiempo que le ofrece unirse al grupo. Después de un rito, en el que aparece el dios Tezcatlipoca, la policía allana el lugar y Alan aparece recluido en una clínica desde la que narra lo acontecido.

El cortometraje *Tzompantli* muestra a un recluta narco que sacrifica enemigos de bandos contrarios y bebe la sangre de sus víctimas para ser ascendido a caballero águila, sicario.

La pintura *Murciélago* de Sergio Hernández está elaborada a base de óleo y arena sobre lienzo, se aprecian tres figuras: un murciélago, un elemento acuoso y una planta, todos en rojo.

Diálogo. Los significados de los textos se conectan con la figura gótica transmedial de Tezcatlipoca en el aspecto homogéneo del continuo gótico: la sangre, lo negro y la noche que son a su vez aspectos heterogéneos que manifiestan a Tezcatlipoca en su dimensión ritual y de culto.

La sangre conserva la homogeneidad del continuo en tanto que simboliza la vida, al mismo tiempo mantiene la heterogeneidad en el cuento porque ese poder de vida permite la fusión y la regresión temporal que necesita el tlacalecólotl. En el cuento, Esparza pretende regresar al pasado para reescribir la historia gracias al derramamiento de sangre, por lo que se recrea la fiesta de Tóxcatl para migrar al cuerpo de Alan y cumplir con misión, en la que fracasó en la conquista, de salvar al tlatoani. La diferencia que mantienen los vampiros aztecas con los europeos es no poder desligarse de las deidades ni de su comunidad, estas son la razón de los tlacalecólotl. La sangre tenía el suficiente poder para mantener estos dos mundos unidos, es por lo que Esparza efectúa el ritual para reestablecer el orden y razón de ser de los tlacalecólotl, durante el sacrificio se aprecia una regresión al inicio de los tiempos para reescribir la historia. Sin embargo, el fiasco es doble, Esparza, fusionado con Alan, falla en su misión, "Otra vez no puedo salvar al emperador" (Soler 187); ni tampoco puede vencer a la policía mexicana que allana el lugar del sacrificio. Esto muestra el estancamiento del tiempo pues la narración comienza y termina con un fracaso.

En el cortometraje la sangre es protagonista. El joven del corto se liga al rito azteca como servidor de Tezcatlipoca al solicitar ayuda para capturar y ser hábil con el pedernal al sacrificar. La violencia corporal, el derramamiento de sangre y la orden de beberla coloca a los narcos en calidad de vampiros aztecas modernos. La función de la sangre es ganar un lugar en la jerarquía social del narco, el joven quiere ser un caballero águila un sicario. La sangre es una señal de advertencia a los grupos contrarios para infundir temor en ellos y marcar un territorio no solo entre grupos delictivos sino también respecto al Estado. La sangre es una ofrenda a los dioses (como menciona el cortometraje) para ganar sus favores. Los vampiros narcos siembran el terror entre los pobladores por ser una fuerza irrefrenable, que a la manera en que se revela el tzompantli, se descubre la violencia latente que es la fuerza del grupo. Eso se relaciona con los tlacalecólotl ya que vigilan y cuidan los intereses de su comunidad.

En la pintura la sangre revela el destino de una nación ya que cubre el color de las otras formas. El color rojo da la impresión de ser sangre por el efecto de derramamiento en constante flujo desde la parte superior de la tela a la inferior. Esta direccionalidad baña el mito sobre el cual fue fundado México-Tenochtitlan apunta a: primero, que la sangre derramada en el presente se incorpora al mito formando una unidad; segundo, la unidad se logra borrando las diferencias temporales y uniendo los tiempos en la sangre, en ese momento el mito (el de la fundación de Tenochtitlan) deja de estar en el pasado y se coloca en el presente, es culto y rito; tercero, la sangre concilia pues los tiempos, cohesiona el origen y el destino. Es por lo que, si se viera en una secuencia de tiempo, la pintura terminaría siendo toda de color rojo. La sangre como punto de partida de la fundación de Tenochtitlan y de llegada, el México contemporáneo, encerraría el sino de una nación.

Otro elemento de la figura transmedial demonizada de Tezcatlipoca es el color negro. Este color mantiene la homogeneidad en tanto se liga a la carga simbólica de lo nocturno. En cuanto a lo heterogéneo, en el cuento es el Gran Espejo de obsidiana que preside el ritual y permite la transmutación en el sacrificio. Esparza y Alan parecen fusionarse a nivel del discurso y físico, como si uno fuera el reflejo y el otro el reflejado que mutan en el espejo de obsidiana: "Yo me atravesé el lóbulo derecho con una púa. El Joven Viejo hizo lo mismo. El izquierdo. Lo mismo" (Soler 186). Esta fusión a nivel discursivo se aprecia en que Alan dice ser "conejo que sangra, venado de grandes cuernos" (176), es un indicio del joven que acepta ser sacrificado y Esparza el anciano. Esta explicación aclara el final del cuento, apartado O, en el que Alan hace suya la misión de Esparza. De igual manera aclara el inicio del cuento ya que el tipo de registro lingüístico no es el mismo que emplea Alan en el apartado E. El entrelazamiento de Alan-Esparza en los apartados A y O establecen una circularidad narrativa de la que no sale incluso el mismo personaje, "cuento mi historia, y lo he tenido que hacer mil veces" (179). Unidos por el ritual de sangre forman parte de esa dualidad reflejada en el espejo de obsidiana de

Tezcatlipoca. La imagen del tlacalecólotl en el manicomio tiene un símil cuando ofrecen sacrificios a la Piedra del Sol tras las rejas de la Universidad (183). Esta imagen cambia de focalización puesto que quien está tras las rejas no son los dioses. La clínica estaba presidida por Tezcatlipoca (187), el dios era el que sacrificaba a su pueblo.

En el cortometraje el elemento de obsidiana negra es un pedernal destinado a cumplir el sacrificio, mientras que con el arma de fuego se sustrae a las personas. El tipo de uso de estas armas delimita el espacio exterior e interior del narco; es decir, la violencia que manifiesta su poder a otros y la violencia que debe tener un integrante para pertenecer al grupo. Sobre el primero, el protagonista personifica la muerte mediante una pañoleta que sustituye la mitad de su rostro con una calavera. El encubrimiento de su identidad al lado de otros guerreros les hace ver, en tanto imagen, un ser mitad descarnado como Xipe Totec. Sobre el segundo, el otorgamiento del pedernal es una oportunidad para que el protagonista se eleve destazando a sus víctimas.

La noche mantiene la homogeneidad en el continuo gótico debido a que representa el descenso y el estancamiento del tiempo. La noche establece una heterogeneidad ya que en el cuento existe un descenso, Alan entra a la noche como si lo hiciera a un portal temporal y espacial en el que la noche misma simula un espejo de obsidiana. En la noche es cuando Alan se encuentra con su doble en Esparza. Ambos son huérfanos uno de padres, el otro de dioses y sociedad; los aztecas iniciaron su salida de Aztlán al Anáhuac, Alan de Los Ángeles al Anáhuac. Aunque Alan es un milenial, se inmiscuye íntimamente con el pasado azteca, crea su identidad alrededor de él. El contexto en el que se crió Alan fue en el de la Irrigación y envenenamiento de sus padres, que concuerda con el de Esparza en el sitio de Tenochtitlan. El punto de encuentro de los dos coincide con el fin de sus búsquedas; el fin del peregrinaje espiritual de Alan y el de la búsqueda física de Esparza por encontrar un hombre noble. La noche es el encuentro que permite la continuidad del yo en el otro y enmarca el sacrificio. La juventud permanente del dios se refleja en Esparza y Alan, pasado histórico y el presente, en ambos el dios nunca envejece.

En el cortometraje el protagonista actúa en la noche y revela de día al periodista las fechorías cometidas en la oscuridad. La noche es el portal en el que la violencia se ejerce desenfrenada y por la mañana aparece, como si la pesadilla saliera del inconsciente materializándose en el día. Los vampiros narcos salen en la noche aprovechando la distensión de las víctimas y a manera dionisiaca arremeten contra ellas en su vulnerabilidad. La noche plantea lo que sucede por debajo de la legalidad del Estado e incluso de los acuerdos entre familias de narco que al final la sobrepasa.

En la pintura, la noche es la otra bandera de México. El águila sobre el nopal es sustituida por el murciélago, el cual es una de las mutaciones de Tezcatlipoca. El águila es algo que asciende, el murciélago es lo que desciende ligado a la noche y a la caverna. Así que el destino de los descendientes aztecas y de ellos mismos no está marcado por lo triunfal, ascensional; sino por lo obscuro, cavernoso y de descenso del murciélago que era una de las mutaciones de Tezcatlipoca. En la escultura *Altar de los animales nocturnos* el murciélago aparece con los símbolos de Tezcatlipoca, el pedernal y los corazones, la muerte y el sacrificio. El murciélago marca el destino de los aztecas en el derramamiento de sangre ofrecido a los dioses precolombinos y ahora a los dioses narco. Este destino se emparenta con el del texto narrativo en el que no se puede anular el pacto de sangre con la deidad y la influencia de esta en el devenir histórico.

Estructura. La presencia de Tezcatlipoca es transmedial por los símbolos que lo (re)presentan. Estos permiten el continuo y brindan cohesión a los textos pese a su heterogeneidad. En ellos la sangre muestra secuencialmente el mito del dios primero dirigiendo al pueblo a su tierra prometida y después fortaleciendo su culto en la fiesta de Tóxcatl. La sangre distribuye aspectos del dios en los textos sin dejar de apuntarlo: es un ser aterrador, poderoso, dominante y omnipresente. El dios se enseñorea de la sangre de sus servidores sin ofrecerles garantía de éxito; el sicario y el tlacalecólotl son abandonados a su suerte sin ser liberados de su tributo. El dios se alimenta da la sangre al tiempo que tortura a su pueblo.

Lo negro sostiene la presencia de Tezcatlipoca por la espiritualización de lo material. La ascensión religiosa es invocada por objetos materiales que sirven para conectar con el dios: danzas, bebidas, flores, piedras, sangre, corazones. Estos objetos están distribuidos a lo largo de los textos formando una red semántica de Tezcatlipoca. El pedernal de obsidiana y el murciégalo son una encarnación del dios y son empleados como pases espirituales.

La noche también esparce las características del dios y mantiene un continuo entre los textos por el carácter híbrido de sus formas. Tezcatlipoca es un dios dual que se proyecta sobre los tlacalecólotl, por un lado Esparza-Alan mantienen sus raíces y por otro el resto de ellos que se han transculturalizado. En el corto, el joven es victimario y víctima; en la pintura la dualidad existe entre el águila y el murciélago sobre el mismo nopal y lago. Estas dualidades, que simulan la rotoscopian, hacen ver las entidades dislocadas aun cuando en conjunto forman una unidad.

Contexto. El texto narrativo, audiovisual y el visual reflejan la condición gótica que refiere David Punter y, unidas en perspectiva, dibujan someramente el panorama de continuo gótico en México a partir de la figura demonizada de Tezcatlipoca. Si el sacrificio representaba una continuidad de los dioses y del cosmos, ¿cómo es que el legado indígena encuentra su continuación en el nuevo tejido social? La figura transmedial demonizada de Tezcatlipoca manifiesta la condición gótica del terror a vivir atrapado en el destino dictado por el dios. En otras palabras, el legado indígena se incorpora encapsulado al tejido social, atrapado en el año de la conquista. Los aztecas y otras sociedades indígenas son fósiles por los que cientos de turistas están dispuestos a pagar. "El pasado indígena se integra activamente a la economía, en 2016 redituó 19 570.8 millones de dólares superior al decrépito presente con la exportación de petróleo en ese mismo año" (Reyna 20). Este pasado inamovible, es promovido por el Estado pues reditúa más que cualquier otro sector productivo.

Ha sido imposible evitar el cambio de ese pasado histórico. Jacques Galinier y Antoinette Molinié definen a los indígenas como neoindígenas pues mezclan el mundo azteca con elementos de la Nueva Era. Los autores explican que estos grupos han ganado fuerza por la demanda externa que existe sobre la reconstrucción del pasado precolombino. Esta demanda se traduce en dinero y altera la dinámica al interior de estos grupos, los cuales al querer más ingresos ofrecen una experiencia de la mística "antigua". El engrandecimiento de lo indígena trata de recuperar un pasado enalteciéndolo aun cuando su población desee más ser *whitexican* -como lo ilustra el cuento con los tlacalecólotl americanizados y Tlatelolco con su carga simbólica de resistencia nulificada-, se busca ser un mexicano transculturalizado de lo norteamericano.

El estancamiento en el pasado también se observa en el cortometraje y la pintura. El título bajo el que se agrupan los diferentes cortometrajes es *México bárbaro*, aunque no se abordan los abusos de la esclavitud ni las condiciones paupérrimas de la vida por referencia al libro de John K. Turner; tanto el corto como la pintura apuntan a la violencia que se vive en México y funcionan a manera de válvula de escape ante otras condiciones de vida, representando el territorio en estado salvaje. Soler, Flores y Hernández se sirven del ritual azteca y de sus símbolos para mostrar que Tezcatlipoca vive y para encarnar el temor que vive la sociedad mexicana sobre el poder creciente de lo irrefrenable, narcotráfico, los asesinatos, desapariciones, secuestros que son la normalidad. Los vampiros narcos no reemplazan la figura del guerrero azteca, es decir, ni los narcos son aztecas ni estos actuaban como narcos, el impacto del miedo en la sociedad es el mismo quizá, por el grado de vulnerabilidad ante la violencia de alguien superior, pero los escenarios de lucha y de guerra son diferentes. Aun así, tanto el uno como el otro llenan el presente de sangre, reviviendo el mito sobre el cual se fundó México-Tenochtitlán.

El narcotráfico es un poder que ha ganado adeptos y rebasa con mucho la zona marginal en la que fueron concebidos, sus intereses involucran jefes de estado, negocios transnacionales, inversiones multimillonarias en el mercado (tras)nacional. Oswaldo Zavala (2018) rebate el cartel del narco como unidad monolítica separada de la sociedad y del gobierno, explica que los pocos cabecillas con poder sirven de pretexto para militarizar el país. Esto se atestigua con las investigaciones sobre las relaciones del gobierno y narco por la aprensión en 2019 de Genaro García Luna, exsecretario de Seguridad Pública y las peticiones de ciudadanos a favor de un cabecilla narco al Estado. El mercado y las ganancias por droga están ahí junto con muertos, desaparecidos, secuestrados. "México el terror está aquí y ahora", así cierra el corto estableciendo un puente entre la ficción y la realidad.

Intención. Por medio de Tezcatlipoca, los autores se sirven para poner en balanza la historia y la condición presente del país en una repetición cíclica sin salida. Es decir, fuera del bien existe el mal, pero ¿fuera de la dualidad? Tezcatlipoca lo es todo. El terror que encarnan los textos sigue la tónica del epígrafe de Bradbury en "Vampiros aztecas", en el que la momia como el tlacalecólotl le da un fondo de grandeza a un México decadente que lucha por sobrevivir entre la inestabilidad económica y la violencia.

4. Cierre

Los símbolos que ostenta Tezcatlipoca, la sangre, la noche y lo negro, sirvieron de eje para mostrar el lado de los textos que mantiene el continuo gótico, ligándolos a la homogeneidad que fortalece el mundo gótico transmedial y el lado que mantiene las características particulares, heterogéneas, de la sociedad por la presencia de Tezcatlipoca y la modalidad de los textos.

En los textos el empleo de Tezcatlipoca coincide con el flujo de la corriente mexicana contemporánea. La pintura de Hernández continúa la tradición de los murciélagos, como la obra homónima de Francisco Toledo, ligando el arte a la política y realidad social (Amador y Ponce). A pesar de que el cortometraje de Flores ha recibido malas críticas por su calidad (López), el tema que aborda se relaciona con trabajos periodísticos como *El traidor: el diario secreto del hijo del Mayo*, series televisivas, grupos musicales que tratan la violencia, descarnado, salvaje, narcotráfico. El cuento de Soler continúa y liga la tradición "fantástica de la literatura nacional" (Ruiz) con la producción presente como *Los perros del fin del mundo*.

Las características que comparten los personajes analizados forman una figura transmedial en conjunto. Las características del placer por la sangre, seres nocturnos, sembradores de temor, habitantes de identidad dual, se desplazan de un texto a otro tejiendo un vínculo, a manera de vaso comunicante, que encarna diferentes personas, tramas, tipos de representaciones. Tezcatlipoca es una figura transmedial porque estas características en diferentes textos son una radiografía de un temor de la sociedad mexicana, en el cuento es vivir atrapado en el derrotismo; en el cortometraje, la vulnerabilidad a estar en el tzompantli; en la pintura el destino sangriento. Estos se pueden sintetizar en la sinrazón de la existencia. México, sexenio tras sexenio, se halla estancado, cada intento de progreso parece hundirlo una y otra vez en el fracaso del eterno destino que por el dedo del dios escribió.

Obras citadas

Angenot, Marc. *1889: Porqué y cómo escribe este libro y algunas consideraciones.* Traducido por Natalia Plaza Morales. Cuadernos LIRICO, 2016. DOI:10.4000/lirico.3176

Amador Tello, Judith y Armando Ponce. "Las pasiones de Sergio Hernández en Casa Lamm." *Proceso* 3 abr. 2017. https://bit.ly/2ZeNnXc. Consultado el 06 de septiembre 2020.

Armitt, Lucie. *History of the Gothic: Twentieth-Century Gothic.* United Kingdom: University of Wales Press, 2011.

Baez Jorge, Félix. *Tlacatecolotl y el Diablo (La cosmovisión de los nahuas de Chicontepec).* México: Gobierno del Estado de Veracruz, 1998.

—. "Tezcatlipoca en el espejo de Satán (La noción del Mal en la cosmovisión mesoamericana y el imaginario de la España medieval: atisbos comparativos)." *La Palabra y el Hombre,* no. 117, 2001, pp. 27-55.

Benítez Fuentes, Gabriela. "Acercamiento a Tezcatlipoca en los conceptos de sacro, mito y rito." *Inventio, la génesis de la cultura universitaria en Morelos,* vol. 15, 2011, pp. 103-113.

Bonifaz Nuño, Rubén. *Cosmogonía antigua mexicana: hipótesis iconográfica y textual.* México: Universidad Nacional Autónoma de México, 1995.

Botting, Fred. *Gothic.* United Kingdom: Routledge, 1999.

Byron, Glennis. "Introduction." *Globalgothic.* Ed. Glennis Byron. Reino Unido. Manchester University Press, 2013, pp. 1-10.

Clavijero, Francisco X. *Historia antigua de México,* 1787. Porrúa, 2014.

Cope, Bill, Mary Kalantzis, et al. *Literacies.* Cambridge University Press, 2016.

Crawford, Joseph. *Gothic Fiction and the Invention of Terrorism: The Politics and Aesthetics of Fear in the Age of the Reign of Terror.* Bloomsbury Academic, 2013.

Díaz Cíntora, Salvador. *Xochiquétzal. Estudio de Mitología Náhuatl.* Universidad Nacional Autónoma de México, 1990.

Dijk, José van. *La cultura de la conectividad una historia crítica de las redes sociales.* Traducido por Hugo Salas. Siglo XXI, 2016.

Galinier, Jacques and Antoinette Molinié. *The Neo-Indians: A religion for the Third Millenium.* Translated by Lucy Lyall Grant. University Press of Colorado, 2013.

Heyden, Doris. "Tezcatlipoca en el mundo Náhuatl." *Estudios de Cultura Náhuatl,* no.19, 1989, 198983-93. https://bit.ly/2FaryRJ. Consultado el 18 de mayo de 2020.

León-Portilla, Miguel. "Ometeoltl, el supremo dios dual, y Tezcatlipoca 'dios principal'." *Estudios de Cultura Náhuatl*, no. 30, 1999, pp. 133-152. https://bit.ly/3m1StzM. Consultado el 29 de mayo 2019.

López Meraz, Óscar Fernando. "Imaginario franciscano en Nueva España, siglo XVI: Demonio, paraíso terrenal, seres fantásticos y sucesos maravillosos." *Amerika*, no.11, 2014. doi:10.4000/amerika.6353. Consultado el 24 de agosto 2020.

López, Ali. "México Bárbaro: ¿el nuevo cine (de terror) mexicano?" *Corre cámara*. 29 de dic. 2014. https://bit.ly/33ikU4j. Consultado el 06 de septiembre 2020.

Lotman, Iuri. *La semiosfera I. Semiótica de la cultura y del texto*, 1984. Traducido por Desiderio Navarro, Cátedra, 1996.

Martínez González, Roberto. "Sobre la función social del buen 'nahualli'." *Revista Española de Antropología Americana*, vol. 36, no. 2, 2006, pp. 39-63. https://bit.ly/3377Dve. Consultado el 5 de junio de 2020.

Martínez, Roberto y Katarzyna Mikulska. "La vida en el espejo: los mundos míticos y sus reflejos entre los nahuas del siglo XVI y otros pueblos de tradición mesoamericana." *Dimensión Antropológica*, vol. 68, 2016, pp. 7-52. https://bit.ly/3h9hFRi. Consultado el 5 de junio 2019.

Punter, David. *The Gothic Condition: Terror, History, and the Psyche*. University of Wales Press, 2016.

Reyna Quiroz, Julio. "Ingresos por turismo alcanzan nivel récord." *La Jornada* 13 de feb. 2017, p.20. https://bit.ly/2jt658j. Acceso el 6 de junio 2019.

Ruiz de Chávez O, Genaro. Vampiros aztecas. *Tierra Adentro*, Reseñas https://bit.ly/2QWHUzQ

Smith, Andrew. *Gothic Literature*. Edinburgh University Press, 2007.

Soler Frost, Pablo. "Vampiros aztecas." *Avispero*, no. 10. (2015): 175-187.

Tzompantli (cortometraje), *México Bárbaro*. Laurette Flores. Yellow Films, 2014.

Zavala, Oswaldo. *Los cárteles no existen: narcotráfico y cultura en México*. México: Malpaso, 2018.

Capítulo 3

Hambre, comunión y excreción: una lectura biopolítica de *El huésped*[1]

Giovanna Rivero
Escritora y académica independiente

Resumen: *El huésped* (2006), novela de la escritora mexicana Guadalupe Nettel, se presta con pertinencia al análisis de las identidades dobles y antitéticas, una de las cuales funciona como la expresión del modelo cultural y político vigente y otra, la que permanece en potencia, funciona como el factor de resistencia y aniquilación del mismo y, simultáneamente, como su excreción. Es esta segunda fuerza centrífuga la que, además, reorganiza a nivel espacial la trama, pues invierte las antinomias jerárquicas día-noche, superficie-subsuelo, ciudad-barbarie, certeza visual-ceguera, generando un movimiento en reverso del circuito, es decir, provocando el envenenamiento. El arquetipo jungiano de la digestión que Gilbert Durand retoma para explicar el proceso de formación de la subjetividad nos permitirá abordar, desde un enfoque biopolítico, la maduración de Ana (la protagonista) como sujeto político latinoamericano del siglo XXI.

Palabras clave: Arquetipos, subjetividad, biopolítica, ciudad, autoformación

***

"Siempre me gustaron las historias de desdoblamientos, esas en donde a una persona le surge un *alien* del estómago o le crece un hermano siamés a sus espaldas" (13), dice en el párrafo de apertura la protagonista de la novela *El huésped* (2006) de la mexicana Guadalupe Nettel. Ese morbo iniciático está justificado y exaltado por la certeza de que una existencia interior, La Cosa, habrá de manifestarse un día y, aunque Ana le teme, también la ansía porque intuye que esa encarnación final promete la liberación de una vida corporal

---

[1] Este ensayo fue publicado originalmente en 2014 en la revista *Alba de América*.

normada por la estructura sociopolítica patriarcal de un México desencantado ya de sus propios mitos. Esta intuición de que el yo no es una unidad absoluta en la que se pueda confiar plenamente sino, al contrario, un espacio íntimo y a la vez público en el que se tensionan los deseos individuales de significación y trascendencia existencial y los deberes políticos impuestos por el instante histórico –tensiones que elaboran dolorosas dualidades en el yo– atraviesa el desarrollo narrativo de *El huésped*. Asimismo, esas tensiones o batallas se articulan bajo el procedimiento de la deglución; es decir, en las numerosas alegorías corporales que la novela ofrece, es posible reconocer la pulsión del hambre y la compulsión del acto de devorar. De allí que considero pertinente leer *El huésped* desde los arquetipos de deglución que Gilbert Durand propone, pues en esas fuerzas motrices y vitales de afirmación del individuo en el plano material y social de la vida y la comunidad se asientan, de manera eficaz y semióticamente productiva, las alegorías ideológicas de esta obra.

La mitología del imaginario occidental vincula las acciones viscerales y digestivas con la clasificación y división entre aquello que sirve y se convierte en nutriente y aquello que es residual y su permanencia en un sistema puede ocasionar envenenamiento y exterminio. Por ejemplo, el dios Saturno devora las entrañas de sus propios hijos para no ser destronado; de ese modo, la mutilación de la línea descendiente implica una condensación del tiempo (de ahí que Saturno sea también conocido como el dios Cronos). Asimismo, el relato bíblico de Jonás en el vientre de la ballena explica la necesidad de un insilio en la cueva femenina de los propios instintos para alcanzar la purificación y correspondiente evolución espiritual. En esa línea mitológica y al amparo de las reflexiones de Carl Jung, el antropólogo Gilbert Durand construye un sistema arquetípico que, por su repetitividad en el curso de la historia, posee una legitimidad tal que otras corrientes del pensamiento humanista han bebido de ella a lo largo del siglo XX para entender mejor, por ejemplo, cómo la fantasía, el onirismo o la imaginación estetizan la realidad y, al estetizarla, formulan una situación ideológica determinada con la pregnancia suficiente como para subvertir el orden vigente.

En *El huésped* tenemos que Ana, la protagonista, irá degradando su existencia material hasta terminar como mendiga en las paradas del "subte". De ser una estudiante universitaria de clase media y luego una profesora en un instituto para ciegos, Ana pasará –mediante el paulatino despojo de esas marcas socioculturales– a encarnar la subjetividad de lo que Giorgio Agamben reconoce como la "nuda vida". El hambre acuciante, el deseo de atragantarse de chícharos y luego la entrega de su propio cuerpo y vida a la comunidad de mendigos y ciegos que pulula en las profundidades del "subte", como si la propia Ana fuera el alimento para esas fauces –y, por lo tanto, su potencial y futura excreción– establece en *El huésped* un campo simbólico cuyo núcleo es, precisamente, el acto de deglución. Entonces, la premisa que propongo para interpretar *El huésped* como un relato político sobre el nuevo sujeto mexicano del siglo XXI es la siguiente: la identidad negativa emergente y virtual, la que permanece en la clandestinidad (lo que Ana llama "La Cosa"), funciona como el factor de resistencia y aniquilación del sistema social y, simultáneamente, como su excreción. Es esta segunda fuerza centrífuga la que, además, reorganiza a nivel espacial la trama, pues invierte las antinomias jerárquicas positivas día-noche, superficie-subsuelo, ciudad-barbarie, certeza visual-ceguera, generando un movimiento en reversa del circuito, es decir, provocando el envenenamiento.

La novela ha sido construida sobre el arquetipo jungiano de la digestión, en el que la secuencia digestiva de *nutrientes/residuos* permite una constante oscilación de los roles sociales que los personajes alegorizan y, eventualmente, la absoluta subversión de una comunidad en potencia en contra de una comunidad hegemónica patriarcal. En esta veta, tenemos como punto de partida que el hambre es la impronta que impregna el desarrollo vital de la protagonista y sus decisiones sociales, políticas, económicas, sexuales y eróticas, es decir, es la horma inicial sobre la cual se fundará una subjetividad nueva conseguida, más que por la yuxtaposición final de La Cosa, por el despojo de la identidad cívica formateada por la modernidad capitalista. En ese orden, el hambre es también el indicio ostensivo de una sed o ambición política alternativa que Ana y los personajes que lideran la secta "under" de mendigos y ciegos –Madero y el Cacho– diseminan entre sus miembros como en una cadena de contagios. Sin hambre no hay revolución, parece ser la consigna.

El hambre

La Cosa habita en el interior del cuerpo de Ana, pero su ubicación física no es precisa, lo mismo puede estar en el cerebro que en los genitales; su invasión se da más bien en la psiquis, instaurando una existencia paralela que divide esquizofrénicamente la unidad *yoica* de Ana. "El primer territorio invadido fue el de los sueños; poco a poco, entre los diez y los doce años, fueron perdiendo color y consistencia" (Nettel 14), revela Ana, prefigurando el hambre insaciable con que La Cosa parasitará de todas las instancias de su biografía. Esa pulsión de hambre está dirigida hacia lo vulgar, como si en efecto La Cosa tuviera como misión teleológica hacer de Ana una más del "vulgo"; así lo describe la voz narrativa en este fragmento:

> A La Cosa en cambio se le pueden antojar los chícharos. No ocurre con frecuencia pero hay días, sobre todo si está enojada por algo, en que me obliga a abrir una lata de chícharos y a engullirlos vorazmente, así sin calentarlos siquiera, aun sabiendo que después, si soy yo quien

controla digestión ese día, terminaré vomitándolos contra el inodoro. Es difícil resistir a La Cosa en momentos así. Se sirve de mis manos, de mi voz, de mi oído para alcanzar lo que quiere. . . . (15)

Este doblegarse de la voluntad es un gesto casi infantil, un ceder ante el mandato de lo fisiológico, característica de las escrituras excéntricas en las que el imperio de los sentidos domina las pequeñas construcciones discursivas de la razón. *Tener hambre*, para Ana, constituye al principio una nueva derrota: le recuerda la debilidad de un yo que cree sostenerse en la razón civilizada; sin embargo, a medida que ella obedece a esa pulsión, La Cosa va desplegando un ethos distinto que la acerca a la transustanciación de una subjetividad política radicalmente alternativa. Al respecto, Gilbert Durand, en *Las estructuras antropológicas de lo imaginario* (1960), adoptando la digestión como arquetipo, reconoce que el reflejo de nutrición forma parte de los simbolismos nocturnos y de negación. Es preciso, pues, negar la diferencia artificial entre lo humano y lo animal/vegetal para que, mediante la nutrición, se produzca una amalgama o integración molecular que modifique esas tres identidades o formas de la "zōé":[2] "[E]l gesto alimentario y el mito de la comunión alimentaria son los prototipos naturales del proceso de doble negación . . . : la manducación es la negación agresiva del alimento vegetal o animal, con vistas no a una destrucción, sino a una transustanciación. . . . Por este motivo Bachelard puede afirmar seriamente que 'lo real es, en primera instancia, un alimento'" (244).

Si lo real es, en primera instancia comida, alimento, saciedad, ¿cuál es entonces el resultado de su deglución y posterior procesamiento estomacal? Inferimos que el mito, la imagen, la ideología en todo su espectro: miedo, utopía, imaginación, epifanía e inmolación. Así, en la serie de descripciones o sintagmas narrativos, Ana enfatiza la presencia de lo visceral, tanto desde lo fisiológico como desde lo metafórico; por ejemplo, cuando "el Cacho" (el mendigo cojo encargado de reclutar gente para integrarla a la secta del

---

[2] "Los griegos no disponían de un término único para expresar lo que nosotros entendemos con la palabra *vida*. Se servían de dos términos, semántica y morfológicamente distintos, aunque reconducibles a un étimo común: *zōé*, que expresaba el simple hecho de vivir, común a todos los seres vivos (animales, hombres o dioses) y *bíos*, que indicaba la forma o manera de vivir propia de un individuo o grupo" (9), detalla Agamben en *Homo Sacer*. De allí que la *nuda vida* esté más cerca del término "zōé" que del término "bíos". Vale la pena mencionar que este término griego no cuenta con un plural gramatical.

"subte" que lidera Madero) visita a Ana en su casa y le comenta a su madre el menú "callejero" que prefiere, compuesto sobre todo por la carne de los manatíes distribuidos en los canales de desagüe por una ONG con la intención de oxigenar y modificar los ecosistemas de las cloacas, "[e]lla lo miraba con esa sonrisa tiesa de quien disfruta tener asco" (Nettel 142). Es esta sutil histeria, esta ambigüedad entre sentimientos marcados en ambas caras semánticas –positivos/negativos– la que hace de los programas narrativos de Nettel una propuesta de desequilibrio, delirio e inversión moral, y, a partir de esa necesaria desestabilización del *statu quo*, se cultiva el germen para que brote desde los márgenes una sociedad opuesta, una *polis* instaurada por contagio y no por mandato vertical.

Ahora bien, la digestión implica una doble transustanciación porque es también sexual toda vez que involucra un ritmo en el acto de masticar y engullir y con ello su respectivo placer. Durand indica que la compulsión es el extremo de la pulsión voraz. No es gratuito, en primera instancia, que la digestión se inicie con el contacto oral y termine su proceso en la expulsión anal: "lo digestivo es con frecuencia eufemización elevada a la segunda potencia: el acto sexual es simbolizado a su vez por el beso bucal" (193). Nettel narra esa compulsión feliz cuando Ana va integrándose a las comidas comunitarias de la secta de mendigos, en clara alusión a las misas y rituales religiosos en los que la hostia u otros alimentos sagrados cohesionan el cuerpo social: "La Cosa quería más y más, pero el pulque era un privilegio al que había accedido gracias a la prestigiosa compañía de Madero y la cantidad que me ofrecieron no alcanzó a saciarla. Para mostrar su inconformidad el parásito me sacudía con una risa aspirada, ridícula, que no podía detener" (134). De esta manera, el circuito corporal que Ana experimenta en el propio territorio o laboratorio de su cuerpo va proyectándose también a una escala mayor. Es así que Ana es impelida, por el curso de los acontecimientos políticos, a concebirse a sí misma como parte de una cadena alimentaria que se dinamiza en las entrañas del metro. Esa intuición será la que configure el desenlace y clímax en el programa narrativo de *El huésped*.

Ahora bien, explorando un poco más en el campo semántico del "hambre", tenemos también que esta sensación se constituye en un estímulo, en el punto de partida de una etapa proactiva: la acción de caza en el mundo primitivo; la acción refleja de "llevarse algo a la boca" en el mundo civilizado. En ambas acciones –la caza y la deglución– el sujeto ejercita el proceso de individuación respecto a la realidad caótica y que solo alcanzará su completitud con el lenguaje.[3] Mientras tanto, la oralidad de la comida va entrenando al sujeto en

---

[3] Cuando Ana comienza a aprender el lenguaje Braille para poder leerles a los ciegos del instituto ejecuta dos descubrimientos significativos; el primero tiene que ver con que la

tal discernimiento. Durand dice: "La segunda dominante aparece todavía con más nitidez: dominante de nutrición que en los recién nacidos se manifiesta por los reflejos de succión labial y de orientación correspondiente de la cabeza. Estos reflejos son provocados bien por estímulos externos, bien por el hambre" (43); "[c]hupar de la teta sería también un preejercicio del coito" (45).

De modo que todo el viaje de aprendizaje en las oscuras entrañas del DF que Ana está a punto de emprender en una suerte de *road movie* cloacal responde al instinto del hambre de La Cosa. Es esa entidad enajenante la que empuja a la protagonista a saciar su ansia de experiencias transgresoras con los nutrientes desconocidos de la vida subterránea. Acorde con este criterio de Durand respecto al acto reflejo de succionar para sobrevivir como arquetipo dominante, Ana, en efecto, atraviesa ese ritual previo a la individuación del nuevo yo cuando, en las penumbras del cementerio donde todos se han reunido, debe dejar que otros la alimenten a tientas, alcanzándole platillos que ella acepta sin cuestionar, con "la voracidad de una bulímica" (Nettel 128). No es casual que la condición de mendiga que luego asume –más que en solidaridad con los otros mendigos, como consecuencia natural de una comunidad que hace del despojo su fuerza política– radicalice esa aceptación pasiva de los alimentos sin cuestionar su procedencia o su salubridad y, más bien, hermanándose con ellos en una inmanencia nueva, en una pertenencia social alternativa a través de la cual Ana, por fin, se reconciliará con La Cosa.

Por otra parte, Nettel ejecuta un interesante proceso de contaminación textual de la novela al nutrirla con elementos góticos que la vinculan incluso con la tradición de los zombis. Es así que en ese mismo episodio de la cena comunitaria en el cementerio, después de la celebración del Día de Los Muertos, Ana describe cómo se organiza la distribución de los alimentos que permanecen allí como ofrendas, naturalizando la asociación entre el hambre, la muerte y la antropofagia:

Llegamos al panteón. Filas de mendigos entraban y salían de varios hoyos recién abiertos en las rejas. Pocas horas antes, los familiares de esas tumbas habían estado ahí con canastas llenas de tamales, enfrijoladas, arroz rojo, en fin todo lo que se le puede antojar a un muerto. . . . Junto a nosotros, cinco mendigos se repartían el botín de una tumba. Aunque comían vorazmente, no actuaban con la rapidez violenta del hurto. . . . (133)

---

realidad tiene múltiples dimensiones y la más instintiva y animal de todas, la del tacto, es quizás también la más confiable. La segunda se refiere a su propia identidad y está registrada así: "El descubrimiento me dejó sin palabras. Escrito así me parecía que ese vocablo de dos caras idénticas dejaba de pertenecerme. El nombre de La Cosa era el mío pero invertido" (111).

Y es que, aunque la narración no sugiere que los personajes practiquen la antropofagia, las sensaciones que su lectura desencadena se mueven constantemente en los extremos: el deseo, el asco, el vómito, la excreción, otra vez el hambre. Además, con base en esa voracidad colectiva que se apodera de los alimentos destinados a la memoria de los muertos, Nettel elabora una metáfora bastante clara sobre el tipo de antropofagia que la secta de mendigos practica: se trata de devorar la identidad política diseñada por el poder eugenésico y su correlato en la historia oficial, se trata de engullir las máscaras caducas que impiden el surgimiento y la resurrección de una subjetividad mexicana del tercer milenio con vocación de utopía.

Una cartografía monstruosa

"El segundo gesto, vinculado al descenso digestivo, apela a las materias de la profundidad: el agua o la tierra cavernosa" (49), declara Durand, en referencia al esquema binario *continente-contenido* que la digestión inaugura en la memoria corporal. En *El huésped*, la narradora instaura la cueva urbana del subterráneo como el gran vientre en cuyo amniosis se va gestando la población "negativa" de un México posapocalíptico, posrevolución, postmexicano: "En el subsuelo, más que en ninguna otra parte, la tierra se traga todo, también las traiciones, los crímenes y los rumores que éstos desencadenan. Todo es visto en su verdadera dimensión" (Nettel 179).

Pues bien, esa verdadera dimensión es "la vida desnuda", el despojo de las señas civiles que la urbanidad ha impuesto sistemáticamente: apellido, sueldo, partido político, familia, empleo, producción. Optar por "la vida desnuda", elegir ser nutriente y no residuo, se convierte en *El huésped* en un acto radical, último, pero también en un acto inaugural o iniciático en la aventura de la disidencia política que Ana está a punto de abrazar. Giorgio Agamben, en *Homo Sacer* (1995), se pregunta justamente "¿dónde está entonces, en el cuerpo del poder, la zona de indiferencia (o, por lo menos, el punto de intersección) en que se tocan las técnicas de individualización y los procedimientos totalizantes?" (15). En el caso de *El huésped* esa zona de intersección se da, en la dimensión espacial, bajo la Tierra, y en la dimensión ideológica, en el reciclaje de todo lo que es residual. El propio Agamben dibuja esa jerarquía cuando afirma: "La nuda vida tiene, en la política occidental, el singular privilegio de ser aquello sobre cuya exclusión se funda la ciudad de los hombres" (17). Efectivamente, para que Ana forme parte de una nueva comunidad política será preciso que excluya de su propia existencia cívica, la que experimenta cada día en la superficie diurna del DF, todo aquello que la hace reconocible y domesticable a los ojos omniscientes del poder.

Esa desnudez políticamente poderosa que Ana descubre en su vida en comunión con otros mendigos solo es posible en el subterráneo, cuyo paralelismo con el Hades completa la cartografía monstruosa que Ana va dibujando en el recorrido que ha venido haciendo del DF desde el momento en que renuncia a su vehículo para recuperar su naturaleza bípeda. Ana desciende, pues, a los vericuetos metálicos de ese Hades urbano para purificarse o enmendar la distancia con respecto a La Cosa que la ha obligado a vivir una dolorosa identidad dual, una fractura entre su singularidad y los requerimientos del biopoder. La purificación que Ana precisa, empero, excede la inmediatez de su cuerpo biológico y, más bien, implica el cuerpo cívico impuesto a través de la educación escolar y familiar. La Cosa debe emerger salvaje y pura para redimir a Ana y salvarla de su extravío.

Y mientras La Cosa elige la noche para ir colonizando a Ana, ella escoge el espacio oscuro de las vías del metro para hundir su vieja personalidad y permitir la resurrección de La Cosa, su plena existencia, de modo que se adentra en las profundidades góticas en busca de una posibilidad de reinvención. Esta resignificación de sí misma es posible porque el espacio físico de la ciudad se ha descentrado, pero también porque ese nuevo *topos* no es tan hermético como parece y, al contrario, sostiene una dialéctica táctil con los lugares de oposición. La ciudad porosa permite la exudación de sus toxinas y residuos, como Ana lo describe: "Filas de mendigos entraban y salían de varios hoyos recién abiertos en las rejas" (Nettel 133). Esas entradas y salidas garantizan el circuito vivo y previenen de la necrosis en la que puede caer toda materia que no se oxigena.

El subterráneo, claro, es el espacio público, pero al mismo tiempo es el espacio salvaje-impúblico, en el que los cuerpos vuelven a su condición carnal, desposeídos de las marcas civilizatorias, convertidos nuevamente en hordas. Si la sociedad, como también afirma Juan Duchesne-Winter, "es un sistema de repulsiones", lo que repele la población *underground* no es únicamente la luz del día –cual si fuesen vampiros de primera generación– sino todo lo que implica esa luz: la domesticación del mundo bajo el imperio visual del ojo civilizado. En el subterráneo no hay simulacro de nada porque no hay reflejo; las certezas visuales han dado paso a una fe colectiva, a un delirio político masivo, es decir, a la imaginación.

Certeza visual-Ceguera: La imposición de la identidad imaginada

Jung, dice Durand, relaciona la pulsión alimenticia con la vista, pues el alimento es primero engullido "con los ojos"; de ahí que lo real tenga como primer filtro de constatación el filtro visual: "ver para creer". En ese sentido, Ana teme quedarse ciega por contagio y es este temor el que, en un contrarritmo, la conduce a trabajar como profesora en un instituto de ciegos; quiere conocerlos mejor, asegurarse de que ellos no pueden "olfatear" a La Cosa que la convierte en un ser monstruoso, en una estafadora. Nadie puede vivir la vida de un ente extraño indefinidamente, ha concluido ella, al mismo tiempo que arriba a otras conclusiones no menos escalofriantes y, en la medida en que las formula como verdades nuevas (sus propias verdades culturales, su propio plano "real"), descubre, por ejemplo, que su crecimiento personal tiene que ver de manera irreductible con la pérdida, el deterioro y la muerte. Así lo confiesa Ana: "[A]lgo es seguro: existir es desmoronarse. Me rasco y pierdo un puñado de células, tomo un poco de alcohol y me desprendo de algún porcentaje de hígado. . . . [P]ero que no nos abandonen; que las personas que consideramos nuestras no desaparezcan, porque entonces el proceso de pudrición se vuelve intolerable" (Nettel 174).

Esa hipersensibilidad ante la idea de lo efímero se agudiza con la progresiva pérdida de la vista. Por este motivo Ana decide iniciar una frenética recolección de futuros recuerdos, eligiendo para ese álbum virtual las escenas escatológicas, la fealdad, lo mínimo, todo aquello que la vista urbana prefiere ocultar bajo la alfombra. Y es que "[c]ualquiera que haya sufrido una larga convalecencia sabe que la enfermedad nos sensibiliza. Tanto el cuerpo como la mente vuelven a ese estado de fragilidad que conocieron durante la niñez" (Nettel 79), dice Ana, celebrando con nostalgia el retorno a esa condición semisalvaje de la infancia, cuando el proceso de putrefacción que ella identifica como esencial de la adultez permanece todavía lejano y ajeno.

Al desaparecer las certezas visuales y convertirse el entorno en una pantalla multidimensional de espectros, el propio sujeto cobra una nueva lucidez sobre *sí mismo*. Su propio volumen en las coordenadas espaciales del mundo pasa primero por la extrañeza para generar una experiencia iniciática de autoconocimiento. "El respeto y el miedo son un himen que nunca renace y yo había desgarrado mi miedo a saturarme la vista" (Nettel 128), asevera Ana, aludiendo metafóricamente a una de sus últimas pérdidas, la de la virginidad política. Al ver la realidad de un México corrompido por determinados entramados políticos e históricos, Ana desmitifica la ideología hegemónica y ahora puede efectivamente reconocer las aristas de todas esas fracturas. De ahí que, irónicamente, la elección de vivir en el subterráneo, donde los síntomas de su neurótica ceguera se "normalizan" para dar paso a las percepciones táctiles y gustativas como nuevas vías confiables de comunicación con el mundo, Ana por un lado se reconcilia con la indómita pulsión de hambre que La Cosa le imponía y que antes la angustiaba y, por otro, accede a un plano real distinto, sin los signos retóricos de una política oficial desgastada. Ana vuelve, pues, a una condición elemental de ser humano.

Es entonces, en esa preterhumanidad, cuando los instintos no habían sido domesticados, dice Durand, que el sujeto era continente y contenido, sin la dolorosa división de los yoes civilizados, sin la escisión entre el deseo original y la personalidad fenotípica:

El olfato emparejado a la cenestesia viene a reforzar el carácter nefasto de las imágenes del intestino-abismo. . . . Los inconvenientes carnales están ya en la carne cómo el tributo inmanente de la falta. Vienen entonces a la imaginación todos los epítetos desagradablemente olorosos: "sofocante", "mefítico", "pestilencia". . . . . El vientre, bajo su doble aspecto digestivo y sexual es, por tanto, un microcosmos del abismo, es símbolo de una caída en miniatura, es también indicativo de una doble repugnancia y de una doble moral: la de la abstinencia y la de la castidad. (111–112)

Precisamente, Ana intenta huir de una tercera escisión, la de la doble moralidad: "Siempre pertenecí al grupo de personas que viven fuera del sexo. . . . Pero va más allá de eso. Es una imposibilidad, una impotencia, tal vez una opacidad" (Nettel 186–187). Finalmente, Ana consigue reunir las fuerzas emocionales para batallar contra esa "opacidad" –otro tipo de control social sobre el cuerpo sexuado y deseante– y provoca un encuentro sexual sorpresivo con el Cacho (estimulándolo al acariciar el muñón de la pierna mutilada). Esta segunda redención a través del sexo completa el proceso de cura que Ana ha experimentado desde que se entregó a la secta y sumó su imaginación a la imaginación de todos, como sucede con las utopías.

Día-noche; superficie-subsuelo

Ana sabe de la existencia de La Cosa desde que era una niña: "[c]omencé a tener miedo de mí misma. Miedo de La Cosa que sentía crecer en mí como una larva en su crisálida" (Nettel 21); su esporádico distanciamiento durante la adolescencia, no constituye, sin embargo, un alivio, sino una latencia plena de fatalidad pero también revestida de belleza. Cuando La Cosa por fin hace su aparición al inicio de la adultez comienza el pathos político, cultural y religioso de la protagonista (pensemos también en la "pasión divina" de Jesucristo).[4] En ese enclave Ana necesita fagocitar su propio ego, pues este se opone a la nueva subjetividad en potencia que comienza a expresarse biológicamente como "una suerte de contrarritmo con el de mis signos vitales. Ni siquiera parecía humano" (82).

La emergencia de esa entidad larvaria ocurre a través del paradigma jungiano de la verticalidad, que indica que el instinto humano de hacer presencia en el mundo data de la primera infancia, cuando el niño intenta poner erecto su cuello para mirar el mundo desde una "correcta" perspectiva y de este modo localizar su propia posición. De la misma manera, desde las profundidades del cuerpo psíquico de Ana emerge La Cosa, desplazando a la

---

[4] En una cronología similar al de la patología de la esquizofrenia, que hace su aparición más cruda en la primera juventud.

impostora o aniquilando su voluntad: "Dios sabe que La Cosa tiene una risa horrible, desencajada como la de un rey loco. En las noches de mi infancia aprendí, crispada bajo las sábanas, a detectarla y aún ahora la escucho aunque ya no puede afectarme de ninguna manera. Frente a un destino así, la otra muerte, la ortodoxa, no podría ser más que una liberación" (23).

Se trata, no obstante, de una liberación biopolítica, como así lo ha remarcado Carina González en su análisis "Degeneración e identidad" (2012). González también identifica los programas duales que *El huésped* propone para ilustrar el sufrimiento esquizoide de la protagonista y cuya solución no reside en abominar de La Cosa, puesto que paradójicamente ese ente es la *liberación* de Ana, el portador de un lenguaje nuevo, un lenguaje nocturno de subsuelo; sino al contrario, la liberación será posible en la medida en que se construya una nueva unidad a través del ensamblaje entre el sujeto en formación y el monstruo larvario. González dice:

> Lo cierto es que La Cosa abandona la exterioridad gótica del monstruo moderno, aquel que conjura y cuestiona los límites de la razón, para instalarse en el interior del cuerpo mismo, inaugurando una nueva etapa de la ciencia en la que la bestia deja de ser una abominación del afuera. Cambiando de lugar, el monstruo constituye una aberración interior en la que el sujeto está atrapado físicamente. (24)

La bestia que habita en Ana no es bautizada gratuitamente como "La Cosa"; considero más bien que esa nominación, ese lenguaje desposeído de belleza, esa poética vulgar inspirada en la cultura mediática pretende justamente "cosificar" la sustancia interior que la teología denomina "alma" y la filosofía "espíritu". Al cosificar nominalmente esa interioridad compleja y contradictoria, Ana se protege del control religioso que el Estado podría ejecutar sobre ella por vía de la educación, la moral o las instituciones. En *Vigilar y castigar* (1975) Michel Foucault ya lo advierte:

> Pero no hay que engañarse: no se ha sustituido el alma, ilusión de los teólogos, por un hombre real, objeto de saber, de reflexión filosófica o de intervención técnica. El hombre de que se nos habla y que se nos invita a liberar es ya en sí el efecto de un sometimiento mucho más profundo que él mismo. Un "alma" lo habita y lo conduce a la existencia, que es una pieza en el dominio que el poder ejerce sobre el cuerpo. El alma, efecto e instrumento de una anatomía política; el alma, prisión del cuerpo. (36)

Esto explicaría también que la secta de ciegos y mendigos se ejercite en la teatralización de sus gestos faciales cuando les corresponde pedir limosna; no quieren que los ciudadanos de la superficie que cotidianamente bajan para tomar el metro reconozcan en ellos la llamarada de la subversión. Es necesario que esos visitantes perciban las emociones y sentimientos que los buenos modales ciudadanos exigen pues solo así, en el intercambio de ese código, la subversión puede seguir desarrollándose sin censura. Nettel narra:

> Lo vi avanzar hacia el final del vagón, donde comenzó su discurso. *Señores pasajeros, disculpen la molestia...* Su voz era mucho más nasal . . . . Esa fue la primera vez que lo vi en plena representación de su drama: pobre entre los pobres del vagón, más deteriorado que nadie, solicitando con la mano hacia adelante que la gente le diera dinero, sin vender u ofrecer nada, excepto su mutilación y su fingida inocencia. . . . (102)

Así pues, esta "cristificación" que el Cacho asume para pulular entre el gentío de las entrañas del metro es lo que termina seduciendo a Ana. A partir de ese momento Ana decide que es en el subsuelo donde ella quiere vivir, allí donde las mercancías de los trueques sociales son asimétricas y no responden de manera alguna a la lógica del mercado diurno.

Nutriente-residuo

He aquí la dupla semántica central de *El huésped*. La bipolaridad *nutriente-residuo* es la plataforma sobre la cual se asienta la secuencia de transformaciones de Ana y sus respectivas pérdidas, entre las que podemos contar la muerte precoz de su hermano Diego, la pérdida parcial de la vista, la amistad con el cojo, la renuncia a su automóvil. Así pues, en cada pérdida civil, cultural y carnal, Ana va apoderándose de la identidad del nutriente. Ella misma es la comida que ansían los mendigos, pero esto implica que en algún momento de esa cadena Ana debe ser también excretada; su peor pesadilla comienza a cristalizarse:

> Dentro de las historias de desdoblamientos, la del mendigo que tira una piedra sin saber que otro mendigo más pobre recibirá su impacto en la cabeza me gustaba particularmente. Consideraba que en realidad en todos esos pordioseros, desde el primero hasta el último, eran el mismo y que cada uno representaba los estados de miseria en que un ser humano puede ir cayendo. En alguna ocasión llegué a imaginar que los otros mendigos eran todos seres parasitarios del primero y celebré muchísimo la idea de la pedrada, pero de inmediato me rebasó el vértigo: no podía imaginar el sufrimiento de tener no una, sino una serie infinita de parásitos dentro. (Nettel 29)

Ahora bien, las faltas, de las que el mendigo es el poseedor por excelencia, constituyen el principio de la comunidad subterránea y el núcleo de su poder subversor. Por ejemplo, Madero, el líder de la secta, le advierte a Ana que un liderazgo muy marcado constituye un peligro para esa nueva organización porque desdice la libertad y el desapego con los que debe llevarse a cabo la revolución: Ana va asimilando esa ideología del margen cuando reflexiona: "[s]i alguien, por más mutilado que sea, sabe que cuenta con la lástima de los demás, deja de ser un absoluto desvalido. Miré después a las señoras que abrían su bolso para dar unas monedas al muchacho. ¿Qué grupo sostenía a esas mujeres para lidiar con sus mutilaciones?" (126). Ana parece sentir compasión por la gente civilizada, obligada al eufemismo de sus faltas y por lo tanto incapaces de catalizarlas y liberarse. Esos ciudadanos todavía habitan el plano "real" al que Ana ha renunciado y actúan en correspondencia con sus valores. De algún modo, aquellos ciudadanos –le ha dicho Madero– sufren un tipo peor de ceguera.

Empero, los mendigos y ciegos del "subte" no desarrollan ningún tipo de gratitud respecto a esas dádivas, ya que la gratitud implicaría un nuevo modo de sometimiento, una modalidad sutil de control sobre sus "zōé", para decirlo con Agamben. Se trata tan solo de un automatismo de deglución que no distingue entre clases o identidades. Duchesne-Winter remarca esa ausencia de una noción ética en el ser periférico:

> El ciudadano insano no pugna contra la "injusticia social", pues se deleita en plasmar lo asocial en sus avatares. No asume derecho moral alguno, pues le pasa de lado a la moral, incluyendo las categorías, identidades y prácticas criminales duras que la moral social retroalimenta. El ciudadano insano no desafía la realidad, sino que rasga lo real y por eso mismo adquiere la consistencia de una ficción, sin por ello representar un *hecho social*. (221)

¿Qué materia residual puede obtenerse, entonces, de eso que Duchesne-Winter identifica como la conciencia de un "cero futuro", "cero pasado"? La falta de la vigilancia histórico-temporal conlleva a un último despojo del sujeto que, ya sin posibilidad de trascendencia, no reconoce la diferencia entre los nutrientes y los residuos y permite su absoluta antropofagia en las fauces del sinsentido. Es, precisamente, el sinsentido cultural el que muta hacia la celebración carnavalesca de todos los "zōé" devenidos en un solo cuerpo, en un solo monstruo. Por un instante, también de esa nueva cultura tribal Ana quiere escapar, pero percibe que el único refugio es de nuevo el extravío. De ahí que en *El huésped* la comunión del cuerpo colectivo tome lugar en la festividad; por ejemplo, en la celebración del Día de los Muertos. Ana participa junto a otros mendigos de una olla grupal y cuenta: "me tenía estupefacta la voracidad con que la gente los engullía. Poco a poco, fui comprendiendo que la distribución no era azarosa. Había mendigos abiertamente discriminados" (Nettel 135). Descubre así que incluso en la secta del "subte" hay una jerarquía social y la binariedad nutriente-residuo funciona como el factor taxativo. En ese momento, la única salida a la omnipresente jerarquización de los sistemas parece ser la individualidad extrema, el nihilismo, una posibilidad que la novela deja abierta a la exégesis.

> Luego, hacia el desenlace de la novela, en la zona más ideológica, cuando Ana descubre la razón de ser de la secta y decide participar de sus acciones políticas colocando heces humanas en los sobres de votación que se repartirán en las urnas para boicotear el proceso electoral democrático, narra: "Todos, niños harapientos, mujeres, adolescentes con signos de malnutrición, metían la mano con la misma eficiencia mecánica a los costales para rellenar los sobres y colocarlos después en cajas de cartón. En cuanto estas se llenaban, alguien salía espontáneamente del conjunto para sellarla con cinta canela. No había ventanas" (144).

También en esta escena hay una comunión, aunque no del nutriente, sí de los excrementos, como si esa horda de mendigos fuese el sistema digestivo (los intestinos delgado y grueso) que garantiza la supervivencia de un organismo más complejo y hermoso, pero que depende de manera espeluznante de su dinámica visceral. En *Profanaciones* (2005), Agamben subraya la importancia de profanar las producciones culturales para poder superar la opresión del capitalismo. Pero ¿cómo profanar lo profano?, llega a preguntarse. ¿Cómo profanar, por ejemplo, las heces? Su respuesta es la siguiente:

> Las heces –está claro– son aquí solamente un símbolo de aquello que ha sido separado y puede ser restituido al uso común. ¿Pero es posible una sociedad sin separaciones? La pregunta está, quizá, mal formulada. Ya que profanar no significa simplemente abolir y eliminar las separaciones, sino aprender a hacer de ellas un nuevo uso, a jugar con ellas. La sociedad sin clases no es una sociedad que ha abolido y perdido toda memoria de las diferencias de clase, sino una sociedad que ha sabido desactivar los dispositivos para hacer posible un nuevo uso, para transformarlos en medios puros. (113)

En ese sentido, si las heces toman el lugar de la ideología, si pueden suplantarla, se habrá restituido esa materia al circuito económico y político y se habrá hecho público lo que era íntimo y abyecto; de allí la enorme carga simbólica que en *El huésped* adquiere la decisión de Madero de "llenar de mierda" los sobres de votación en los comicios electorales. En esta misma veta, sobre la variable jungiana de la producción de excrementos, Gilbert Durand reflexiona: "Para el niño la defecación es el modelo mismo de la producción, y el excremento es valorado por ser el primer producto creado por el hombre" (251). Jung, además, declara que las consideraciones precientíficas sobre los excrementos nunca fueron negativas, pues en los antiguos imperios se administraban las heces a modo de panacea. Vale la pena aquí hacer un alto para puntualizar lo que Gilbert Durand nota como diferencia de base entre los conceptos freudianos y jungianos: Freud ve en el control del esfínter una fuente de placer sexual primaria, en tanto que Jung ve en la "liberación" del esfínter un modo de producción.

¿Es la novela de Nettel un texto voluntaria y explícitamente biopolítico? Sí, sin lugar a dudas, no solo porque el nomadismo hacia un nuevo espacio geopolítico –el "subte" del DF– entraña un desplazamiento hacia una periferia distinta, no horizontal, sino vertical, y en ese sentido profunda y peligrosa; sino también porque la acción dramática, el enigma que protege esa extraña comunidad de mendigos, aspira al derrocamiento de una hegemonía desde sus estructuras más abstractas: la ideología. "Pringando de mierda" la ideología es como se puede subvertir la fe de una sociedad diurna. Y de este modo el ciudadano postmexicano, el que no ha tenido la suerte de heroificarse, por ejemplo, en un suceso épico como el del 68, "ya no es", pues, "más un margen, un residuo, un resto: es un movimiento interno, totalizante, un sujeto. Un sujeto que expresa *potencia*" (Negri 118).

Ciudad-barbarie

Según Michel de Certeau, el recorrido pedestre de la ciudad es una forma de enunciación que puede establecer nuevos valores epistemológicos, tales como "lo posible", "lo cierto", "lo excluido" o "lo cuestionable", así como valores éticos que tienen que ver con "lo prohibido", "lo permitido" o "lo opcional". "El andar afirma, sospecha, arriesga, transgrede, respeta" (de Certeau 112). En *El huésped*, para poder construir una enunciación espacial nueva, se articula primero una denuncia –es decir, se des-enuncia un sentido común, y con la desnudez de esa verdad rota se construye un discurso larvario– respecto al feudalismo del tercer milenio que el estado y la superestructura social ejercen sobre los ciudadanos.

La des-enunciación a la que me refiero se despliega cuando Ana renuncia a conducir su automóvil para retornar a la experiencia antropoide del caminar, no mediada por ninguna tecnología o artefacto, y de este modo reorganiza su ciudad imaginada, su patria y su nacionalismo. Mientras camina va saturando su vista de toda la fealdad posible, quiere colisionar con la realidad. Al dejar también el trabajo en el instituto de ciegos, Ana accede a un tipo de desamparo que colinda con la libertad anticapitalista, pues su tiempo personal ya no es una mercancía y puede hacer con él lo que quiera, incluso someterlo al azar. "El subterráneo era un buen lugar, me permitía fingir que me estaba desplazando, que no era una desocupada. A veces transitaba de línea en línea con la ansiedad de quien vive sus últimas horas" (Nettel 124), reconoce Ana, cuando descubre que debajo de la tierra palpitaba un sentido ontológico distinto, nunca antes sospechado, una vía de conocimiento de la naturaleza humana cuya lucidez inicial tendría que ser violenta y dolorosa. Luego concluye con un registro casi evangélico:

> El subterráneo ha existido siempre. . . . Piensa en los colonizados de cualquier imperio, los esclavos, los campesinos, los leprosos, los prisioneros de guerra. . . . A los ciegos de estos movimientos los ha guiado siempre la fuerza de la ira, la venganza colectiva, no un proyecto. . . . [Y] también hay hombres con buenas intenciones que, sin la menor necesidad, se incorporan a los marginales y se apropian de su odio; se encargan de organizarlos y su generosidad dura algunos años hasta que la soberbia les carcome las córneas. . . . (131–132)

Y es de este modo que se legitima la barbarie parida, irónicamente, por la propia estética y dinámica urbanísticas como Michel de Certeau lo sugiere: "la vida urbana deja cada vez más de hacer reaparecer lo que el proyecto urbanístico excluía. El lenguaje del poder 'se urbaniza', pero la ciudad está a merced de los movimientos contradictorios que se compensan y combinan fuera del poder panóptico" (107). En otras palabras, la "bíos" griega se las arregla para imponerse sobre la ideología programática.

La Cosa ha colonizado la antigua identidad de Ana y ahora la ciudad parece transformarse cuánticamente para responder y sincronizar en lo estético y ontológico con esa nueva mirada. Carina González ha señalado la subversión que la secta de mendigos y ciegos articula contra la eugenesia histórica y política de ese México tradicional, pues esta *polis* underground está constituida en lo material y lo ideológico por el exceso de lo abyecto y "[de] estos restos, residuos tóxicos, malformaciones, vidas infectas, surge la rebelión del monstruo político" (31). Ana celebra con alegría su pertenencia a esa *polis* subterránea, probablemente porque el retorno al vientre gótico le permitirá recuperar un estado de inocencia infantil en la que ya no estará escindida: "[E]sa ciudad que extendía sus tentáculos amorosos, selectiva y arbitraria a la vez como una madre. . . . Desde ahora el metro sería mi hogar. . . . El mal olor de las cañerías, los empujones de la gente, el ruido, lo ocurrido con el Cacho, incluso la muerte de Marisol, todo lo que me rodeaba era perfecto y no tenía por qué ser de otra forma" (188–189).

Ana acepta, pues, su destino final de mendiga como quien ha encontrado la explicación cósmica a la angustia. Liberada de las reglas diurnas, casi ciega, pero además doblemente contaminada por vía de contacto sexual por el Cacho y por su muñón obsceno y monstruoso, sabe que esa sensualidad de pertenecer al todo, a los cuerpos sudados del metro, a las voces, a las limosnas, solo es posible en medio de esa fantástica y carnavalesca barbarie. Duchesne-Winter la comprende bien cuando dice: "Se trata de una mancha patológica, de un espectro viral que cobra visibilidad en eventos singulares de contagio. Podríamos aproximarnos a la noción de singularidad no-identitaria de Giorgio Agamben, para agregar que el ciudadano insano es una singularidad desprovista de identidad representable" (221).[5]

Duchesne-Winter agrega que la única forma de visibilidad posible para el ciudadano insano consiste en el contagio: "Se contagia la insanidad asumida como distorsión de la moral social, distorsión patológica propagada en ínfimos acontecimientos virales que replican en modos perversos, irónicos, paródicos" (222). De allí también que la diseminación de las heces fecales en los sobres de votación forme parte de una campaña viral o de contagio por la cual la nueva comunidad pretende expandir su esencia abyecta. Asimismo, la conciencia primitiva de que no hay, en verdad, grandes diferencias entre los tipos de "zōē" les permite a los ciegos y mendigos manipular las heces sin asco. Al final, todo es materia. Antonio Negri lo expresa de la siguiente manera: "*[S]ólo un monstruo* es el que crea resistencia ante el desarrollo de las relaciones capitalistas de producción; y sólo un monstruo es el que obstruye la lógica del poder monárquico, aristocrático, populista, siempre eugenésico; el que rechaza la violencia y el que expresa insubordinación; el que odia la mercancía y se expande en el trabajo vivo" (103).

Efectivamente, Ana es trabajo vivo, pedirá limosna y no compasión, como le ha enseñado el Cacho, pues la compasión es un alto sentimiento, ya extinguido de la raza de la superficie; a lo mucho podrá obtener lástima, que es en cambio un sentimiento residual, culposo, a la defensiva. Pero con la lástima puede un mendigo subsistir, alimentarse y dedicarse a lo suyo: a la contemplación del mundo. Ser uno y parte. Y es que "cuando nos descubrimos ante el monstruo, dentro de una *multitud* que es el monstruo (pero de la cual somos parte, no nos podemos separar), no nos queda más que palpitar al unísono con la multitud" (Negri 115), como lo hace Ana, unida,

---

[5] Sin embargo, en la novela *Padre Mío*, Diamela Eltit ha creado desde una subjetividad demasiado lúcida y presente la ontología del mendigo chileno, alguien cuya identidad es un factor peligroso de subversión, pues encarna todas las carencias históricas y sociales, y en esa acumulación de faltas y renuncias, se convierte en un ser irónico, es decir, es un ser activo y protagónicamente marxista.

ahora sí, a La Cosa, identidad siamesa, infinitamente hambrienta, indicio innegable del Anti-Edipo que el mundo occidental ha engendrado en las entrañas de la civilización capitalista.

La hija de Saturno

El vientre es el eufemístico microcosmos del abismo, dice Gilbert Durand. La ofrenda que Ana hace de sí misma en las fauces de esa nada nos acerca a la mitología marxista de los mártires: "Caminé hasta la boca del metro y me dejé engullir como una gragea. . . . El metro me escupió en su flujo" (Nettel 188). Ana se inmola, sabe que es más necesaria entre los mendigos que en el reino de los vivos. Dejará de ser la chica zombie viviendo falsamente en lugar de La Cosa, dejará de ser el sujeto-huésped, incómodo en una habitación desconocida; ahora podrá, junto a su hermandad, distribuir excrementos para boicotear absurdos. Este reciclaje de las energías sociales residuales es otro aspecto de lo que podríamos llamar la novela anti-capitalista, pues postula la conversión de las experiencias y los recuerdos (y no su mera acumulación) con miras a la condensación de una ideología y una ética. Es decir, desrealiza la materia y la convierte en un abstracto cuyo precio no es el intercambio, sino el sacrificio y la comunión religiosa.

"¿Cómo puede haber todavía 'ciudadanos'?", se preguntaba Guy Debord (citado en Jappe 132). La respuesta de *El huésped* tiene la forma de una propuesta: creando una *polis* subterránea, un espejo adverso que reproduzca los valores del antiguo estado griego, pero se oponga al crudo esquema del capitalismo moderno. En ese sentido, Ana es mucho más revolucionaria que Madero o el Cacho porque su renuncia es vital, es joven y conmovedoramente hambrienta.

Obras citadas

Agamben, Giorgio. *Homo Sacer. El poder soberano y la nuda vida*. Traducido por Antonio Gimeno Cuspinera, Pretextos, 2010.
—. *Profanaciones*. Traducido por Flavia Costa y Edgardo Castro, Adriana Hidalgo, 2005.
De Certeau, Michel. "Andares de la ciudad". *La invención de lo cotidiano 1*, traducido por Alejandro Pescador, Universidad Iberoamericana / ITESO, 2000, pp. 103–122.
Duchesne-Winter, Juan. *Ciudadano insano*. Ediciones Callejón, 2001.
Durand, Gilbert. *Las estructuras antropológicas de lo imaginario. Introducción a la arquetipología general*. Traducido por Mauro Armiño, Taurus, 1981.
Foucault, Michel. *Vigilar y castigar: nacimiento de la prisión*. Traducido por Aurelio Garzón del Camino, Siglo XXI, 2002.

González, Carina. "Degeneración e identidad: Guadalupe Nettel y la novela de crecimiento como *Bildung* político". *Revista de Literatura Mexicana Contemporánea*, vol. 53, 2012, pp. 21–32.

Jappe, Anselm. *Guy Debord*. Traducido por Luis A. Bredlow, Anagrama, 1998.

Negri, Antonio. "El monstruo político. Vida desnuda y potencia". *Ensayos sobre biopolítica. Excesos de vida*, editado por Gabriel Giorgi y Fermín Rodríguez, traducido por Javier Ferreira y Gabriel Giorgi, Paidós, 2007, pp. 93–140.

Nettel, Guadalupe. *El huésped*. Anagrama, 2006.

Apartado II.
El México profundo: transcultural y violento

Capítulo 4

Auto-identidades, de la colonia al XXI: escritores de los Pueblos Originarios de México

Herlinda Flores Badillo

Universidad Veracruzana

Resumen: En el análisis que Leetoy hace de *La brevísima* (de las Casas) y de *La visión de los vencidos* (de León Portilla) deja en claro que cuando España descubrió América encontró su identidad al verse comparado con el otro; y así mismo dejó a América fuera de una historia que no fuera puramente eurocéntrica. Leetoy menciona que los colonizadores hicieron que los indígenas escribieran una nueva forma de representarse, esa que sólo pudiera demostrar su lado "bueno", bueno acorde a los parámetros occidentales. Pero los escritores, aunque aparentemente fueron callados o sometidos a otra forma de escritura, siguieron conservando mediante su oralidad lo bueno acorde a su cultura, y así mismo se fue transculturando. El propósito de este capítulo es demostrar cómo se perdió la auto-identificación del escritor indígena y cómo a partir de 1980 el escritor de los Pueblos Originarios empieza a retomar su voz, su identidad, sí transculturada, pero la que ellos mismos eligen ejercer. Se da un breve panorama de la escritura antes y después de la conquista y se abordan los temas de identidad, que actualmente se han visto afectados por la violencia vivida en todo México, así mismo se abordan conceptos como auto-etnografía y transculturación en la escritura contemporánea de los Pueblos Originarios de México.

Palabras claves: Transculturación, literatura Pueblos Originarios, identidad, auto-etnografía, auto-representación

***

"México no se fundó en 1521, tampoco en 1810, y de ningún modo en 1910. Nació hace mucho más tiempo gracias al florecimiento de culturas como la maya, la mixteca, la zapoteca y otras".

(Hernández, Natalio.
Pugnan porque la literatura indígena deje de ser indigenista, 2009).

Este capítulo busca hacer un brevísimo recorrido de cómo a lo largo de los años la literatura del México Profundo se fue transformando, acorde a la transculturación que vivieron los pobladores que fueron "encontrados" a la llegada de los españoles. Los escritores o preservadores de la memoria fueron cambiando las historias que se venían contando de acuerdo a las narraciones de los pobladores de las primeras culturas; fueron transformando las historias de acuerdo a las nuevas reglas impuestas o transculturadas. En el análisis que Leetoy hace de *La brevísima* (de las Casas) y de *La visión de los vencidos* (de León Portilla) deja en claro que cuando España descubrió América encontró su identidad al verse comparado con el otro; y así mismo dejó a América fuera de una historia que no fuera puramente eurocéntrica. Leetoy menciona que los colonizadores hicieron que los indígenas escribieran una nueva forma de representarse, esa que sólo pudiera demostrar su lado "bueno", bueno acorde a los parámetros occidentales. El propósito de este capítulo es demostrar cómo se perdió la auto-identificación del escritor indígena y cómo a partir de 1980 el escritor de los Pueblos Originarios empieza a retomar su voz, su identidad, sí transculturada pero la que ellos mismos eligen ejercer. Se da un breve panorama de la escritura antes y después de la conquista y se abordan los temas de identidad, que actualmente se han visto afectados por la violencia vivida en todo México, así mismo se abordan conceptos como auto-etnografía y transculturación en la escritura contemporánea de los Pueblos Originarios de México.

A manera de introducción

Los conquistadores les quitaron a los indígenas mexicanos el derecho de nombrar y de nombrarse, antes del descubrimiento de América – época prehispánica – los nativos de México vivían en luchas constantes de acuerdo a su grupo étnico, algunas tribus o etnias se veían superiores a los otros, por ejemplo los aztecas eran superiores a los chichimecas; a partir de la llegada de los conquistadores todos fueron puestos bajo un mismo nombre: indios. Es así como los de afuera comienzan las representaciones de lo que éste sería para ellos acorde a su cultura o su físico. Pero los nativos saben que necesitan ser escuchados, y por ello buscan la manera de llegar al imaginario de su receptor, el rey de España. Por tanto, las políticas indigenistas comenzaron desde la colonia, teniendo como fundamento principal la evangelización del "indio" (Flores). Todorov afirma que la primera falta de Colón, en su contacto humano con aquellos con quienes se encontraba, fue el lenguaje. Todorov hace referencia a que "la parte que capta la atención de Colón es entonces aquel sector del lenguaje que sólo sirve, por lo menos en su primer tiempo, para designar a la naturaleza" (37).

Sin embargo, este pensamiento que se atribuye a Colón no es exclusivo de él. Elliot, afirma que es del hombre europeo de esa época:

> . . . cuando el obispo Landa argumentaba que los indios vivían, como consecuencia del gobierno español, «sin comparación más como hombres», resulta evidente que identificaba «hombre» con «hombre europeo» . . . en un observador benévolo como Sahagún, preocupado por la aptitud de los indios para el estudio de las artes mecánicas y liberales y la teología, resulta claro que gran parte . . . gira en torno a si poseían la suficiente capacidad intelectual y racional como para producir su vida que los aproximase al modelo cristiano y europeo (81).

Elliot en su disertación ve cómo el europeo se trans-identifica pues se descubre así mismo al ver su reflejo en "la cultura" a donde llega. Esta nueva concepción del hombre provocó en el español un menosprecio ante lo que "encontró": nuevas lenguas, culturas, religiones y cosmovisiones. La idea de una otredad geográfica vista con menosprecio se heredó de generación en generación y prevalece en la mente de muchos.

> . . . en palabras del Real Decreto de 1550, «nuestra policía y buenas costumbres», parece que el principal defecto que se atribuía a las lenguas indias era no tanto su opacidad como el carecer de un alfabeto escrito . . . . La equivalencia entre civilización y posesión del alfabeto era claramente tenida en cuenta por los europeos del siglo XVI, y hasta los más celosos de los indios, como Las Casas, eran incapaces de disimular la existencia de un defecto en este punto (83).

Langebaek menciona que lo indígena había sido siempre analizado a través de los ojos del criollo o mestizo. Es hasta épocas muy recientes que el indígena retoma la palabra para hablar sobre sí mismo. De ahí que resulta importante estudiar las corrientes que han surgido para estudiar al indígena desde la perspectiva colonial y luego mestiza hasta llegar a la propia visión de los habitantes de los Pueblos Originarios.

Recorrido Pre-Hispánico y colonial

Para comenzar el análisis se hará un recorrido de cómo se veían las propias civilizaciones precolombinas en México y Perú, y cómo esa visión se fue transformando. Georges Baudot, al analizar las literaturas precolombinas, cuenta que el desprecio por otras lenguas o culturas no comenzó con la llegada de los españoles, sino que por el contrario existía desde mucho antes:

> Así en el siglo XV, en vísperas de la llegada de los españoles, los mexicanos consideraban como rudas y groseras a todas las demás lenguas que se hablaban en su territorio. Las despreciaban, con el calificativo despectivo de *chichimecas* (literalmente: engendrados por perros, bárbaros y salvajes) .... Más allá de los simples mecanismos de una humilde comunicación elemental, el hombre precolombino del altiplano mexicano creía poseer la fuerza mágica de un lenguaje dotado de infinitas posibilidades para la abstracción y la creación (21).

Es importante traer a la memoria que en aquel entonces el Náhuatl funcionaba como lengua franca y por ello los del altiplano mexicano despreciaban otras lenguas. Pero esa superioridad que sentían los del altiplano la encontramos en otras culturas, por ejemplo, en la maya y en otras lenguas. Montemayor da la definición del Tzotzil *(Batz´ik´op* que quiere decir idioma verdadero, esto es, para ellos también su lengua era superior a cualquier otra. Así mismo, menciona otras lenguas originarias que establecen en su propio nombre, ser el idioma que realmente posee la verdad: el Tzeltal (Batzil k´op) tienen el mismo significado, idioma verdadero o voz verdadera, el tojolabal (tojol= verdadero ab´al = palabra) Zapoteco del Istmo *didxazá* (didxa´= lengua/palabra/idioma y zá nube) el idioma de los binnizá: gente de la nube. En Perú sucede algo similar, Baudot menciona:

> Esta actitud y esta convicción no eran exclusivas por lo demás en la América precolombina. Del mismo modo y para dar sólo un ejemplo complementario la lengua del *Tahuantin-suyu* [el imperio inca], e*l quechua,* se llama así misma *runasimi, "lengua* de los hombres, lo que expresa muy claramente lo que se pensaba de quienes los usaban (21).

Como observamos en los ejemplos anteriores, cada poblado de América poseía un nombre propio que en la mayor parte del tiempo describía su grandeza como cultura. Un paralelo posible en Europa lo podemos encontrar con expresiones como: hablar cristiano 'durante la Edad Media significaba hablar castellano' o 'hablar romance' a diferencia de hablar árabe.

Desde la colonización de América comienza una visión desde fuera sobre lo que era el indio. Muchos franciscanos y dominicos sólo permitían la transcripción de costumbres que ellos consideraban dignas de ser rescatadas. La transculturación en la transcripción lingüística comienza desde la alfabetización de los idiomas amerindios "su codificación en gramáticas y vocabularios sobre el modelo de nuestras lenguas neolatinas..." (Baudot 36). Desde el momento en que los conquistadores denominaron a la gente de los Pueblos Originarios como indios se perdió la verdadera identidad de ellos, pero más aún, se comienza la transformación, no sólo ya de su nombre, sino de su propia lengua. Sus costumbres se seleccionaban y su literatura se escogía para ver cuál era la que se debía rescatar. De esta forma, la auto-representación de las etnias se fue transformando, encubriendo entre lo español, lo europeo. "Sólo basta con abrir la obra de Guamán Poma *Nueva crónica de buen gobierno* para observar cómo el indígena de linaje se auto-representaba en imágenes que contienen una verdadera mezcla de culturas" (Flores 18). La mirada del indígena se vio transformada a la llegada del español a América, pero también la manera en cómo se representaba, pues le era necesario ser aceptado por la colonia. Así es como los pueblos originarios mezclan su identidad (lo que anteriormente se concibió como mestizaje) y ahora lo reconocemos como transculuturación.

Podemos entonces hablar de diferentes visiones de lo que es el indígena, una que es la descrita durante la época precolombina, otra que es la mirada del conquistador que queda plasmada en las crónicas, relatos, diarios o memorias; donde las descripciones de los habitantes del nuevo mundo son variadas y, en algunos casos, reinterpretadas a lo occidental por los españoles. Otra más, durante la colonización, en los relatos de Sahagún, *México antiguo*, uno de sus títulos *Pueblos y Señores* muestra una descripción de los dioses nativos con una relación occidental: De la relación de quien era Quetzalcóatl, otro Hércules gran nigromántico, "gran *nigromántico e inventor de la nigromancia, y la dejó a sus descendientes y hoy día la usan. Fue extremado en las virtudes morales*" (las cursivas son mías) dice Sahagún (45).

Kathryn Quinn-Sánchez menciona que el indigenismo tiene dos facetas, una positiva y otra negativa. La de principios del siglo XX, la occidentalización del indígena, tiene esa negatividad:

> A closer look reveals however that westernizing meant acculturating or, in other words, cutting off the mestizo and Indian population from their own indigenous roots, which included their language, religious practice, traditions, and customs, the very culture they had resisted giving up since the Conquistadors first try to Christianize them. (iv)

Los pobladores originarios, mal llamados indios, se vieron reducidos a una clase social pobre y de la que todos abusaban, sólo basta con recordar la representación del "indio" en la novela fundacional de México *El Periquillo Sarniento* de Lizardi:

> Consideradme en tal pelaje, a tal hora y en tal lugar. Todos los indios que pasaban por allí me veían y se reían; pero su risa inocente era para mí un terrible véjame que me llenaba de rabia.... En tan aciago lance se llegó a mí una pobre india vieja, que condolida de mi desgracia me pregunta la causa. Yo le dije me habían robado... la infeliz llena de compasión me llevó a su triste jacal me dio atole y tortillas calientes con un pedazo de panocha y me vistió con los desechos de sus hijos, que eran unos calzones de cuero sin forro.... Es decir me vistió en el traje de un indio infeliz... Cada vez que me acuerdo de esa india se enternece mi corazón. (152)

Esta cita de una novela que marca el principio de lo que posteriormente será la novela nacional, una que pretendía dar cuenta de la importancia del nacionalismo mexicano, sólo hace lo mismo que repetirán muchos escritores indigenistas: retratar la infelicidad, desgracia y pobreza de la gente de los pueblos originarios.

Es decir, primero surge esa reinvención del propio indígena de linaje, que trata de salvar lo que le queda mediante el mestizaje. Posteriormente, es el criollo quien idealiza lo indígena. También podemos mencionar a los escritores mestizos que trataban de retratar al indígena desde su propia perspectiva. Pero actualmente, los Pueblos Originarios se encuentran auto-etnografiandose mediante no sólo la escritura, sino mediante sus ritos, música y fiestas religiosas.

Los escritores indígenas del siglo XX

Para Javier Castellanos (escritor de los pueblos originarios) es hasta finales del siglo XX y principios del XXI que la representación indígena en la literatura vuelve a recobrar una verdadera auto-representación y no la mala fotografía que se hacía de ellos:

> [...habla anteriormente de la literatura indigenista] Sería ingenuo pensar que miserias como las que cuentan estos literatos no se den en la vida real... pero de ninguna manera son representativas de la cultura indígena ya que la historia de estos grupos está llena de pasajes de dignidad y resistencia por lo que escoger las peores para representar al indio, dice mucho sobre el origen de las limitaciones de esta

literatura . . . es la concepción que los de fuera tienen sobre las culturas autóctonas. (citado en Montemayor 303)

De las Auto-representaciones

Mucho se ha hablado de la novela autobiográfica en obras latinoamericanas y mucho del sel-fashioning en obras escritas en inglés. También se ha discutido de cómo lo histórico y lo etnográfico tiene su carácter ficcional. Pero muy poco se ha discutido de la auto-etnografía y mucho menos de la auto-representación en las obras literarias de los escritores de los Pueblos Originarios. Para Greenblatt, self-fashioning tiene que ver con la creación de una persona que no se muestra tal como es, sino que trata de agradar a la sociedad en la que habita o a la que se dirige. "En el caso de la escritura, el autor buscará crear modelos que sean convenientes para la sociedad..." (3) En español, otro término que ha sido aplicado es el de auto-formación. Para Ma. De los Ángeles Rodríguez, las novelas de autoformación se dieron desde los clásicos grecorromanos y la Edad Media, y en tiempos modernos sigue estando presente. A diferencia de Greenblatt, Rodríguez piensa que "las novelas de autoformación en su forma lírica expresa metafóricamente, en el proceso de autorreflexión del personaje, la autoconciencia y madurez de la humanidad" (3).

Para la auto-representación o autoetnografía de este análisis, se usará el término de Pratt:

> La autoetnografía o la expresión autoetnográfica . . . se refieren a ejemplos donde sujetos colonizados emprenden la tarea de representarse a sí mismos de una manera que concuerda con los términos del colonizador". Si los textos etnográficos son medios, a través de los cuales los europeos se representan a sí mismos ante los otros –frecuentemente subyugados–, los textos auto-etnográficos son aquellos que construyen a los otros en respuesta a, o en diálogo con, las representaciones de la metrópoli. . . . Los textos autoetnográficos no son, por tanto, aquellas formas de autorepresentación que se consideran frecuentemente –auténticas o autóctonas. . . . Más bien, la autoetnografía implica una colaboración parcial con, y la apropiación parcial de, los idiomas del conquistador. . . . Frecuentemente son bilingües y dialógicas. . . . dirigidas tanto a lectores de la metrópoli como al sector literario del propio grupo social del hablante, y buscan ser recibidas de modo muy distinto por cada uno de ellos. (7)

La idea de Pratt me parece reveladora, sobre todo en la parte donde ella asegura que se dirige a un grupo social de hablantes de la lengua en la que se escriben, pero también están dirigidas a la metrópoli, además de buscar ser recibidas de modo distinto por cada grupo o lector al que llega el texto o mensaje. Eso es lo que sucede con los escritores de los Pueblos Originarios a partir de 1980 hasta la fecha.

El escritor de los Pueblos Originarios quiere mostrar parte de su cultura mediante personajes de ficción pero que no buscan cubrir los modelos occidentales, sino representar lo que tanto tiempo les fue negado por la cultura mestiza o blanca: la auténtica forma de vida del indígena. Los escritores de los Pueblos Originarios pretenden mediante su literatura mostrar a la humanidad su propia identidad al mismo tiempo que se descubren así mismos como una cultura única: una cultura transculturada.

Ejemplos de auto-representaciones.

Para mostrar estas auto-representaciones se han elegido 6 autores de diferentes culturas y lenguas originarias, se seleccionaron cuatro hombres y se mencionan tres mujeres, todos poetas. Se han escogido esas obras por la clara autorepresentación que los escritores hace de su realidad vivida, unos a partir de 1980, cuando se comienzan a renombrar, otras que desean representar a la mujer de las culturas originarias y finalmente a escritores que demuestran la violencia vivida en todo México pero en el caso de su cultura, hablan de una violencia que pretende aculturizar a quienes son esclavizados.

Me gustaría comenzar por el escritor Víctor de la Cruz quien es originario de Juchitán Oaxaca y que surge a partir de la década de 1980. La poesía de De la Cruz es tan variada como la de cualquier otro autor. El amor a su pueblo y su gran conocimiento sobre su cultura y la reflexión sobre lo acontecido desde la conquista lo han llevado a escribir poemas como el que a continuación muestro.

TU LAANU, TU LANU
Guinié', gabe' *ya* huaxhinni;
gabe' ya lu gueela'.
Tu guinienia', xi guinié'
pa guiruti' guinni ndaani' yoo

ne nisi berendxinga ribidxiaa
riuaadia'ga'.
Pa guinié' *ya*, pa guinié' *co'*
tu cayabe' *ya*, tu cayabe' *co'*;
paraa biree *co'* ne *ya* di ya'
ne tu canienia' lu gueela'.

¿QUIÉNES SOMOS, CUÁL ES NUESTRO NOMBRE?
Hablar, decir *sí* a la noche;
decir *sí* a la obscuridad.
¿Con quién hablar?, ¿qué decir?
si no hay nadie en casa,

y tan sólo oigo el gemir del grillo.
Si digo *sí*, si digo *no*,
¿a quién digo *sí*?, ¿a quién digo *no*?
¿De dónde salió este *no* y este *sí*
y, con quién hablo en medio de esta obscuridad?

Tu gudixhe ca diidxa' di' lu gui'chi'.
Xiñee rucaa binni lu gui'chi'
ne cadi lu guidxilayú:
laa naro'ba',
nalaga, naziuula'.
Xiñee qué ruca'nu' xa guibá'
guirá' ni rini' íquenu
ne riale ladxido'no.
Xiñee qué ruca'nu' lu bandaga yaa,
lu za, lu nisa,
ndaani' batananu.
Xiñee gui'chi',
paraa biree gui'chi',
gasti' cá lu,
gutaguna' diidxa' riree ruaanu,
diidxa' biruba ca bixhozególanu lu guie,
ni bí'ndacabe lu gueela'
ra biyaacabe,
ni bitieecabe guriá lídxicabe

¿Quién escribió estas palabras en papel?
¿Por qué escribe la gente sobre papel y no sobre la tierra?
Es grande,
es ancha ... es larga.
¿Por qué no escribimos en el cielo
lo que dicen nuestras mentes,
y lo que nace en nuestros corazones?
¿Por qué no escribimos sobre las verdes hojas,
sobre las nubes, sobre el agua,
en la palma de la mano?
¿Por qué sobre papel?
¿dónde nació el papel?
¡nada dice!
y encierra las palabras que salen de nuestra boca:
la palabra que cincelaron nuestros abuelos sobre las piedras

(De la Cruz)

Natalio Hernández es un escritor que no surge en 1980, su carrera es anterior, al igual que su lucha por conservar la lengua Náhuatl; desde 1950 junto con otros autores se manifestó en varias ocasiones contra el gobierno y las políticas de aculturación o mestizaje. La trayectoria de Hernández lo ha hecho ser considerado el ahuehuete de su cultura. Se caracteriza por mantener la estilística y los géneros de la antigua literatura prehispánica; Natalio también conserva esa voz colectiva que existe en la poesía precolombina.

Toselti matinemican
Quemantica nimachilia
tehuan timasehualme tichia
se tlacatl tlen nochi hueli
ihuan nochi quimatl:
yehuatl huelis tech maquixtis.
Inin tlacatl tlen nochi hueli
ihuan nochi quimati
amo queman asis:

Caminemos solos
A veces pienso que los indios*
esperamos a un hombre
que todo lo pueda,
que todo lo sepa
que ayude a resolver
todos nuestros problemas.
Pero ese hombre que todo lo puede
y que todo lo sabe,

ipampa tohuan itztoc,
tohuaya nemi,
pehuaya tlachia,
nohua cochtoc.

nunca llegará:
porque vive en nosotros,
se encuentra en nosotros, empieza a
despertar: aún duerme
(25)

Un escritor más, Juan Tiburcio es del estado de Veracruz y su lengua es el totonaco, ha escrito varios poemas en donde se auto-enografía y en donde toma la voz de su pueblo, tal como lo hace en su obra *Palabra y canto de los totonacos*. Juan Tiburcio tiene un poema titulado *Garras de águila*, y en él se observa que el totonaco se compara a una animal, en la traducción dice que es a un águila, pero en el poema en la lengua original se sabe que es a un zopilote rey:

Garras de águila
Xtantun xakgalh
Kin tantun lakgtliwakgan
luwatiya xtantun xagkalh
wa klitlawan k'kasipijni
nitu likxilha kachiwixni
ama latiya k'kalhtukunin
an nitu puwan ni xapekwa
e kin tantun xla xekgalh.
Lakpalha
Tsapakga
Xachixku
Smalalan
Xnujutwa
Kipitswa
Kgosonan
Tliwakga
Skulujwa.
Tama, la xakgallh klakawan
akan tanks ki lakukxilha
ki lakgastapu kin tantun
chu ki lakan xla xakgalh,
wa ki ihkgamanit xkgosma
k'kakgapun talhman xlama.

Mis pies son resistentes
como las garras del águila:

con ellos trepo montañas;
no le temen a esas rocas
ni pasar por las espinas;
sin temor a nada avanzan
como garras de águila:
Potentes
Ágiles
Varoniles
Morenas
Fibrosas
Ligeras
Veloces
Fuertes
Hacendosas
Contemplen el porte del águila,
pues me veo yo así
Mira fijamente
Mis ojos y mis pies,
Mi cara de águila,
Todo lo que he heredado del águila
Yo nací cuando ella volaba,
Cuando en el cielo se deslizaba

Después de estos tres poetas masculinos, es necesario ver cómo las poetas se autoetnografían. En los poemas de Natalia Toledo encontramos, al igual que en los poemas de Briceida Cuevas, un lugar de enunciación femenino. Ella le canta a la mujer indígena, no a esa que era retratada en la literatura indigenista o indianista, sino a la mujer que al igual que la mujer urbana desarrolla diferentes roles: es ama de casa, agricultora, comerciante, y prostituta o tal vez una table dancer:

Doña Agrícola
En el umbral de madera una enagua se contonea, se contiene se quiebra;
sonríe con su voz ronca y sus dientes de oro,
invita la invitan, se levanta el huipil, baja y sube los hombros
empieza a girar con sus senos de plenilunio enormes y arrugados.
Mientras, unos niños de puntitas la observan en silencio,
 tras la puerta de madera de dos hojas
de todos los ojos bendecidos que la vimos bailar *streap tease*.

(en Blog de Toledo)

Este poema pertenece al yo empírico (vivencial) de Natalia. De niña solía ir a la cantina del pueblo y desde afuera espiaba a doña Agrícola quien rutinariamente comenzaba su espectáculo de *streap tease*. Ella con asombro veía a aquella mujer que aunque ya entrada en años poseía la sensualidad de cualquier mujer joven. En el poema observamos que la voz poética nos dice que la bailarina se desprende de su ropa típica, su huipil (falda), y además muestra su diente de oro, una costumbre de los pueblos es colocarse dentadura de oro. Esta es la verdadera voz del Pueblo Originario, esa que nos cuenta no sobre una mujer que carga a cuestas la madera y vive triste por su pobreza. Agrícola es una mujer que disfruta su profesión. Natalia cuenta que esta mujer tenía un esposo que, al igual que los clientes de la cantina, disfrutaba del espectáculo de su mujer.

Representación y violencias, 2010

Dentro de los escritores jóvenes destacan Irma Pineda y Huber Matiuwáa, ambos entre los muchos temas en los que se han auto-representado, han decidido hablar de algo que preocupa a todo México pero ellos alzan su voz para hablar sobre la violencia que casi desea acabar con las culturas del México Profundo. Quiero hablar de la obra *Cicatriz que te mira* de Hubert Matiuwaá publicada en 2018, esta se encuentra dividida en dos apartados: "Cicatriz que te mira" y "Las rayadoras de Marutsíí" ambas abordan el tema de la violencia que se vive, no sólo en la sierra de Guerrero sino en muchos otros pueblos de nuestro México Profundo, violencia que ha quebrado al país y que en esta ruptura ha logrado también romper las comunidades, su unión, su fuerza de resistir la aculturación. En ese resistir, Hubert decide dar testimonio de lo que sucede en su cultura, denuncia la violencia en su propia lengua pues, como dice su abuela, su idioma es una cobija que sirve para diferentes funciones. Es así que en la primera parte, se acobija y canta con dolor a todos los hombres que son arrancados con violencia de la montaña de Guerrero: "Me asomé/ y vi a tu hijo dormido en el camino blanco, / a tu mujer arder de dolor/ al arrancarle los pechos/..." (15). Los hombres que son llevados de la cultura que los vio nacer olvidan su raíz y esa es la violencia más profunda que se haya vivido en siglos; nuestros pueblos se transculturaban y la raíz se transformaba pero no se perdía. En la segunda parte, "Las rayadores de Marutsíí", se grita con fuerza el golpe certero del narcotráfico en el campo, las mujeres no cosechan flores o vegetales para comer, ellas rayan amapola para saciar el hambre de la avaricia: "Nuestras navajas rayan de noche/ para sangrar el día sobre la piedra, / cortan kilómetros de carne/ y viajan en túneles para esconder la avaricia/" (45). A pesar del canto triste de los poemas, también se vislumbra el canto esperanzador de que algún día se regresará al maíz, a la casa, a sus sueños milenarios.

Es así como los escritores decidieron retomar la palabra, hablar de su cultura, en su idioma y, al mismo tiempo que la describen, se autoetnografían, se representan. Este análisis se acerca a la tesis de Ricoeur, que asegura que la humanidad descubre su identidad en las narraciones que se cuenta a sí misma sobre sí misma.

Obras citadas

Baudot, Georges (compilador). *Las letras precolombinas*. Siglo XXI, 1979.

Castellanos, Javier. "La narrativa de los que hablamos el Dilla Xhon", *La voz profunda*, Carlos Montemayor. Joaquín Mortiz, 2004.

De la Cruz, Víctor. "La flor de la palabra," *Antología de literatura zapoteca*. Premia editora, 1983.

Elliot, John H. *España y su mundo 1500-1700*. Santillana, 2007.

Fernández de Lizardi, José J. *El Periquillo Sarniento*.R. Sopena, 1933.

Flores, Herlinda. *De la oralidad al texto literario: Auto-etnografías en la literatura actual de los Pueblos Originarios de México*. 2011, University of Florida, PhD. dissertation.

Greenblatt, Stephen. *Renaissance Self-fashioning: from More to Shakespeare*. The Universtity of Chicago Press, 1980.

Guamán-Poma de Ayala, Felipe. *Nueva Crónica y Buen Gobierno Tomo I y II, 1545*. s/ed. Consultado 3 de junio 2022 http://biblioteca.clacso.edu.ar/clacso/se/20191121014717/Nueva_coronica_y_buen_gobierno_1.pdf

Hernández, Natalio. "Pugnan-porque-la-literatura-indígena-deje-de-ser-indigenista" en *Informador*. MX. Consultado 3 junio 2022 https://www.informador.mx/Cultura/Pugnan-porque-la-literatura-indigena-deje-de-ser-indigenista-20090425-0134.html

—. *Canto Nuevo del Anáhuac*. ELIAC, 2007.

Langebaek, Carl H. *Los herederos del pasado*. Panamericana Formas e impresos, 2009.

Leetoy, Salvador. «La visión de los vencidos y la Brevísima relación: Trauma y denuncia en la construcción del sujeto indígena en México». Sección Selecta. Consultado 3 de junio 2022. https://icjournal-ojs.org/index.php/IC-Journal/article/view/182

Montemayor, Carlos. *La literatura Actual en las lenguas indígenas de México*. Universidad Iberoamericana, 2001.

—. *La Voz Profunda*. Joaquín Mortiz, 2004.

Matiuwáa, Hubert. *Cicatríz que te mira*. Pluralia, 2018.

Pratt, Mary Louise. *Imperial Eyes: Travel Writing and Transculturation*. Routledge, 1992.

Pineda, Irma. *La Flor que se llevó*. Pluralia, 2013.

Quinn-Sánchez, Kathryn. *Una historia política y literaria del México post-revolucionario: redefiniendo "el ideal"*. Edwin Mellen Press, 2006.

Ricoeur, P. *Soi-même comme un autre*, Paris, Seuil. [Trad. al castellano: *Sí mismo como otro*], Siglo XXI, 1996.

Rodríguez, Ma. De los Ángeles. *La novela de auto-formación: una aproximación teórica e histórica al Bildungs Roman desde la narrativa hispanoamericana.* Universidad de Oviedo, Reicheinberger-Kassel, 1996.

Sahagún, Bernardino. *El México Antiguo.* S/ed. Consultado 3 de junio 2022. http://gazeta.gt/wp-content/uploads/2017/08/el-mexico-antiguo.pdf

Tiburcio, Juan. "Garras de águila". Consultado 3 de junio 2022 https://www.mexicanisimo.com.mx/garras-aguila-poema-jun-tiburcio/

Toledo, Natalia. "Doña Agricola" creado por Natalia Toledo en Blog. Consultado 3 de junio 2022. http://nataliatoledopoesia.blogspot.com/2008/08/gunaxii-lii-zica-ranaxicabe-gubidxa-ne.html

Todorov, Tzvetan. *La conquista de América.* Siglo XXI, 2009.

Capítulo 5

Violencia, migración y ¿aculturación? De los mé pháa y los zapotecos, dos obras poéticas

Herlinda Flores Badillo

Universidad Veracruzana

Resumen: Podemos hacer una división de la Literatura de los Pueblos Originarios en tres etapas: una que surge a partir de 1980, donde se escribe lo que se había transmitido de forma oral, otra etapa en donde surgen los escritores de los pueblos originarios, donde defienden su cultura, su lengua, su origen, y transmiten también su transculturidad y otra que se da después del 2010, donde los escritores de los Pueblos Originarios escriben sobre la violencia que aqueja al pueblo, violencias ejercidas por los grupos del narcotráfico o por los mismos militares. El propósito de este capítulo es analizar dos obras de dos escritores de los pueblos originarios, teniendo como punto de partida las teorías sobre violencia y la marginalización que se genera a partir de la misma. La persistencia de la cultura agredida a pesar de la aculturación que generan los actores que violentan las comunidades. Los dos poetas cuyas obras se analizan son Irma Pineda y Hubert Matiuwáa, uno de la cultura zapoteca y el otro de la cultura mé pháa. Ambos nos plantean cómo de forma violenta, los jóvenes son aculturados, son arrancados de sus valores heredados por sus padres y abuelos. Pierden su identidad para tomar una que no construye sino destruye. Ambas poesías buscan el reencuentro y la reconciliación con lo propio que a partir de la violencia parece verse como ajeno.

Palabras claves: Pueblos Originarios, poesía, violencia, migración, poesía mé pháa y poesía zapoteca

***

Introducción

Doris Sommer ha denominado algunas literaturas como narrativas fundacionales, primordialmente a las catalogadas dentro del Boom latinoamericano y, en algunos casos, a las narrativas indigenistas; el proyecto de nación se valió de muchas de ellas para insertar la idea de que lo mestizo era lo idóneo para formar las nuevas naciones. Esto ha marcado en algunas ocasiones el rumbo de la visión sobre el indígena en México. Kathryn Quinn-Sánchez en su libro *Una historia política y literaria del México post-revolucionario: redefiniendo "el ideal"*, hace un análisis minucioso de las obras en cuanto al tema indigenista y sus personajes y los relaciona con los movimientos sociales o corrientes tanto filosóficas, biológicas como sociales que estaban en boga en el México pre y pos revolucionario. La visión de la crítica sobre el indigenismo se observa en los títulos de sus capítulos: "La ideología y el imaginario Nacional", "Remodelando la nación", "Retando el tema del ideal nacional: retratos psicológicos del mexicano post-revolucionario", "El nacionalismo filosófico: los mexicanos de 1950". Cada uno de estos títulos muestra una realidad nacional vivida en México en cada una de las épocas que la analista recorre a través de las novelas o ensayos.

En la parte teórica, podemos hablar de la mirada positivista (finales del siglo XIX) que tanto mal causó al indígena y en general a México; posteriormente el proyecto de nación consistió en una darwinista, el indígena no podía superar su pasado, sus rasgos lo marginaban a ser siempre el otro; se prosigue con el Krausismo y el Mendelismo. Este último permite a algunos escritores, superar el Darwinismo y proponer personajes que pudieran igualar al blanco o mestizo.

Surge así la corriente indigenista a la que según algunos críticos Rosario Castellanos retoma; sin embargo, la escritora niega pertenecer a un proyecto de nación. Por lo contrario, ella establece una crítica a las instituciones y proyectos creados por el gobierno a través de sus personajes y la forma objetiva de analizar la situación indígena de aquella época a través de su niña narradora en el caso de *Balum Canán*. Tanto en la literatura como en las políticas nacionales la idea sobre el indígena ha ido cambiando; en algunas ocasiones, idealizada; en otras, puesta como una verdadera problemática social y, en otras, como una cuestión de alteridad, siendo ésta la más reciente en la sociedad de finales del siglo XX y principios del XXI. Es entonces necesario, hacer ahora un recorrido por las tendencias que marcan al México de finales del siglo XX y principios del XXI en lo referente a la escritura de los Pueblos Originarios.

Obras literaria del XX y principios del XXI

Las características que los textos y los creadores de las obras literarias originarias presentan actualmente no son las mismas que poseían las obras creadas durante el indigenismo, indianismo o neo indigenismo, sino otras que les da su carácter de heterogeneidad y la representación de los diferentes signos culturales que se dan en los textos originarios contemporáneos. Lo que allí se representa forma parte de una realidad cultural que no es exactamente la que se tenía en la época prehispánica, sino una mezcla entre su raíz prehispánica y su contacto con la cultura española y, en más recientes fechas, con las culturas urbanas. En algunas ocasiones esos contactos se dan de forma agresiva, y en otros son sólo un contacto natural que se puede dar dentro de cualquier sociedad.

Para Hernández no hay pelea entre todas esas facetas:

1. Indigenismo: faceta necesaria para saber que las personas de los Pueblos Originarios existen y la situación en la que viven.

2. Escritura indígena escrita por zapotecas (finales del siglo XIX y mediados del XX, algunos escritores eran empíricos y pocos con formación literaria)

3. Escritura indígena zapoteca contemporánea: la que él llama la tercera y cuarta generación (con escritores que han estudiado y que se han cultivado en la escritura)

4. Literatura Mexicanista: donde se ubica a escritores como Garibay, León Portilla, Enrique Florescano. Escritores que estudiaron a los escritores prehispánicos como lo fue Antonio Valeriano. (Flores, entrevista con el escritor Natalio Hernández, junio 2010 citado en Flores 45)

Es decir, existen diferentes etapas en donde la representación de los indígenas ha estado presente desde hace ya más de tres siglos, pero podemos decir que en las etapas 2, 3 y 4 esa literatura es realmente una literatura de auto representación, en la etapa 4 es la auto-representación de las raíces de los mexicanos, la auto-representación de la cultura prehispánica, tal vez original o tal vez transculturada, pero siempre con ese toque de auto-representación de la cultura que existió antes de la llegada de los conquistadores, estudiada por mestizos interesados en desarchivar lo que quedó archivado en el siglo XVI y por último, en las etapas 2 y 3, auto-representaciones de lo que se ha conservado después de la formación de México como nación.

Podemos hacer una división de la Literatura de los Pueblos Originarios: una que surge a partir de 1980, donde se escribe lo que se había transmitido de forma oral, otra etapa donde surgen los escritores de los pueblos originarios, donde defienden su cultura, su lengua, su origen, y transmiten también su transculturidad y otra que se da después del 2010, donde los escritores de los Pueblos Originarios escriben sobre la violencia que aqueja al pueblo, violencias ejercidas por los grupos del narcotráfico o por los mismos militares. Hermann Bellinghausen en la introducción al poemario *Cicatriz que te mira* lo comenta así:

> Hoy nos encontramos ante una nueva generación de autores que abren temáticas y tratamientos lingüísticos hasta ahora ausentes o larvados en el esfuerzo colectivo que resulta en la creación de una nueva literatura, tal cual, necesariamente bilingüe pero ya mediática, multimedia y agresivamente contemporánea (5).

Y añade "Pero también opera la realidad cruda de un país que se desmorona de arriba abajo" (5). Para Bellinghausen "La escritura indígena mexicana está inmersa en la liberación de la mujer y de las preferencias sexuales..." (5).

De los escritores de los Pueblos Originarios del México contemporáneo

Actualmente hay escritores sobresalientes dentro de los diferentes Pueblos Originarios. Varios de esos nombres los podemos encontrar en diferentes antologías o en libros escritos por autores como Carlos Montemayor, quien escribió varios libros en los que habla y antologa las obras de los escritores de los Pueblos Originarios: *La literatura actual en las lenguas indígenas de México, Letras mayas contemporáneas, La voz profunda. Arte y trama en el cuento indígena, Los escritores indígenas actuales, Words of the true people: Palabras de los seres verdaderos*, entre otros. Montemayor a pesar de proponer también el cambio de nombre de indígena a *gente de los Pueblos Originarios*, optó por seguirlos llamando escritores indígenas, pues ha sido la forma como en México se les ha denominado durante hace ya mucho tiempo. Montemayor ha sugerido en varias ocasiones que tal vez la forma de escritura de esos Pueblos Originarios sea la nueva forma de narrar de la literatura mexicana, en su libro *La literatura actual en las lenguas indígenas de México* se puede observar su posición.

Dos escritores que quisiera traer a este recuento son Irma Pineda y Hubert Matiúwáa, ambos poetas de sus pueblos originarios, ellos nos plantean cómo de forma violenta, los jóvenes son aculturados, y hago notar que no uso el término transculturados, pues al entrar al campo de la violencia, son arrancados de sus valores heredados por su padres y abuelos. Pierden su identidad para tomar una que no construye, sino destruye. Abordaré poemas de ambos escritores para ver cómo el nuevo fenómeno de migración es preocupante y cómo la transculturación que se había ido generando por años, por siglos, ahora se ve interrumpida por un fenómeno de aculturación. Los de Hubert pertenecen al libro *Cicatriz que te mira* y los de Irma a *La flor que se llevó*.

Fichas biográficas de los autores

Hubert Matiúwàa (Hubert Martínez Callejas) (Guerrero, 1986), originario de la Montaña de Guerrero de Malinaltepec y perteneciente a la cultura me'phaa. Hubert estudió Filosofía y Letras en la Universidad de Guerrero (UAGRO) y también estudió una licenciatura en Creación Literaria de la Universidad Autónoma de la Ciudad de México (UACM); posteriormente hizo su maestría en estudios latinoamericanos en la Universidad Nacional Autónoma de México (UNAM). Realizó una estancia en Nicaragua, estudiando el parentesco entre las culturas mè'phàà y sutiaba. Fue becario del Fondo Nacional para la Cultura y las Artes (FONCA), en el área de poesía, y del Programa de Estímulo a la Creación y al Desarrollo Artístico (PECDA) en 2015. Ha escrito diversos poemarios entre los que se pueden mencionar: *Xtámbaa/Piel de tierra*, México, Pluralia/Secretaría de Cultura, 2016; *Tsína rí nàyaxà'/ Cicatriz que te mira*, México, Pluralia/Secretaría de Cultura de la Ciudad de México, 2017; *Las sombrereras de Tsítsídiín*, México, INALI/UdG, 2018. Ha sido merecedor de varios premios por su obra poética entre los que destacan: segundo lugar en el Concurso Literario y de Investigación Juan de la Cabada, en poesía, 2008; tercer lugar en el Concurso Literario y de Investigación Juan de la Cabada, en poesía, 2009; primer Premio a la Creación Literaria en Lenguas Originarias Cenzontle, 2016; premio Nezahualcóyotl de Literatura en Lenguas Mexicanas, 2017 y premio de Literaturas Indígenas de América, 2017.

Irma Pineda Santiago: Nació en Juchitán, Oaxaca, el 30 de julio de 1974. Irma pertenece a la cultura zapoteca, es poeta y traductora de zapoteco. Irma es hija de Víctor Pineda Henestrosa "Víctor Yodo", profesor y defensor de los derechos de los campesinos, fundador de la organización social Coalición Obrera Campesina Estudiantil del Istmo (Cocei), desaparecido por el ejército el 11 de julio de 1978. Fue hija de maestros y esto la llevó a ser lectora y escritora de poesía. Irma estudió la licenciatura en Comunicación y la maestría en Educación y Diversidad Cultural. Ha sido distinguida por el Sistema Nacional de Creadores de Arte (FONCA) entre sus obras destacan: *Chupa ladxidua' Dos es mi corazón*, Irma Pineda para niños (Pluralia Ediciones), 2019; *Naxiña' Rului' ladxe' / Rojo Deseo* (Pluralia Ediciones), 2018; *Guie' ni / La flor que se llevó* (Pluralia Ediciones), 2013; *Doo yoo ne ga' bia' / De la casa del ombligo a las nueve cuartas* (CDI), 2008; *Xilase qui rié di' sicasi rié nisa guiigu' / La nostalgia no se marcha como el agua de los ríos* (Eliac) 2007; *Xilase Nisadó / Nostalgias del mar* (SEP 2018). Su obra ha sido traducida a diferentes idiomas. Realizó una residencia artística en el Centro Internacional de Traducción Literaria del Banff Centre of the Arts, en Alberta, Canadá; y en la Casa de Arte Calles y Sueños, en Chicago, Estados Unidos de Norteamérica. Ha participado en importantes eventos como el Congreso sobre Oralidad y Literatura celebrado en la Universidad de Siena, Italia; el Festival Mundial de Poesía en Venezuela y el Festival Internacional de Poesía de Medellín, Colombia.

De las teorías de violencia y migración

Para poder realizar el análisis de los poemas de los dos escritores de los Pueblos Originarios, es necesario comenzar por dar los conceptos y teorías que existen sobre violencia; y posteriormente la relación de ésta con la migración y aculturación que se vive actualmente en la mayor parte de México, pero primordialmente en los pueblos originarios del México Profundo.

Se tendrá como principal guía de análisis la aportación de Johan Galtung con su teoría sobre la violencia. Para Galtung existen diferentes tipos de violencia, pero el concepto que introdujo sobre violencia cultural es el que tomaremos como eje central para el análisis de las obras poéticas de Irma Pineda y Hubert Matiúwáa. En el capítulo cinco de su libro *Violencia cultural*, Galtung (2016) establece la definición a su concepto:

> Por violencia cultural nos referimos a aquellos aspectos de la cultura, la esfera simbólica de nuestra existencia materializado en la religión y la ideología, en el lenguaje y el arte, en la ciencia empírica y la ciencia formal (la lógica, las matemáticas) que puede ser utilizada para justificar o legitimar la violencia directa o la violencia estructural. (149)

Al dar su aporte con este concepto hace mención a la diferencia entre una cultura violenta y violencia cultural. Para aclarar ambos conceptos cito a Galtung : "Una de las maneras de actuación de la violencia cultural es cambiar el utilitarismo moral, pasando del incorrecto al correcto o al aceptable; un ejemplo podría ser asesinato por la patria, correcto; y en beneficio propio, incorrecto" (150). Por otro lado, el concepto de cultura violenta lo define como desde las perspectivas de los códigos biológicos que son heredados, de esa manera para Galtung la violencia se hereda en ciertas culturas, pues para él existen los códigos genéticos que se heredan en esa transmisión cultural y son reproducidas de generación en generación. Según Galtung, el ejemplo más claro es la cultura occidental que por siglos se ha manifestado como una cultura violenta. Según su estudio, hay culturas en donde la violencia viene de fuera y se ejerce de manera directa y en otras en donde la violencia es interna, propia de la misma cultura o bien la que proviene de la estructura.

Para propósitos de este trabajo, no hablaremos de cultura violenta en el caso de las obras de los escritores de los Pueblos Originarios, pero sí en el caso de las estructuras superiores que rodea los pueblos del México profundo y que tiene mucho de una cultura occidental: el militarismo y el narcotráfico.

> El conjunto de la cultura posee un enorme potencial para los diferentes tipos de violencia que pueden manifestarse de forma explícita y notoria sin ningún tipo de escrúpulos y ser utilizados para justificar lo injustificable. Que también haya paz en el Occidente, a veces incluso que la paz emane de Occidente, es una especie de milagro, posiblemente debido a tendencias más elaboradas. (Galtung 166)

Para el caso de las culturas que nos interesa abordar, podemos hablar de una violencia que fue ejercida de manera milenaria, primero por las culturas prehispánicas que conquistaban a estas culturas y que en muchas ocasiones imponían algunas formas de vida o de lengua. Para el caso de los zapotecas, que dividían su región en cuatro zonas, el nombre fue cambiado por los aztecas (mexicas) y fueron nombrados como zapotecas, habitantes del lugar del zapote; los nombres de las regiones en zapoteco eran: Binni záa (Zapoteco del Istmo), Bene xhon (Zapoteco de la Sierra Norte), Ben zaa (Zapoteco de Valles Centrales) y Mén Diiste (Zapoteco de la Sierra Sur). Es decir, la violencia y la transculturalidad se dieron desde la época prehispánica. Posteriormente, con la conquista, hubo otro tipo de transculturización, en donde todos los lugares, "países", del territorio mexicano fueron puestos bajo un mismo nombre y erróneamente bajo una misma cultura: indios. Posteriormente, esas culturas volvieron a vivir una violencia ejercida por los mismos gobiernos mexicanos en donde fueron sometidos por diferentes medios y volvieron a ser puestos bajo un mismo nombre, no importando que sus culturas y sus lenguas fueran distintas: indígenas. En estos ejemplos de violencia ancestral, Galtung podría comentar que esos pueblos padecieron de una violencia de una raza superior, por lo que fue directa, estructural y cultural. El autor menciona que la violencia cultural puede aparecer si se ejerce violencia directa y estructural, se cree que por venir de arriba no están equivocadas, se ve desde la legitimación del poder, ve como dos puntos nodales la utilización de la violencia y su legitimación. Dice: "...el estudio de la violencia cultural subraya la forma en que se legitiman el acto de la violencia directa y el hecho de la violencia estructural y, por lo tanto, su transformación en aceptables para la sociedad" (146-47).

Galtung da una serie de ejemplos que no mencionaré pero que sí traslado al caso que nos atañe, las culturas de los pueblos originarios. En el primer caso, los mexicas, al sentir que su cultura y su lengua eran superior a las demás existentes alrededor de ellos, impusieron formas culturales a las otras culturas, es decir, ellos legitimaban el poder por creer en una superioridad de su lengua, de sus dioses y de su cultura. Para ese, se podría hablar de violencia directa. En los casos posteriores, en donde la violencia vino desde el propio gobierno mexicano y los sistemas de educación, la violencia ejercida fue una violencia estructural, que llegó al grado de "El mecanismo psicológico sería la interiorización". Se llegó a creer que en las teorías expuestas por Vasconcelos, "La raza cósmica" (2010), la mestiza sería la que debería prevalecer, por ello mediante la educación se busca "educar al indígena para ser mestizo" es así como la violencia estructural se legitima y se pensó que era aceptable. No importó que los hablantes de las lenguas fueran perdiendo su raíz. Sin embargo, muchas lenguas siguieron en la resistencia y el proceso de transculturización siguió su curso. Hasta que podríamos marcar un alto en el año 2000, pleno siglo XXI, sin dejar de pensar que los comienzos de otra violencia se gestaron a partir de finales del siglo XX.

La violencia que deseamos analizar en los poemas de los escritores ya presentados, es ahora la que se ejerce por motivos de una nueva forma de poder, no sólo en los pueblos del México Profundo, sino en todo el país. La violencia ejercida por el narcotráfico que además llevó al ejército mexicano a los pueblos originarios, en algunos casos, la policía o la milicia llegaba a ellos para acallar las protestas de campesinos o indígenas por la falta de recursos y de mejoras en sus pueblos. Esa violencia, ya no es de raza, sino de poder. De esta violencia hablaremos y bajo esa mirada analizaremos los poemas de Irma y de Hubert.

Para iluminar mejor el análisis procedente de las obras poéticas, utilizaré un cuadro de Galtung (Ver tabla 1).

En el México del siglo XXI, donde la desigualdad social, las carencias en ciertas zonas y en ciertas clases se vio recrudecida gracias a las malas políticas ejercidas a lo largo del siglo veinte; una nueva forma de violencia comenzó a tomar auge. La falta de satisfacción de necesidades básicas, llevó a levantamientos y a guerrillas que se formaron a lo largo y ancho del territorio mexicano, estas ejercían violencia contra el gobierno y este al mismo tiempo los repelía con una violencia mayor. Pero estas manifestaciones no fueron las únicas que comenzaron a surgir a finales del siglo veinte; otra forma de ganar dinero y poder de forma fácil se gestó a través del narcotráfico, que comenzó centralizada en ciertas zonas y que a partir del "efecto cucaracha" se esparció por todo México, con ella surgieron otras formas de violencia, como la extorsión, el secuestro y los feminicidios. Todas estas formas de violencia no han sido legitimadas pero parecieran no poder ser ni acalladas, ni finalizadas, más bien se han vuelto una forma de coexistencia. El cuadro aportado por Galtung parece servir de ilustración para visualizar el fenómeno mexicano:

Tabla 1: Una tipología de la violencia.

	Necesidades de supervivencia	Necesidades de bienestar	Necesidades identitarias	Necesidad de libertad
Violencia directa	Muerte	Mutilaciones Acoso Sanaciones Miseria	Des-socialización Resocialización Ciudadanía de segunda	Represión, Detención Expulsión
Violencia estructural	Explotación A	Explotación B	Adoctrinamiento Ostracismo	Alienación Desintegración

Fuente: "La violencia: cultural, estructural y directa", Galtung (2016).

La violencia ha permeado diferentes sectores, ciudades y pueblos de México entero, en este caso mexicano y para propósitos del análisis de las obras me referiré a la línea y la columna: violencia estructural y alienación y desintegración. La violencia ha alcanzado en México cifras de muertos escalofriantes, el narcotráfico como una causa principal del ejercicio de violencia ha sido una influencia para la música y la literatura, encontrando así el género musical del narcocorrido y la narco-novela, pero también ha llegado a los escritores de los pueblos originarios, la diferencia que hay entre las novelas y poemas escritos por los autores occidentales y los escritores de los pueblos originarios reside en que cada uno habla desde su propio lugar de enunciación; de hecho, en algunos casos de narco-novela, el género se confunde con el de secuestro, ya que como es sabido, en México hay diferentes grupos ejerciendo violencia, el narcotráfico, las bandas de secuestradores y, ahora tan de moda, las del huachicoleo (bandas dedicadas al robo de petróleo). Para los escritores de los pueblos originarios, en donde su lugar de enunciación tiene una carga cultural milenaria, el cantar en su poesía es triste, desolado pero también lleno de valor, orgullo y al mismo tiempo esperanzador. La violencia da como resultado el desplazamiento forzado y con ello se habla entonces de migración. De acuerdo a la ONU, citado por CMDPH, los desplazados de un sector interno de un país son:

> . . . Personas o grupos de personas que se han visto forzadas u obligadas a escapar o huir de su hogar o de su lugar de residencia habitual, en particular como resultado o para evitar los efectos de un conflicto armado, de situaciones de violencia generalizada, de violaciones de los derechos humanos o de catástrofes naturales o provocadas por el ser humano, y que no han cruzado una frontera estatal internacionalmente reconocida".

En la misma página en defensa de los derechos humanos de México, se pueden encontrar datos sobre desplazamientos por zona y los motivos de cada una de ellas. La misma página menciona que

> En 2016 el sector indígena fue el más afectado, en al menos 7 eventos de desplazamiento interno forzado. En la misma fuente se menciona a Oaxaca como una región que sufrió 2 desplazamientos por causa de violación a los derechos humanos (más de 850 personas desplazadas) mientras en que Guerrero ocurrieron 7 eventos de desplazamiento masivos que representa un total del 24% total anual (1.650 personas).

Menciono sólo estas dos ciudades de México por ser entidades a las que pertenecen los escritores y sus culturas.

De la violencia ejercida por el narcotráfico, por los militares y de la migración y aculturación que se comienza a vivir en algunos pueblos originarios de México es que de manera poética plantean y denuncian Irma Pineda y Hubert Matiúwáa.

De los poemarios:

La flor que se llevó

Guie' Ni Zinebe (*La flor que se llevó*) es un poemario de Irma Pineda en versión bilingüe con fotografías de Frida Margarita Hartz. Los poemas y las fotografías ilustran de manera clara la violencia vivida en la cultura zapoteca. El primer poema que da paso a un sentido recorrido por las diferentes violencia ejercidas no pertenece a Irma, sino al escritor Víctor Terán, también poeta juchiteco. Ese poema abre no sólo la sección de poemas, sino el dolor que vive contenido en el corazón de Irma y del mismo pueblo. Ella comenta en una entrevista que antes de escribir el poema tuvo que beber alcohol porque sólo así podía resistir el dolor.

Para Víctor Yodo

> Por qué se lo llevaron
> los soldados
> al hombre, el de erguida espina
> su palabra,
> él, al que añora asaz
> la estrella de mi alma.

(Víctor Terán *La flor que se llevó* 6)

En un contenido poema, Víctor plasma la historia que vivió el padre de Irma y el dolor que dicha desaparición forzada dejó a su familia y seres queridos, el maestro y poeta de Juchitán, luchador por la democracia, por su lengua. En 1978 es secuestrado por los militares, quienes se lo llevaron y desaparecieron, nunca más se supo de él, el gobierno como siempre, no dio seguimiento al caso, ni explicación alguna: "Treinta y tres vueltas completas ha dado la tierra al sol desde que el gobierno, a través del Ejército, arrebató a Juchitán, al Istmo, a uno de sus hijos más visionario y más tenaz en la lucha por la justicia y la democracia" ("El mundo al revés / A Víctor Yodo").

Este caso de violencia en Juchitán no es el único que se plasma en la poesía de Irma:

> ¿Quiénes somos ahora?
> Si el brillo de los hilos que nos vistieron de colores
> Hoy están cubiertos de fango
> para ocultarnos de la mirada del odio
> y del veneno que nos lanzas
> ¿a quién crees que daña con tu aliento de fuego?
> Podrás hacer que caiga mi cuerpo
>   Yo caeré
> Pero una cosa te digo
> Otros más se levantarán para enfrentarte (13)

En esta voz poética de un nosotros, se cuestiona quienes son los binizá, la gente de las nubes, ya no es la voz que pregunta como en el poema de Natalio Hernández, "Quiénes somos, cuál es nuestro nombre", en donde se reflexiona sobre la identidad de los nahuas al haber sido conquistados por otra cultura, y así pasar por un proceso de transculturación, el poema de Irma ya no duda de su raíz o de su transculturación, ahora duda de quienes son los binizá ante el desplazamiento que ejerce el poder militar y el narcotráfico en Juchitán. La muerte, la desaparición forzada que se vive en esos pueblos es la causa de un proceso de aculturación, pero la voz poética sabe que por más que se intente aculturar, destruir o matar, siempre habrá otro que se levante para enfrentar a quien ejerce la violencia. En el poema, se reafirma que sólo cae el cuerpo, la materia, pero no la cultura, ni la lengua; siempre habrá otro para defenderla.

En otro de sus poemas hace un llamado a quienes los persiguen para reconocerse en la cultura que están destruyendo, para saber que ellos soldados y ellos pueblo son lo mismo, no son enemigos:

Deja de seguir mis pasos
Como un animal furioso
Deja de olfatear los caminos que llevan a nuestro hogar
Como un perro de cacería
No somos conejos
         Iguanas
                        Venados
Tu espejo somos
Mírate en nosotros
Y sabrás que no somos tu enemigo (23)

En los poemas de Irma no sólo existe la denuncia hacia los soldados, los hombres de verde como ella la llama, también se conserva su cosmovisión, su cultura se escucha en la traducción de sus poemas. Por ejemplo, la referencia del poema "¿Quiénes somos ahora?" a su vestido, a sus bordados, al color que hay en cada parte de su cultura se puede leer en el verso: Si el brillo de los hilos que nos vistieron de colores, después se denuncia que esa alegría en los matices de su cultura, de su traje ha sido manchado: Hoy están cubiertos de fango. En el poema de "Deja" se vuelve a comparar la cacería humana realizada por los soldados, con la que se realiza en las culturas milenarias, pero al mismo tiempo, estos hombres son comparados a un animal furioso: "Deja de olfatear los caminos que llevan a nuestro hogar/Como un perro de cacería/No somos conejos/Iguanas/Venados". (Líneas, 3-4)

Hay una sección de poemas en donde la voz poética es femenina cuenta el abuso cometido por los soldados, cuántas mujeres muertas, ultrajadas, cuántas que perdieron la semilla que dentro llevaban, otras que perdieron la flor y otras más que huyen para evitar su dolor.

Sálvate mientras puedas   madre
Que la memoria cuando duele tanto nos mata
Márchate lejos sin llevar a cuestas
Más que la mirada tierna de tus hombres
Enterrados bajo el Guanacaste
Al sitio que llegues instala un altar
Ya tendrás tiempo de recoger sus pasos
….Pero ahora vete
Que los hombres de verde vienen por ti (25)

En ese poema es clara la referencia que se hace a la migración forzada, hombres y mujeres que huyen para salvar la vida, para conservar su cultura. Al mismo tiempo hay quienes quieren irse, volar pero el recuerdo de sus muertos los mantiene en el pueblo:

No apresures tus pasos madre
Yo también quiero correr a otros campos
Quiero encontrar otros corazones
Y hablar sin miedo
Mas no puedo caminar a prisa
Con la sombra de los muertos
Que detienen mis pies (50)

Los dos siguientes poemas denuncian el ultraje cometido por los hombres de verde a la mujer zapoteca:

El vientre de mi hermana
Miraste como la fruta redonda
Entonces de norte a sur
la abriste para arrancar su semilla (56)

El animal de tu odio hizo un arado
sobre mi piel
Mis ojos guardarán silencio frente a
los viejos árboles
No podré mirar el rostro de mis
hermanas y reír con ellas
  si mi flor está marchita (63)

La voz poética de los poemas de Irma también es esperanzadora:

Somos la vida
No la historia que renace
Aunque tú anhelaste
borrar
el color de mi piel en las manos del mundo
estamos aquí presentes
en los sueños de pájaro y flores
    luz y tibieza
que alumbra los caminos en medio del asombro
    Luz y tibieza
Que toca los cuerpos en las noches del amor
      Cuando mujer y hombre nos hacemos uno
      Para continuar la estirpe
Y ser de nuevo la vida (29)

La cultura zapoteca, sus mujeres y hombres no son historia, son vida, ellos seguirán presentes porque hombre y mujer zapotecos son uno sólo y son al mismo tiempo la naturaleza. Esa es la unión que les permite resistir la violencia de la estructura.

La riqueza del poemario de Irma es infinita, tiene poemas que recuerdan al nijmi de María Sabina, esa forma de rezo que tanto se utiliza en las culturas de los Pueblos Originarios y que también se hace presente en la cultura occidental:

> Mujer tierra soy
> Tierra abierta
> Tierra lastimada
> Tierra violentada
> Tierra que duele por sus hermanas
> Tierra que no quiere engendrar dolor
> Tierra que no quiere dar frutos amargos
> Tierra que quiere secar
> Tierra que quiere llorar
> Tierra que ya no quiere sangrar (67)

Ese último poema es un rezo a lo que es la cultura zapoteca y lo que no quieren ser los binizáa. Podría seguir citando más poemas de *La flor que se llevó* y encontrar mayor referencias a la cultura y de la violencia ejercida y la posible aculturación, pero con lo hasta acá mostrado, se puede apreciar que la teoría de violencia de Johan Galtung puede ser apreciada en las fases mostradas en la tabla 1. La violencia ejercida por el ejército quiso dejar sin flores de varios tipos a la cultura zapoteca de Juchitán Oaxaca. Pero la esperanza de la voz poética de los poemas de Irma, nos dicen que a pesar de que se ha tratado de aculturar a su pueblo, esto no se ha logrado.

Cicatriz que te mira

Tsína rí nàyazà' (*Cicatríz que te mira*) de Hubert Matiúwàa es un poemario escrito en versión bilingüe en la lengua mé pháa y en español para quienes no podemos leer en el idioma de nuestros pueblos originarios. Hubert canta con dolor la violencia que se ejerce en su pueblo. La obra aborda la violencia que ha quebrado al país y que en esta ruptura ha logrado también romper las comunidades, su unión, su fuerza de resistir a la aculturación. Sin embargo, en ese resistir, Hubert decide dar testimonio de lo que sucede en su cultura, denuncia la violencia en su propia lengua, pues como dicen los abuelos de su comunidad, su idioma es una cobija que sirve para diferentes funciones:

> El Mè'phàà es también la piel que protege a Hubert para no amedentrarse ante la ofensa del mundo mestizo: "Dicen los abuelos que la lengua es como una cobija. Si hace frío, te tapas; si te recuestas en un lugar duro, la haces almohada; depende de ti si la olvidas, la ensucias o la mantienes limpia. Es nuestra piel. Si la negamos dejamos de ser, entramos en la lógica de que no valemos nada. Si le damos el

lugar que merece en nuestro corazón, nos fortalece, ya no queda lugar para aceptar la discriminación y la volencia cotidianas" (Rojas, párr. 6).

En referencia a escribir en su lengua la situación que vive su pueblo, en la introducción a *Cicatriz que te mira*, Herman Bellinghausen cita las mismas palabras de Hubert de por qué escribir en mé pháa, "La carne que habla debe crear comunidad ante las políticas violentas que alteran su vida. Los mé pháa decimos Murigu Ajngáa ló*/poner la palabra" (9). Es así como podemos observar que el autor de los poemas que contiene su obra está consciente de que existe una violencia ejercida por las políticas, por la estructura y no por la misma cultura. Hubert citado por Bellinghausen continúa disertando: "La palabra se pone en la mesa para que todos aporten y ella vaya creciendo, es como una comida que se comparte, igual que la poesía, es colectiva" (9).

La obra se encuentra dividida en dos apartados: "Cicatriz que te mira" y "Las rayadoras de Marutsíi" ambas abordan el tema de la violencia que se vive, no sólo en la sierra de Guerrero sino en muchos otros pueblos de nuestro México Profundo. Analizaremos algunos poemas de ambos apartados.

Cuando llegaron
me escondí en el hueco de la guayaba
que dejaron los gusanos
al huir de sus gritos
Me asomé
y vi a tu hijo dormido en el camino blanco,
a tu mujer arder de dolor
al arrancarle los pechos.
En la vuelta del viento
Conté las manos amarradas,
a nuestras autoridades
Esconder la rabia entre los dedos
Y en las grietas de sus pies
te sentí besar la tierra. (15)

Al igual que en los poemas de Irma, hay una voz poética que denuncia la llegada del intruso a la cultura, del otro que ejerce la violencia, en este caso no son soldados, son criminales del narcotráfico que al llegar provocan el desplazamiento forzado de sus pobladores, de manera poética describe cómo el narcotráfico ejerce poder sobre las autoridades, les amarra las manos y nada hacen ellos para evitar el dolor que causan en las culturas a las que llegan a dominar.

Cito nuevamente a Bellinghausen que también habla sobre la violencia:

El estado y el crimen organizado libran una guerra sin nombre ni cuartel en los territorios de los pueblos, como es el caso de Guerrero. En tal empresa genocida participa una coalición que incluye mineras trasnacionales, grupos paramilitares y sobre todo instituciones públicas obrando en contra de los pueblos de manera sistemática en educación, medio ambiente, derechos políticos, agrarios y culturales de las comunidades. Los pueblos bajo sitio se defienden. Se organizan regionalmente. Aprender a ganar hoy que en México todos pierden, menos los amos (7)

Esta última reflexión de Bellinghausen se aprecia en el poema III de la primera parte del poemario:

Nueve postas te tumbaron del Tordillo.
bajo las púas se colgó tu ombligo
amarrado a los mechones de tu vientre,
para que no te bebieran el mbòj wén[1]
las hojas rezaron a tus heridas.
Las hormigas siguieron pedazos de tu carne
Para darte el último respiro
esconderte en su nostalgia
y dar valores a tus dedos
....
....
Al juntarse tus huesos,
Se abrió la fisura donde hundo el silencio,
Caído tronco fuiste
en donde brotó la raíz que ató mi cuerpo (19)

En este poema como dice Bellinghausen, los escritores no vienen (en esta etapa de escritura de los Pueblos Originarios) "a recuperar nostalgias, sino a enfrentar a los nuevos demonios de la dominación y el despojo" (7). Los poemas de la primera parte del poemario, hablan de la muerte de niños, jóvenes y adultos que son violentados por el narcotráfico, pero también se hace referencia, al igual que en los poemas de Pineda, a los soldados que violan mujeres:

Sobre el pueblo
La neblina se enciende

---

[1] Espíritu del aire malo.

Nos hierve en la cicatriz,
Fortino,
estás donde se reúne nuestra cara,
haces falta allá para entrecruzar la vida,
A mí también me hace falta tu agreste silencio,
Para caminar juntos y luchar ante aquellos
Que compran leyes
y mandan soldados a violar a Inés y a Valentina. (31)

    En la poesía de Matiùwáa también se escucha el canto de la naturaleza, de la raíz de su pueblo:
Bajo la piedra donde hierve el río
regreso a los frijoles contados,
a las manos de ardilla
a la medida del maíz
para hacer crecer el hueso que sepulte el miedo.
Supimos que regresaría
el agua a ahogar nuestra lengua,
la máquina a partir los ojos de serpiente
y secar el mapache
para adornar las mesas de presidum
Se supo también
que grande es la Montaña
para defender a sus hijos (35)

En este poema la voz poética es esperanzadora, los mé pháa puede regresar a su cosmovisión, la naturaleza está con ellos, los alimenta, calma su sed y su miedo, también los esconde y los defiende. La voz de este poema es similar al de Irma Peneda "Somos la vida". En ambos poemas hay esperanza de que el pueblo salga de la opresión que ejercen los poderes que han llegado como intrusos a querer aculturarlos. Ambos saben que sólo regresando a su raíz, a la naturaleza podrán salvar su cultura, su gente.

En la segunda parte del poemario "Ijìin gò ò Marutsìi tsí nuxnáa ìna xndù àkhà'" "Las rayadoras de Marutsìi" la voz poética de todos los poemas es de denuncia hacia el trabajo que tiene que realizar ahora las mujeres del poblado Marutsìi, rayadoras de **amapola**. Nueva labor que el narcotráfico ha impuesto a las mujeres de los pueblos originarios, además del miedo que han cimentado en la población:

Marutsìì[2]
Dicen que en Marutsìì eran pobres,
Llamaban Mbo ixè ragò nakhú ixè ningà[3]
(Los de pata de helecho).
Bajo las sombras,
Dejaron el maíz del pájaro
Para coronar al que alumbraría la noche
Y en sus básculas pesaron el miedo
Que enraizó sus pies para no irse al norte
En Marutsìì
Los azadones acostumbrados
A quedarse sin apoyo del gobierno,
Masticaban las piedras hasta caérseles los dientes
y las yuntas echaban a la suerte lo que creciera,
ahora,
llegó el verano haciendo nudos al hambre,
colgando cuerpos en las ramas del elite,
tallando las raíces,
bajo la sombra de siempre
Llegó la muerte a enredarse en sus tierras,
Ha venido por la vida del coyote de la noche,
Olfateando la frontera para mirar la Montaña,
Buscando el copal de no sé qué árbol (39)

La voz poética denuncia la violencia, sabe que llegó para quedarse, que quienes ejercen la violencia saben que en el pueblo había necesidad, como dice el verso que los azadones estaban acostumbrados a quedarse sin el apoyo del gobierno. Esta voz poética de denuncia contra la súper-estructura, recuerda a la voz narrativa de los cuentos de Juan Rulfo, pero como menciona Bellinghausen, los poemas de Hubert "son un extraordinario canto de duelo, más allá de Jaime Sabines y José Revueltas, con dolor insurrecto" (7). La referencia de la primera estrofa del cambio de oficio de cultivar maíz por el cultivo de droga (amapola) es claro, "Para coronar al que alumbraría la noche /y en sus básculas pesaron el miedo/que enraizó sus pies para no irse al norte" (líneas 7-10). Además del canto de dolor por la llegada de los grupos del narcotráfico, también en la poesía de Hubert está presente el tema de la migración al norte, al vecino país de Estados Unidos de Norte América,

---

[2] Pájaro que se caracteriza por cantar sobre las piedras, mismo al que la gente considera como fundador del pueblo de Marutsìì.
[3] El poema en español da la traducción en español en el siguiente verso

muchos emigraban buscando nuevas oportunidades, pero ahora muchos se quedan esclavizados por el poder del narco. El poema "En la Sierra" menciona también la migración de jóvenes y adultos hacia el norte: "Acostumbrados a ver a sus hijos irse/convertirse en armadillos/ para acorazar la nostalgia,/para cruzar Chilapa bendicen sus ayates,/ los llenan de esperanza y totopos/para mitigar el hambre de los caminos/" (líneas 1-6). No hay mejor manera de cantar y describir el proceso de la gente de los pueblos originarios y de muchos mexicanos que migran buscando una manera de salir de la pobreza, de esa que el mismo gobierno, y ahora el narcotráfico fomenta. Pero la voz poética sabe que los que se marchan aunque transculturados regresarán a casa: "Sus abuelos amarran en las cruces/ las piedras de sus nombres/ y los obligan a escupir en los dinteles de la puerta/para que pronto regresen,/que siempre encuentren el camino a casa/y su cuerpo sediento/ vuelva a beber la salvia que les midió el primer paso/" (líneas 7-13).

La migración, aunque es un fenómeno de desplazamiento triste que daña a las culturas, al mismo tiempo les permite una forma de sobrevivencia y reafirma su tradición, el amor a la tierra, a su pueblo, a su cultura. Ellos saben que las culturas se mueven, se ponen en contacto y que por años se han transculturado, lo que nadie, ni ellos, ni nosotros, podemos entender es que se pretenda aculturar a quien ha defendido su raíz por años, eso es lo que ha causado el narcotráfico y en el poema del niño Hubert mediante su voz poética lo canta con dolor:

Vinieron a buscarlo al pueblo

Porque no había para donde darle
Y atorarle con los contras
Se hacía costumbre ver a los zopilotes
Carroñar en las mojoneras,
Bajar los ayates de las redilas
Y esculcar las enaguas, buscando carne.
Él dejó sus canicas en la cuarta del rombo,
En la raya con nubarrones de nostalgia,
Dejó los peces multicolores
Con los sueños de la noche
Y dejó entre los cafetales
Los columpios colgados donde se mece la miseria.
En sus huesos,
Fue creciendo el llanto de sus amiguitas,
Las niñas de Marutsìì
que perdían oído al polvo y a las piedras
para que no se lo llevaran

>   lo encapucharon con escamas de la tarde
>   y le colgaron un cuerno de chivo,
>   tres rosarios del ojo de venado
>   y se dispuso a cazar hombres
>   y a sentar la muerte en su mesa.
>   Desde entonces,
>   dicen que los de la Montaña
>   somos buenos para eso
>   y no dejan de venir para llevarse a los niños
>   y sembrarles la muerte en las manos (59)

La voz poética de este poema es la del pueblo contando cómo llegan los narcotraficantes, se llevan a los niños, les borran sus valores heredados por los abuelos y sus raíces que recién comenzaban a florecer, ellos se aculturan y desconocen a quien los vio nacer y crecer. Esta imagen se repite en todo México, pero sobre todo en los pueblos originarios. Las imágenes que representan cada uno de los versos no necesitan explicación, sino que todas esas imágenes están en nuestro día a día presentes. Terminaré este recorrido por los poemas de Hubert con el de *Las navajas,* la imagen del poema canta en mé pháa para acobijarnos a todos, a los suyos y a los otros Méxicos que como dice Bellinghausen viven en "un país que se desmorona de arriba para abajo" (5).

En suma podemos darnos cuenta que la literatura de México no comenzó con la colonia, tiene un origen milenario que comenzó en la época prehispánica y que fue acallada por muchos años, guardada, ocultada en obras transculturadas, pero en 1980 esa literatura se abre, deja pasar a todo el pueblo que cuenta su oralidad de forma escrita, en este escribir, se van descubriendo a los verdaderos escritores, ellos que conservan la raíz y son capaces de conservar las técnicas y la cosmovisión milenaria, pero también los que viven en un siglo XXI y por ello son capaces de dominar diferentes temas en su escritura, que van desde la posición femenina de escritoras, la visión de diferentes géneros, la sexualidad, la autoetnografía y la representación de su lengua y su cultura. En este capítulo se quiso abordar un tema que preocupa a todos, la violencia ejercida por el poder, sea este ejercido por el gobierno, los militares y policías o bien por una nueva forma de gobernantes, los narcotraficantes. Quienes con torturas y con balas han logrado aculturar a los más jóvenes de los pueblos originarios y desvalorizar también a los jóvenes de las zonas urbanas. Hay en todo México una cicatriz que nos mira.

Obras citadas

Castellanos, Rosario. *Balum Canan*. Planeta, 2007.

CMDPDH, "Desplazamiento interno forzado en México", https://cmdpdh.org/temas/desplazamiento/. Consultado 3 de junio 2022.

"El mundo al revés / A Víctor Yodo." *Ciudadanía Express*, julio 2011, https://www.ciudadania-express.com/2011/07/12/el-mundo-al-reves-a-victor-yodo/. Consultado 3 de junio 2022.

Flores, Herlinda. *De la oralidad al texto literario: auto-etnografías en la literatura actual de los pueblos originarios de México*. 2011, University of Florida, PhD dissertation.

Galtung, Johan. "La Violencia: Cultural, Estructural y directa1." *Cuadernos De Estrategias*, Cuadernos De Estrategias, 2016, pp. 433–448.

Hernández, Natalio. *Canto Nuevo del Anáhuac*. ELIAC, 2007.

Matiuwáa, Hubert. *Cicatríz que te mira*. Pluralia, 2018.

Montemayor Carlos. *La literatura Actual en las lenguas indígenas de México*. Universidad Iberoamericana, 2001.

—. *La Voz Profunda*. Joaquín Mortiz, 2004.

Pineda, Irma. *La Flor que se llevó*. Pluralia, 2013.

Quinn-Sánchez, Kathryn: *Una historia política y literaria del México postrevolucionario: redefiniendo "el ideal"*. Edwin Mellen Press, 2006.

Rojas, Carlos. "Hubert Matiúwáa: Cicatriz de la montaña", *El Universal*, Confabulario. Junio 2016. Consultado 3 de junio 2022. https://confabulario.eluniversal.com.mx/hubert-matiuwaa-cicatriz-de-la-montana/

Sommer, Doris. *Foundational Fictions: The National Romances of Latin America*. University of California Press, 1991.

Vasconcelos, José. *La Raza Cósmica*. Porrúa, 2010.

Capítulo 6

Historia, fronteras e identidad en *Ahora me rindo y eso es todo* de Álvaro Enrigue

Mario Jiménez Chacón

University of Wisconsin

Resumen: En este ensayo, me propongo analizar la novela *Ahora me rindo y eso es todo* (publicada en 2018 por el escritor mexicano Álvaro Enrigue) centrándome en la ontología fronteriza—transhistórica y transnacional—que el texto el propone. Articulo mi estudio en dos partes: 1) Empleando como herramientas teóricas la noción de la *longue durée* (como la entiende Fernand Braudel) y la idea de *Tiempo Profundo* (como la define Wai Chee Dimock), me propongo explorar las diferentes formas que ha adoptado la identidad fronteriza desde la época prehispánica hasta el presente. En este sentido, mi ensayo demuestra que esta novela *total*—en el sentido de que se plantea dilucidar *totalmente* las diferentes aristas estéticas, históricas, políticas y espirituales del problema fronterizo—desafía el presentismo histórico con que se suele estudiar la frontera (tanto en la academia norteamericana como en la mexicana); 2) Finalmente, propongo que *Ahora me rindo* entiende la frontera como problema biopolítico y estético: problema bicéfalo que encuentra su representación más nítida en la imagen del desierto. Esta novela legitima la preponderancia que el desierto (como símbolo y como realidad concreta) ha tenido en la construcción del imaginario fronterizo. El desierto en *Ahora me rindo* puede leerse como necrópolis y como depositario de "ecos" históricos que pertenecen a diferentes ejes temporales (el mundo prehispánico, la época colonial, el México contemporáneo, y, en definitiva, esa región de contornos geopolíticos que Américo Paredes define como "Greater Mexico": el Gran México). El desierto en esta novela es una puerta hacia el pasado y, simultáneamente, se adentra en la visceralidad del presente.

Palabras clave: Identidad fronteriza, ontología fronteriza, Longue Durée, tiempo profundo, El gran México

***

I. Consideraciones preliminares

La novela de Álvaro Enrigue *Ahora me rindo y eso es todo*, publicada en el 2018, es una profunda reflexión, en primer lugar, sobre ese territorio mítico que los historiadores llaman la Apachería: una nación que ha llegado hasta nosotros más a través de los *westerns* americanos que de la historia. En segundo lugar, la novela también explora poderosamente, aunque de manera elíptica, ese otro territorio mítico, pero con contornos sociales, históricos y políticos más precisos, tal vez el territorio de mayor importancia en el presente de México: el Norte. Mi argumento es que la Apachería, en esta novela, acepta dos lecturas: 1) Es una re-creación histórica de ese pueblo originario, y 2) Es una metáfora sobre la constitución ontológica del *ser fronterizo* a través de la historia. En este sentido, la novela de Álvaro Enrigue dialoga con una potente tradición literaria que problematiza esa "comunidad imaginada" que Américo Paredes define como el Gran México ("Greater México")[1] y que tiene como su imagen más visible el muro fronterizo. En este sentido, *Ahora me rindo* dialoga con una constelación de novelas contemporáneas que incluye obras como *Autobiografía del algodón* de Cristina Rivera Garza, *Señales que precederán al fin del mundo* de Yuri Herrera, *Las tierras arrasadas* de Emiliano Monge, *La fila india* de Antonio Ortuño, y *Desierto sonoro* de Valeria Luiselli. La singularidad de la novela de Enrigue consiste en explorar la problemática fronteriza de manera casi elíptica: casi no la nombra pero se sumerge en ella. De esta manera, el mundo de la Apachería—ubicado en el pasado histórico de México y de Estados Unidos—constituye el punto de partida para tejer una reflexión sobre el trágico presente de la frontera. En este ensayo, en primer lugar, voy a explorar la relación que la novela guarda con el archivo de la Apachería, una relación que le permite al autor des-inventar el relato histórico construido por la historiografía oficial tanto de México como de Estados Unidos. Y, en segundo lugar, voy a analizar la función ideológica que la identidad fronteriza juega en la construcción de los relatos históricos nacionales. Pero antes de empezar mi discusión, voy a elaborar un breve resumen de la novela.

---

[1] En este ensayo, cuando hablo de "cultura Mexicana" o simplemente de "México", no me limito al territorio mexicano en sí; entiendo México como una nación que se expande culturalmente a otros territorios. Estoy pensando, pues, en la idea del Gran México ("Greater México") como lo entiende el pensador chicano Américo Paredes: "Todas las áreas habitadas por personas de descendencia mexicana—no solo dentro de los límites presentes de la República Mexicana, sino también en los Estados Unidos, en un sentido cultural más que político" (xiv). Sin embargo, considero que la actualidad política de México nos obliga a incluir dentro de la conceptualización del Gran México a un nuevo miembro: Centroamérica.

Ahora me rindo es una novela polifónica. El autor entrelaza varias historias (ubicadas en diferentes ejes históricos y narradas por diferentes voces) que al final confluyen en el mismo "río" narrativo: el problema fronterizo visto desde una perspectiva transnacional y, sobre todo, transhistórica. La primera historia cuenta el drama de Camila, una maestra rural, viuda, que es secuestrada por Mangas Coloradas: uno de los líderes apaches más importantes. El legendario héroe apache, en un acto de venganza, llega al rancho donde vive la familia Ezguerra, asesina a sus habitantes, y rapta a Camila. La segunda historia, que se desprende de ésta, cuenta los afanes de José María Zuloaga, un teniente del ejército mexicano que recibe la orden de rescatar a Camila; para lograrlo, el teniente recluta a varios hombres del pueblo y, guiados por un par de indígenas yaqui, se adentran en el desierto tras el rastro de Camila. Estas dos historias se entrelazan al final de la novela y terminan con la asimilación cultural de Camila al mundo apache y su rechazo a regresar a México. En otra historia, se narra la rendición de Gerónimo (junto a los últimos miembros del pueblo apache) y su posterior traslado a suelo estadounidense como prisionero de guerra. Finalmente, en la novela se cuentan también algunos aspectos de la investigación que el autor (como personaje) hizo sobre el pueblo apache, así como el relato de lo que considero la médula temática de la novela: el viaje—o la peregrinación, para ser más precisos—que el autor y su familia emprenden rumbo a la Apachería en busca de la tumba del indio Gerónimo.

II. La escritura como un "acto sagrado": La magia utópica de re-inventar la historia

La novela inicia con el siguiente pasaje:

> Al principio las cosas aparecen. La escritura es un gesto desafiante al que ya nos acostumbramos: donde no había nada, alguien pone algo y los demás lo vemos. Por ejemplo la pradera: un territorio interminable de pastos altos. No hay árboles: los mata el viento, la molicie del verano, las nieves turbulentas del invierno. En el centro del llano, hay que poner a unos misioneros españoles y un templo, luego unos colonos, un pueblo de cuatro calles. (13)

Este pasaje inicial entraña ya una de las coordenadas temáticas más importantes del texto: la escritura es un acto mágico: la palabra desafía, realmente, el vacío fenomenológico del pasado y materializa el mundo, ese mundo que ya no existe. Y es que en esta novela nombrar (recordar) es materializar el pasado. En efecto, la novela de Enrigue, más allá de la realidad política e histórica que recupera, también puede leerse como una declaración de fe en el cariz sagrado del lenguaje. En la novela misma, el narrador, citando a Lévi-Strauss, explica que un chamán "tiene una relación concreta con el lenguaje, porque cura utilizándolo como herramienta y medicina. Lo que para nosotros son palabras, para un chamán es un bisturí: algo que hiende y organiza lo que hay en el mundo, ... un fenómeno con poder sobre los demás fenómenos, algo de verdad sagrado" (60). A partir de estas reflexiones, argumento que el narrador (como personaje) de *Ahora me rindo* identifica el oficio de escritor con el "oficio" de chamán; el escritor, a semejanza del chamán, posee una relación concreta con el lenguaje (la novela se nutre de un amplio archivo histórico *concreto*), y la palabra es una herramienta que también le permite al escritor re-significar el mundo: en este caso, el relato histórico de los diferentes pueblos que constituyen la Apachería, un relato que, en opinión del narrador, ha sido pulverizado por el estado mexicano y tergiversado por el estado estadounidense. La escritura—ese acto sagrado—, puede reconstruir la voz de los muertos. En este caso, *Ahora me rindo* le da voz a una dimensión de la historia que ha sido borrada sistemáticamente por dos estados nacionales. El texto es, por lo tanto, un acto redentor (en el sentido benjaminiano del verbo "redimir").

El pasaje con que inicia la novela también es relevante en otro sentido. Sugiere la presencia de una Frontera que escinde dos realidades: por una parte, el vacío, la naturaleza, el caos de la nada; por otra parte, la civilización, el orden, la fe en el progreso propia de la modernidad. En efecto, *Ahora me rindo* narra el proceso civilizador que conduce de la prehistoria a la historia: del desierto a la fundación de un pueblo—una nación, realmente—en la frontera entre México y Estados Unidos: "Alguien pensó que ese pueblo era algo y le puso un nombre: Janos. Tal vez porque tenía dos caras. Una miraba al imperio español desde uno de sus bordes, el lugar donde empezaba a borrarse. La otra miraba al desierto y sus órganos: Apachería" (13). El pueblo que se menciona al principio de la novela (Janos) existe; tiene una realidad histórica concreta. Sin embargo, el narrador aprovecha la resonancia mitológica del nombre del pueblo y, a partir de sus posibles significados, construye la poética donde se asienta la novela. Me explico: en la antigua mitología romana, Jano era el dios de los principios y de los finales, de las puertas, de las transiciones, del tiempo, de la dualidad, de los pasajes, de los umbrales. Se le representaba como un ser de dos caras: una mirando hacia el futuro y la otra hacia el pasado (295-6). Aunque la idea de frontera no existía en la antigüedad tal como la conocemos ahora, podemos argumentar que, conceptualmente, Jano podría ser el dios de la frontera. En *Ahora me rindo* aparecen varios momentos jánicos: instantes fronterizos en el sentido profundo de la palabra. Estos momentos incluyen, por ejemplo, reflexiones sobre el divorcio y su capacidad de escindir la vida de las personas, sobre el principio y el fin de ciertos períodos históricos, sobre la transición (y por ende la transformación) de identidades, y, finalmente, sobre la frontera como el problema geopolítico más importante de nuestro tiempo.[2] En este capítulo me propongo analizar varios de estos momentos jánicos que atraviesan la novela como su ADN primordial.

En primer lugar, quisiera analizar la nación—o su fantasma histórico—que constituye el corazón histórico de la novela: la Apachería. El narrador define esta nación como un país que poseía una estructura económica particular, distinta a las formas económicas con que organizaban la realidad material los dos países que amenazaban su supervivencia: México y Estados Unidos. Además, la Apachería tenía "una idea de Estado y un sistema de toma de decisiones para el beneficio común" (22-23). Este pasaje le da relieve a lo que, para el narrador, es una especie de tiempo utópico que es necesario reclamar: esa visión comunitaria de la distribución de los bienes materiales como un horizonte político al que debemos aspirar. Esta visión ética contrasta con el individualismo "salvaje" que constituye el principio filosófico del mundo mexicano y del mundo estadounidense, y que, al final, termina destruyendo el mundo de los apaches. En efecto, a lo largo de la novela, el narrador elogia esa postura ética apache que le da primacía al grupo—a lo común—sobre el individuo; no es arriesgado afirmar, por lo tanto, que *Ahora me rindo*, a pesar de localizar su acción en la frontera entre México y Estados Unidos, durante el siglo XIX y principios del XX, puede leerse como una crítica al proyecto neoliberal que articula las matrices políticas y económicas de nuestro mundo, un proyecto económico criminal que distribuye no solo la riqueza, sino también la pobreza extrema, y, en definitiva, la muerte.

En efecto, el narrador define la novela como un monumento literario al mundo apache; a ese mundo que fue y que, trágicamente, ya no es: a esa transición histórica que condujo a la Apachería del ser a la nada. Afirma el narrador: "Cuando los chiricahuas—la más feroz de las naciones de los apaches—no tuvieron más remedio que integrarse a México o a los Estados Unidos, optaron por una tercera vía, absolutamente inesperada: la extinción" (23). Extinguirse, inmolarse, desaparecer: decisiones que los apaches, a diferencia de otros pueblos originarios, tomaron, y que produjo su obliteración real, física, y también histórica. Para el narrador, optar por la propia aniquilación es un acto encomiable, heroico, épico: "No sé si haya algo que aprender de una decisión como esa, extinguirse, pero me desconcierta tanto que quiero levantarle un libro" (23). Es decir, la razón de ser del texto es celebrar una postura histórica: morir, en esta novela, conduce a la dignidad.

---

[2] Para Thomas Nail, el migrante es la figura política más importante de nuestro tiempo (235). Si aceptamos esta premisa, la frontera es, por consiguiente, la estructura geopolítica más importante de nuestro tiempo.

La novela, paradójicamente, es una forma de combatir esa decisión. Dice el narrador: "En la hora de su extinción, los apaches no escribían más que con las grafías con que se deletrea la muerte" (24). Al no practicar la escritura, la decisión de extinguirse como desafío a la sumisión, también significa la desaparición histórica. La escritura es la única forma de permanecer; al no tenerla, el pueblo apache desaparece con su muerte. Al recuperar las voces del pueblo apache mediante la escritura, el narrador (y la novela misma) batalla contra esa extinción: reescribe la historia, y trata de re-encauzar su sentido político. *Ahora me rindo* pretende hacer que lo que alguna vez fue y dejó de ser, vuelva a ser: el lenguaje, como el narrador lo establece al principio de la novela, es un acto sagrado que le da presencia a la ausencia; la novela está en guerra contra el acto de extinguirse.[3]

III. El problemático acto de (re)nombrar: La des-invención de la Apachería

A lo largo de la novela, el autor vuelve, en repetidas ocasiones, a la constelación de significados que emanan del verbo *nombrar*. En efecto, *Ahora me rindo* puede ser una tentativa por responder la siguiente pregunta: ¿qué significa el acto soberano de nombrar? En la novela, nombrar es elogiar, ofender, fundar, arrasar, acariciar, violar, regalar, robar, premiar, castigar, eximir, culpar, recordar, olvidar, escribir, borrar, y un largo etcétera. El narrador entiende que una construcción justa de la historia depende del problemático acto de nombrar: un acto que en ocasiones es redentor, pero que en otras es criminal. Explica el narrador: "Los apaches, aunque el nombre sea magnífico y nos llene la boca, no se llamaban apaches a sí mismos. Al libro de la historia se entra bautizado de sangre y con un nombre asignado por los que nos odian o, cuando menos, los que quieren lo que tenemos, aunque sea poco" (31). El término "apache", por lo tanto, no es un nombre que nace con los apaches; es un nombre (y es también una voz) que viene de fuera—pletórica de un poder extranjero—, que los invade y los coloniza. El narrador continúa explicando que "los apaches se llamaban a sí mismos *ndeé*, que significa: la gente, el pueblo. Esta forma de nombrar-se, sin embargo, se pierde: se la traga el poder colonizador. Los apaches reciben su nombre,

---

[3] En efecto, la novela se "embriaga" en el archivo histórico. Claudio Lomnitz argumenta que, así como el pasado se recrea diariamente en las noticias—en el trabajo periodístico—, el presente también se recrea al entrar en contacto con la historia. Para Lomnitz, el quehacer histórico adquiere su mayor importancia en la relación dialéctica entre estos "contactos temporales" (el diálogo incesante entre el pasado y el presente) (56). Es imposible no entender *Ahora me rindo* como una meditación, a partir de la estética, sobre el papel que la Historia juega en la construcción del proyecto nacional *presente*. Este diálogo que sostiene la novela con la historia es, precisamente, una guerra contra la extinción.

trágicamente, de sus enemigos acérrimos, los indios zuñi, que fueron los que les enseñaron a los españoles que los *ndeé* se llamaban *apachi*: 'los enemigos' (31)". El narrador ofrece otra perspectiva sobre la construcción de la historia: "Los historiadores mexicanos, cuando describen a los enemigos de los apaches, tienden a definirlos como 'blancos', sean mexicanos o estadounidenses." (71-2). Por otra parte,

> [Los historiadores estadounidenses] Nunca se refieren a los mexicanos como "blancos", solo se describen a sí mismos como tales: para ellos los apaches luchaban contra los mexicanos y los blancos, como si las categorías "estadounidense" y "blanco" fueran intercambiables, como si no hubiera habido pelotones de militares negros—*buffalo soldiers*, se llamaban—peleando la Guerra Apache. (72)

Todas estas perspectivas (la de los *zuñi*, de los mexicanos y de los estadounidenses, se contradicen; su guerra no solo sucede en el plano material, sino en la escritura. Cada narrativa lucha por distribuir el capital simbólico; los diferentes relatos luchan por dominar el territorio histórico: al final, es el relato triunfador el que se impone, el relato del más fuerte; el relato perdedor desaparece: se extingue. En estos pasajes, el narrador plantea ya el problema histórico por excelencia: el que nombra—el victorioso— siempre está hablando por los derrotados; nombrar es darle cariz histórico a la victoria, pero también a la derrota. Nombrar es ejercer el poder sobre el Otro: robarle su agencia política; robarle el derecho a contar su propia historia. Borrar su voz. Recibir un nombre es someterse: es aceptar la consumación del vasallaje. Sin violencia, la historia no existe. Tal vez, el acto de nombrar como forma de violencia adquiere mayor visibilidad en uno de los pasajes más importantes de la novela: el momento en que el narrador y su familia llegan, por fin, al "santuario" histórico: la tumba del indio Gerónimo. Afirma el narrador:

> También la tumba está escrita de manera diferente a las demás: tiene, en el lado frontal de la pirámide, una plancha que solo dice: GERONIMO/ sin su nombre apache, sin acento en la primera "o", sin fechas, ni la banda a la que pertenecía... Es como si su filiación como enemigo estuviera borrada, como si fuera mejor situarlo fuera de la historia y la danza de las lenguas y las naciones. (139)

La violencia lingüística, de acuerdo al narrador, funda el evento histórico: el poder de nombrar lo tiene el sobreviviente. Para el narrador, equivocar la gramática, no usar el nombre que Gerónimo recibía en su comunidad, omitir las fechas (hitos numéricos con que ordenamos la temporalidad de la historia), es ejercer la violencia sobre la historia, es irrespetar la memoria de los muertos, es *borrarlo* de la historia. La historia de la Apachería "se anilla en el último rompimiento del orden americano, la humillación de los que no la merecen para que, como decía Homero, alguien pueda escribirla más tarde. La historia como es: triste" (441-2). Los Estados Unidos, al vencer al pueblo apache, tiene el derecho de violentarlo, de humillarlo, no solo físicamente (todos los que, finalmente, se rindieron ante el ejército estadounidense, pasaron a ser prisioneros de guerra), sino también histórica y lingüísticamente. Este acto de nombrar como un último acto de guerra—el acto que verdaderamente *permanece*— constituye uno de los pilares temáticos que apuntalan la novela y que es el manantial de su "tristeza" histórica.

En *La invención de América*, Eduardo O'Gorman, empleando una metodología que conjuga la historia con la filosofía y la antropología, derrumba el mito del descubrimiento de América; para el historiador mexicano, América—entendida como la entiende la historiografía tradicional—es una invención: una ficción que fue necesario construir para apuntalar el proyecto colonizador en el continente. Tomando el análisis de O'Gorman como punto de partida, argumento que la Apachería también fue una invención. El proyecto estético y político de *Ahora me rindo* (el aliento vital que galvaniza la novela misma), pretende violentar, re-ordenar, des-inventar y re-inventar ese relato unidireccional que delinea el rostro histórico de la Apachería, y ofrecer una versión de la historia más apegada al archivo histórico: "La guerra por la Apachería nunca fue entre blancos e indios: fue entre dos repúblicas mixtas y una nación arcaica que compartía una sola tradición y una sola lengua. Los indios no llamaban blancos a los mexicanos. Los llamaban *nakaiye*, "que van y vienen". A los gringos los llamaban *indaá*, "ojos blancos", nunca "pieles blancas" (73). El pasaje anterior aspira a devolverle un "color" más genuino a la mirada del pueblo apache, de restituirles la voz y el derecho a nombrarse a sí mismos, y a nombrar con mayor honestidad el mundo que los rodeaba: al hacerlo, la novela des-inventa la mitología falsaria con que se define el pasado apache desde el Poder. Sin embargo, no debemos caer en el hechizo: *Ahora me rindo* emprende un proyecto utópico destinado al fracaso. La novela histórica, aunque lo pretenda, aunque en ocasiones esté a punto de lograrlo, no puede recuperar el "mundo de los muertos". En su texto *Los muertos indóciles: necroescritura y desapropiación*, la escritora mexicana Cristina rivera Garza ofrece una lúcida reflexión sobre el estrecho vínculo entre escritura y muerte, sobre todo en el contexto de lo que Sayak Valencia ha denominado el *capitalismo gore*:[4] el México contemporáneo, esa nación

---

[4] La filósofa tijuanense Sayak Valencia explica: "Proponemos el término capitalismo gore, para hacer referencia a la reinterpretación dada a la economía hegemónica y global en los espacios (geográficamente) fronterizos... Entonces, con capitalismo gore nos referimos al

Historia, fronteras e identidad 105

sumergida en una violencia extrema que ha transformado a la muerte en una realidad híper-sensible e híper-visible, una muerte no metafórica (no literaria), sino brutalmente real que ha corrompido los más profundos tejidos sociales y psíquicos de la nación. Hablando sobre la utopía imposible de intentar reconstruir el pasado que alienta a las novelas históricas, Cristina Rivera Garza argumenta que:

> ... el lector de documentos históricos debe experimentar en ese momento [en el momento de enfrentarse al archivo] la más artera posibilidad: una conexión frágil pero real con los mundos ultraterrenos y desconocidos y, acaso, incognoscibles, de los muertos. Y ahí, en ese momento que es sin duda alguna epifánico, aunque por (estas) otras razones, debe surgir también el asomo de la melancolía: la melancolía de quien sabe, de entrada, que su tarea es imposible (hacer hablar a los muertos). (106)

La utopía de devolverle la voz a los muertos es un horizonte inalcanzable; sin embargo, tal vez esa melancolía de la que habla Cristina Rivera Garza es el premio mayor al que el escritor de novelas históricas puede aspirar.

Ahora me rindo es una novela escrita en el siglo XXI, aunque el proyecto ético-estético que la anima procede del siglo XIX; es decir, la novela es una ficción fundacional—atravesada por una experimentación formal propia de

---

derramamiento de sangre explícito e injustificado (como precio a pagar por el Tercer Mundo que se aferra a seguir las lógicas del capitalismo, cada vez más exigentes), al altísimo porcentaje de vísceras y desmembramientos, frecuentemente mezclados con el crimen organizado, el género y los usos predatorios de los cuerpos, todo esto por medio de la violencia más explícita como herramienta de *necroempoderamiento*" (15). Curiosamente, a pesar de situarse en un momento histórico diferente al que se refiere Sayak Valencia, *Ahora me rindo* abunda en escenas gore: "...dejaban en los caminos mensajes escritos con un alfabeto de cadáveres para que a nadie se le olvidara de quién era esa tierra..." (24), "[Camila] No vio el fuego. No vio ni a los vaqueros con tiros en la cabeza ni a Héctor degollado a puñal. No vio a los peones colgando de los árboles ni a Mistress Prudence con la cabeza molida por una piedra que le dejaron caer una y otra vez hasta que se murió. Tampoco a los niños—conchos, ópatas, criollos y gringos, daba lo mismo—lanceados. No vio al bebé con la cabeza reventada contra la pared. Escuchó, eso sí, los tiros y los alaridos, vio el humo" (69-70), "...que uno de ellos era un bebé de meses cuando lo remataron, estando ya abandonado en el suelo, de un balazo que hizo que le estallara el cuerpo" (445). La novela abunda en momentos de extrema violencia que fungen como un mecanismo necropolítico de control social. Es imposible no vincular esta violencia (sepultada en la soledad del archivo histórico) con la violencia actual: *Ahora me rindo* sugiere que la frontera entre México y Estados Unidos ha sido, históricamente, una maquinaria de guerra en contra del cuerpo humano *pobre*.

nuestro tiempo—en el sentido que Doris Sommer define el término: "[Una ficción fundacional] es el resultado de una urgencia simultánea de poseer y pertenecer" (11). El narrador, por un lado, devela esta doble urgencia: "esculpe" su monumento literario al mundo perdido de la Apachería para poder poseerlo en nombre de México, para competir con el grosero monumento de piedra que corona la tumba de Gerónimo (o "Goyahkla" en lengua *ndeé*), y arrebatárselo al archivo estadounidense que terminó adueñándose de la futuridad histórica de este pueblo originario (a pesar de haber propiciado su extinción). Por otro lado, el narrador también devela el deseo de pertenecer a ese mundo, de emular su posicionamiento ético (su "dignidad") y de formar parte de su épica, a pesar de que esto signifique arriesgar la propia vida. Poseer y pertenecer, pues, fungen como los vectores dramáticos axiales de la novela: dos verbos (dos deseos) más parecidos al *ethos* literario del siglo XIX que al nuestro.

Sin embargo, el narrador no cae en la trampa de intentar construir un lenguaje ideal capaz de incluir todas las perspectivas, no comete la puerilidad de erigir una justicia histórica platónica; al contrario, pondera sobre la trágica imposibilidad de no colonizar lingüística e históricamente al otro: "...pero me pregunto si no será simplemente inevitable que, por más que trabajemos nuestra sensibilidad, vemos siempre a algunos otros para abajo. No sé si yo, como él, soy cruel en mis descripciones de los estadounidenses, si al calor del lirismo no se me resbalan algunas infamias. Si nos sucede a todos" (80). En este sentido, el narrador no posee una visión monolítica de sus propias convicciones éticas, sino que está constantemente dudando de ellas. Reconoce su propia incapacidad para construir una novela a partir de un lenguaje perfecto. En la óptica del narrador, la Justicia es una quimera: un proyecto humanista imposible de alcanzar; los seres humanos estamos condenados a habitar una justicia imperfecta, terrestre, difusa, y, en definitiva, esencialmente *injusta*. En *Ahora me rindo*, ejercer el lenguaje significa canibalizar al mundo.

IV. De fronteras, identidades y pasaportes: Una poética contra el nacionalismo

Quisiera ahora vincular el tema del *nombrar* (y sus consecuencias éticas y políticas), como verbo fundacional de la novela, con otra problemática de suma importancia: la identidad fronteriza. A ambos problemas los une la violencia sistemática que parece ser el gesto distintivo de las comunidades fronterizas, no solo en el presente, sino a lo largo de su historia. Ahora, para construir esta sección del ensayo, es necesario intentar responder la siguiente pregunta: ¿qué es la identidad fronteriza? Para hacerlo, quisiera evocar el trabajo del pensador argentino Walter Mignolo, particularmente sus meditaciones sobre el problema fronterizo geopolítico y su relación con el pensamiento decolonial. Dialogando directamente con la pensadora chicana Gloria Anzaldúa, Mignolo argumenta que "Las fronteras geográficas, en última instancia, son la expresión material, y también móvil, de dos principios clave de la articulación conceptual e ideológica del mundo moderno/colonial: *la diferencia colonial* y *la diferencia imperial*" (36). Me interesa esta definición porque sugiere, en el fondo, que una frontera geográfica no es meramente una entidad geopolítica, material, cuyo propósito más visible es el de regular el flujo transnacional de seres humanos; para Mignolo, las fronteras también pueden fungir como un marco epistemológico decolonial; es decir, una frontera (material) distribuye el flujo de seres humanos y mercancías, pero también puede erigirse, conceptualmente, como una potencia desestabilizadora del colonialismo, un dique de resistencia a los paradigmas intelectuales del proyecto neoliberal y una fuerza que posibilite el re-nombrar el mundo y sus marcos de dominación colonial.[5] Para Mignolo, el pensamiento fronterizo nos permite re-conceptualizar y re-configurar las estructuras de poder dominantes desde la exterioridad de la modernidad. Desde este punto de vista, la identidad fronteriza no solo sucede en los espacios fronterizos, geográficamente hablando, sino también en aquellos espacios marginales donde la colonialidad impone su orden silencioso. Esta conceptualización de la frontera nos permite construir nuestro análisis empleando nuevos marcos de referencia espaciales, pero también *temporales*; así pues, el pensamiento fronterizo planteado por Mignolo puede ayudarnos a entender el mundo de la Apachería: un mundo donde el rostro secreto de la modernidad (la colonialidad) instaló, mediante la violencia estatal, su imperio. Por otro lado, si Mignolo emplea ciertos postulados de Anzaldúa, podemos trazar un puente entre la problemática histórica del mundo apache y la problemática migratoria— furiosamente actual—de la frontera entre México y Estados Unidos. Ambas problemáticas (destrucción de la Apachería en el siglo XX y violencia necropolítica[6] en contra de los cuerpos migrantes del siglo XXI) comparten el problema de la colonialidad.

---

[5] El pensamiento de Walter Mignolo entronca con el análisis que Brett Neilson y Sandro Mezzadra hacen sobre la posibilidad de construir marcos epistemológicos nuevos a partir de las fronteras geográficas: "Las fronteras son, entonces, esenciales para los procesos cognitivos porque permiten el establecimiento tanto de taxonomías como de jerarquías conceptuales que estructuran el movimientos mismo del pensamiento... Las fronteras cognitivas, en este sentido, se entrelazan con las fronteras geográficas" (36).

[6] Cuando utilizo el término necropolítica, estoy pensando, por supuesto, en la famosa definición que elaboró Achille Mbembe: "La expresión más actual de soberanía reside, en gran medida, en el poder y la capacidad de dictar quién merece vivir y quién debe morir. Por consiguiente, matar o permitir la vida constituyen los límites de la soberanía como sus principales atributos" (19).

Para desarrollar mi análisis sobre el funcionamiento de la identidad fronteriza en *Ahora me rindo*, voy a centrarme en dos dilemas "éticos" que, en distintos momentos de la novela, atormentan al narrador (como personaje). El primer dilema es el siguiente: el narrador está a punto de recibir el permiso de residencia permanente en Estados Unidos (la *green card*) y ese posible "cambio de piel", esa disyuntiva identitaria, genera en él un profundo desasosiego. El narrador es escritor y vive en Estados Unidos, en la ciudad de Nueva York. Está casado con Valeria que también es escritora, y tiene tres hijos: Dylan, Maia, y Miquel (producto de otro matrimonio). Es decir, el narrador tiene una vida más o menos acomodada (ser escritor es un trabajo relativamente cómodo si lo comparamos con los trabajos que la mayoría de los migrantes tradicionales ejerce). Trabaja como profesor universitario (otro empleo privilegiado), y se gana la vida escribiendo "novelas, artículos, guiones, para poder sostener a mi familia con los asuntos sobre los que leo... He tratado de hacer de todo para poder mantener a mi modesta nación de cinco miembros a flote, para que mi material genético, mi lengua, mi manera de hacer, resista un poco más" (23-4). Hago esta aburrida enumeración de rasgos para afirmar lo siguiente: el narrador es lo que llamamos un padre de familia *normal* (con todo el horror que este adjetivo entraña). Su vida está atada (al menos esa es la sensación que transmite el narrador) a la "prisión" familiar, y por lo tanto, carece de la aventura épica del mundo apache. Siente que al obtener la *green card* tendrá que establecerse definitivamente en Estados Unidos, y el regreso anhelado a México no será ya más que una quimera. Obtener la residencia permanente en Estados Unidos amenaza su visión nacionalista del concepto de ciudadanía: "Me digo que no importa, que nada cambia si uno tiene documentos que reflejen mejor el tipo de vida que lleva. Me lo dice también Valeria..." (39). Este pasaje revela una premisa que aparece y reaparece a lo largo de la novela: los documentos de identidad—los pasaportes—no son meros objetos burocráticos, sino que tienen una relevancia histórica, un significado casi sagrado: cunde en él un patriotismo que, en el territorio trágico donde se lleva a cabo la migración global, es ya un anacronismo. Su esposa intenta disuadirlo de que debe obtener la *green card* y su abogada estadounidense "no se explica que alguien se resista a ser residente de los Estados Unidos" (39). El narrador, sin embargo, se empecina en creer que un documento migratorio tiene un poder identitario trascendental y casi metafísico; para él, aceptar la *green card* es recibir un nombre que no elige—como los apaches—y ubicarse en la taxonomía social jerarquizada construida por el poder soberano (en este caso, el gobierno de los Estados Unidos); aceptar la residencia permanente significa desfallecer frente al "jefe de jefes" del capitalismo, frente al poder imperial que despojó a México de gran parte de su territorio nacional. Además, según el narrador: "tener dos nacionalidades y residencia en tercer lugar es, en realidad, como dejar de ser todo: vivir como apache. Dos pasaportes y una tarjeta de residencia equivalen, con suerte, a la nacionalidad de la Atlántida, el país de en medio…" (40). Este pasaje, obviamente, dialoga con teorías sobre la identidad fronteriza; la idea del "tercer lugar", por ejemplo, es un claro guiño al problema de la hibridez que plantea Homi Bhabha en *El lugar de la cultura*: ese espacio que se genera en los "intersticios donde se negocian las experiencias intersubjetivas y colectivas de nacionalidad" (18). La reflexión de Bhabha, no obstante, se dirige a las comunidades migrantes marginalizadas y racializadas (el pensador indio cita como ejemplo de este "tercer lugar" a la comunidad chicana de Los Ángeles), aquellas para las que la migración es más bien una condena, una necesidad vital, de supervivencia; para el narrador, por el contrario, la migración obedece a un proyecto intelectual: es una migración privilegiada, protegida por dos estados nacionales y no amenazada por estos. Surge, entonces, una pregunta: ¿podemos justificar esa actitud nacionalista del autor como un gesto de resistencia y como reivindicación de la historia de México? Mi respuesta es: *no*. Para poder explicar esta respuesta, quisiera ahora poner mi texto a dialogar con la lingüista, escritora y activista mixe Yásnaya Elena Aguilar Gil, una de las pensadoras mexicanas que mejor ha entendido el problema complejísimo de la identidad (y del acto de nombrar como instrumento colonizador) en relación con los pueblos originarios:

> Las identidades colectivas se forman potenciando ciertos rasgos contrastantes en común a través de la historia, que terminan formando parte de experiencias identitarias particulares. Sin embargo, los factores que determinan qué rasgo será el contrastante, el potenciado por símbolos, narrativas y rituales, pueden ser producto de una manipulación determinada desde los grupos de poder para conseguir ciertos fines. (21)

Para Yásnaya Aguilar, como se aprecia en este pasaje, la construcción de las identidades colectivas (como la mexicana) no son productos del azar ni de la inocencia; por el contrario, generalmente son manipulaciones ideológicas cuyo propósito es el implementar proyectos políticos y económicos que favorezcan a las élites dominantes. Considero, en primer lugar, que su argumento puede emplearse para explicar el por qué la historia de la Apachería (y, por consiguiente su identidad) fue sistemáticamente obliterada por el estado mexicano. En segundo lugar, este análisis también puede arrojar luz sobre los problemas de identidad a los que el narrador, quien no es indígena, se enfrenta. Es decir, si existe una diferencia identitaria irreconciliable entre el sujeto mixe, o purépecha, y el criollo capitalino, también existe una diferencia igualmente irreconciliable entre la identidad migrante del narrador y la de los migrantes mexicanos que huyen del país por razones económicas. La identidad mexicana fronteriza, pues, no es monolítica: el viejo lugar común (México es muchos Méxicos) se impone con autoridad tanto en el territorio mexicano, como en contextos transnacionales. Las reflexiones de Yásnaya Aguilar me permiten argumentar que el patriotismo pueril del narrador solo puede entenderse desde el lugar donde se localiza, socialmente, en esa sustancia amorfa, caótica e inextricable que el estado mexicano denomina la cultura mexicana. A lo largo de la novela, podemos ver al narrador viajando por diferentes partes del mundo sin ningún impedimento fronterizo. Sabemos, además, que su experiencia migratoria en los Estados Unidos es diferente a la de la gran mayoría de inmigrantes mexicanos que habitan ese país; el narrador no ingresa a los Estados Unidos cruzando la frontera sin documentos, sino que llega al país para estudiar un doctorado en literatura. Intuimos también que su familia en México vive en una situación económica estable y que no depende de sus remesas. El narrador habita un lugar de privilegio y, en consecuencia, las fronteras, para él, son meramente problemas teóricos y no muros concretos que impiden el tránsito a los ciudadanos residuales, precarizándolos, y condenándolos al dominio de la muerte. Y es precisamente esta posición de privilegio la que le permite tomar decisiones basadas en quimeras teóricas, de índole más intelectual que práctica. Y es que ¿cómo entender estos dilemas éticos en una época de migraciones forzadas, no solo hacia los Estados Unidos sino, a nivel global? ¿Cómo no juzgar las decisiones del narrador como arrebatos pueriles cuando en la frontera entre México y Estados Unidos mueren diariamente ciudadanos de México y de Centroamérica? La frontera geopolítica que establece diferencias entre la identidad del narrador y la del sujeto estadounidense (que, aunque tampoco es monolítica, el narrador la denomina arbitrariamente como "gringa") también establece diferencias entre dos formas de la identidad mexicana: la identidad del narrador (una especie de migrante intelectual) y la identidad del migrante tradicional, generalmente subalterna y precarizada. El narrador, en este sentido, posee el privilegio de dudar entre aceptar la residencia permanente o no, entre convertirse en un apátrida o en ser un mexicano "genuino". Su posición, sin embargo, es una excepción en el marco del problema de la migración en el siglo XXI.

Otro dilema semejante al anterior sucede en la embajada española de Nueva York[7]. El narrador asiste a una entrevista donde se decide si obtiene la ciudadanía de España (con todos los beneficios prácticos que hacerlo conlleva). Obtener la ciudadanía española y, por ende, convertirse en

---

[7] Los dos dilemas identitarios presentes en la novela pueden interpretarse como una tentativa de enfrentarse a las dos naciones que mayor importancia han tenido en la construcción de la historia mexicana *oficial*: España y Estados Unidos.

miembro de la Unión Europea, es un acontecimiento de suma importancia para el narrador: su hijo mayor, Miquel, desea estudiar cine en Europa y el ser ciudadano español le facilitaría lograr esa meta. El narrador acude al consulado y aprueba la entrevista y, cuando ya solo necesita firmar los documentos que acrediten su nueva nacionalidad, el cónsul le entrega "el más breve de todos los documentos... en el papel se leía en un castellano de oficio alambicado que le juraba lealtad a su majestad el rey de España. Retiré el plumín que tenía en la mano, sin taparlo" (85-6). El narrador, en otro arrebato nacionalista, se niega a continuar con el proceso, perdiendo por consiguiente toda posibilidad de convertirse en un miembro de la Unión Europea; al hacerlo, también su hijo pierde la posibilidad de estudiar cine en Europa. El narrador sale corriendo de la oficina del cónsul y, reflexionando sobre su decisión, explica: "No sé si hice lo correcto, sin duda no hice lo práctico" (87). Después, le escribe un mensaje de texto a su hijo donde le narra un episodio de la historia mexicana; dice:

> ...en 1815 a don José María Morelos le habían metido un carbón ardiente por el culo para que jurara lealtad al rey, que al terminar con los alaridos dijo que no, así que le hicieron una incisión en los huevos, le sacaron lo que haya adentro y le pusieron dos piedras de sal y se los cerraron de nuevo. Como permaneció impávido, lo mandaron fusilar, pero al día siguiente. En la madrugada del sacrificio, pidió, sin quejarse del escozor salvaje que habrá sentido en los testículos, un puro para fumárselo después del desayuno y antes de que lo ejecutaran de rodillas y por la espalda. Él mismo se ató la venda de los ojos. Esa resistencia apache, le escribí a Miquel, no puede pasar en vano entre nosotros. (87)

En este caso, el narrador concibe el "problema" de obtener la ciudadanía española como un atentado a su identidad histórica. Sin problematizar el hecho de que todo relato histórico (y, particularmente, en el caso mexicano) es portador de un proyecto ideológico—como lo argumenta Yásnaya Aguilar—, y sin cuestionar tampoco la idea misma de verdad histórica, el narrador se niega a obtener la ciudadanía española como una forma de preservar su identidad histórica. Negarse a jurarle lealtad al rey, en cierto sentido, significa para él revivir (vicariamente) la actitud valiente, heroica, dramática, épica de don José María Morelos; negar al rey es, pues, una forma de heroicidad teórica: es una no-heroicidad. Arriesgo una interpretación más cáustica: el narrador rechaza "venderse" y se niega a ser miembro de la Unión Europea para defender una ficción: la ficción de que existe una identidad colectiva que se nutre de esos relatos—elegidos, generalmente, por el poder ideológico dominante—que constituyen eso que el narrador llama la Historia.

Paradójicamente, esta defensa de la Historia por parte del narrador, también puede leerse como una defensa de los valores ideológicos que el Estado construye, disemina e inocula entre la población mediante la "generación de discursos identitarios y sus símbolos" (Aguilar 22); es decir, la supuesta actitud pro-nacional y revolucionaria del narrador es, esencialmente, reaccionaria: es una defensa del estado mexicano y su aparato ideológico. De nueva cuenta, surge la misma pregunta: ¿Qué le permite al narrador optar por la opción menos práctica? La respuesta, como en el caso anterior, es la misma: el privilegio que lo protege, como un escudo, de los embates salvajes de lo real, es la fuerza social que le concede el poder (y el derecho) de negar eso que él llama "lo práctico". A pesar de no valorizar positivamente las decisiones "patrióticas" del narrador, su presencia en el texto nos permite plantear una serie de preguntas más relevantes: ¿cuál es la importancia cultural de un pasaporte mexicano en la actualidad (una actualidad devastada por una supuesta guerra contra el narco)?, ¿qué significa el nacionalismo que exhibe el narrador en el contexto de una guerra fallida llevada a cabo por un aparato gubernamental que se comporta como una máquina de guerra—como una fábrica de cadáveres—desatada en contra de sus propios ciudadanos?, ¿es razonable defender los relatos históricos que emanan de la maquinaria ideológica de un Estado que actúa como una empresa criminal? No lo creo: la cultura (y tal vez este sea uno de los logros más siniestros de los regímenes necropolíticos) pierde todo su poder y su significado cuando la violencia extrema es el rasgo fundamental del "rostro" nacional.

En conclusión, *Ahora me rindo y eso es todo* explora la relación que existe entre la ficción—como proyecto estético—y el archivo histórico. La novela pretende violentar, re-significar, des-inventar y re-inventar el relato histórico de esa nación perdida que, erróneamente, llamamos la Apachería. En este sentido, la novela también es una profunda reflexión sobre la identidad fronteriza, una identidad que posee una continuidad histórica de larga duración: en *Ahora me rindo*, las "fronteras" que definían a la Apachería en el siglo XIX entrañan problemas culturales y políticos muy similares a los problemas que, actualmente, entraña la frontera entre México y Estados Unidos. Finalmente, la novela desvela—a pesar de la tentativa original del autor—el papel preponderante que las narrativas históricas oficiales juegan en la diseminación de vectores ideológicos cuyo propósito es, en definitiva, solidificar los cimientos del Estado.

Obras citadas

Aguilar, Yásnaya. "Ëëts, atom: algunos apuntes sobre la identidad indígena." *Revista de la Universidad de México*, Dossier: Identidad, septiembre 2012, https://www.revistadelauniversidad.mx/articles/f20fc5ef-75e2-44d0-8d5b-a84b2a87b7e3/eets-atom-algunos-apuntes-sobre-la-identidad-indigena

Bhabha, Homi. *El lugar de la cultura*. Trad. César Aira. Ediciones Manantial, 2002.

Enrigue, Álvaro. *Ahora me rindo y eso es todo*. Editorial Anagrama, 2018.

Lomnitz, Claudio. "Narrating the Neoliberal Moment: History, Journalism, Historicity." *Public Culture*, no. 20, 2008, pp. 39-56.

Mbembe, Archille. *Necropolítica*. Editorial Melusina, 2011

Mignolo, Walter. *Historias locales, diseños globales: Colonialidad, conocimientos subalternos y pensamiento fronterizo*. Trad. Juan Mari Maradiaga y Cristina Vega Solís. Ediciones Akal, 2003.

Nail, Thomas. *The Figure of the Migrant*. Stanford University Press, 2015.

Neilson, Brett, y Sandro Mezzadra. *La frontera como método o la multiplicación del trabajo*. Trad. Verónica Hendel. Traficantes de sueños, 2017.

O'Gorman, Edmundo. *La invención de América: Investigación acerca de la estructura histórica del Nuevo Mundo y del sentido de su devenir*. Fondo de Cultura Económica, 1958.

Paredes, Américo. *A Texas Mexican Cancionero: Folksongs of the Lower Border*. University of Illinois Press, 1976.

Rivera, Cristina. *Los Muertos indóciles: necroescrituras y desapropiación*. Tusquets Editores, 2013.

Sommer, Doris. *Ficciones fundacionales: Las novelas nacionales de América Latina*. Trad. José Leandro Urbina y Ángela Pérez. Fondo de Cultura Económica, 2004.

Valencia, Sayak. *Capitalismo gore*. Editorial Melusina, 2010.

Apartado III.
Temporada de huracanes y sus brujas: transculturalidad y polifonía

Capítulo 7

La Bruja y sus formas: estrategias y alcances de lo transcultural en *Temporada de huracanes* de Fernanda Melchor

Paulo Andreas Lorca

Cornell University

Resumen: En el presente capítulo se reevalúa el concepto de transculturación a través de la figura de la bruja como su corolario. El persistente proceso de semiosis de aquella figura transculturada demanda interrogación perenne, especialmente si se trata de su concreción en el plano literario, donde convergen operaciones de traducción, interpretación y archivo de lo popular-nacional con las configuraciones de lo textual. Tomando como punto focal el personaje de La Bruja de la novela *Temporada de huracanes* de Fernanda Melchor, se analizan la función de pivote de la figura, en cuanto fuerza centrífuga que conjura el proceso transculturador para someterlo a juicio. La novela se muestra a sí misma, a través de la Bruja, como la urdimbre de un saber colectivo, que tensiona la naturaleza de la oralidad y su dependencia de lo textual. Adicionalmente, se cuestionan los alcances y la estabilidad de dichas categorías al enfrentarlas con sus condiciones simbólicas de producción.

Palabras clave: transculturación, bruja/brujo, chisme, oralidad, literario, simbólico

***

A la memoria de Domingo Choc Che[1]

1. Preámbulo: Transculturaciones y brujería

Quizás la figura que mejor sintetiza la persistencia de la transculturación en Hispanoamérica, con la sola excepción del caníbal, es la de la bruja o el brujo. Como constructo europeo, la brujería cumplió una función ideológica en la subyugación de los pueblos indígenas y la invención de la otredad a manos de los españoles colonos, adjuntándose, así, a una larga tropología que incluyó desde barbarismo y antropofagia hasta la superstición y la idolatría. Con todo, y siglos mediante, es innegable que las mutaciones semánticas en el aparato imaginario y las cosmovisiones particulares de cientos de pueblos sufrieron una reconstitución profunda, cuya textura ha adquirido, a la fecha, la complejidad de un nudo gordiano. La solidaridad esotérica entre la brujería y la transculturación no es de extrañar, al menos en el campo de su teorización en (y desde) Hispanoamérica. En efecto, décadas antes de que Fernando Ortiz acuñara el término *transculturación*, con patrocinio del etnógrafo polaco Brolisnaw J. Malinowski, en su trabajo seminal *Contrapunteo cubano del tabaco y el azúcar* de 1940, el antropólogo ya había atisbado la relojería de dicho proceso en *Los negros brujos* (1906). Como primer tratado de su tipo sobre la brujería y los cultos africanos en Cuba, *Los negros brujos* inauguró un campo etnológico con claras deudas a la teoría positivista-criminológica de Cesare Lombroso, en el cual Ortiz ya planteaba que los agoreros, la magia, la hechicería y el maleficio, constituyeron de antemano, tanto en sus aristas hispanas como indígenas, una nebulosa que nada más fertilizó el surgimiento de la brujería fetichista afrocubana, que el propio Ortiz encuadró dentro de una patología social. Polémico, ambivalente, y no menos desconforme, el término *transculturación* surgió ante la necesidad de Ortiz de explicar un proceso complejo de flujos culturales, religiosos y sociales, que el concepto en boga de la antropología de mitad de siglo—el idioma de la *aculturación*—no expresaba felizmente. La connotación transitiva, de producción bidireccional del neologismo de Ortiz, de esta forma, irrumpió en el campo crítico como la promesa de ser una categoría estructural, más que identitaria (a diferencia del mestizaje), que explicaría los mecanismos de la interculturalidad, no sólo en Cuba, sino que en el continente americano.

Si bien fue su idioma crítico de la transculturación lo que suscitó el mayor interés en su obra, aún luego de casi dos décadas de *Contrapunteo*, Ortiz le

---

[1] Este artículo está dedicado a la memoria de "Tata" Domingo Chec Che, Ajq'ij y maestro de medicina tradicional maya, asesinado con fuego por una turba el 6 de junio del 2020, en San Luis (Petén), Guatemala, tras ser acusado de matar a un vecino mediante brujería.

dedica sus últimos años a una trilogía sobre la brujería, iniciada con la publicación de *Historia de una pelea cubana contra a los demonios*[2] de 1959. En ese trabajo se indaga, en las palabras de Ortiz, no sobre la magia de los negros, sino sobre "la magia negra de los brujos blancos", con ahínco en los "mitos grotescos" y "nefandas inmoralidades" (*Brujas e Inquisidores* 2) de sus creencias religiosas. Aún con marcado sesgo positivista, Ortiz no sólo prefiguraba lo que Beatriz Sarlo ha llamado el "giro subjetivo", que volcó a los estudiosos de los años 70 y 80 hacia "el rastro de aquello que se opone a la normalización, y las subjetividades que se distinguen por una anomalía (el loco, el criminal, la ilusa, la posesa, la bruja)" (*Tiempo pasado* 17-18), sino que trazó además un mapa de ruta cuya metodología apunta hacia la doble faz de aquella semiosis propia de la transculturación, que resalta las transiciones y la fluidez de dicho proceso.

Sin embargo, como sugiere la crítica más reciente sobre el vocablo[3], la transculturación no puede ser esgrimida por su mero valor nominal, ni siquiera desde la figura más aparente. Después de todo, el vocablo ha sido objeto de innumerables reajustes, siendo el más notable entre ellos aquél ejecutado en *Transculturación narrativa en América Latina* 1982, por Ángel Rama, quien sistematizó su uso crítico en el campo de la narrativa contemporánea a fin de poner el lente sobre las tensiones provocadas por una modernidad asimétrica y centralizada. El planteamiento de Rama no queda exento de aporías, como demuestra la exégesis de la que ha sido objeto el término. Mabel Moraña, sin restarle valor crítico, ha planteado que su recontextualización plantea serios problemas en cuanto a las combinatorias lógicas que subyacen a los procesos que identifica Rama: "En la medida en que planteamientos dualistas del tipo Norte/Sur, Este/Oeste, centro/periferia pierden progresivamente vigencia y debilitan su rendimiento teórico, categorías basadas en el reconocimiento nítido de formas culturales foráneas y vernáculas van perdiendo sentido" (160). Más aún, para Mariano Siskind, el binarismo de Rama simplifica el asunto hacia ambas polaridades: sería tan cierto que los deseos cosmopolitas de universalización se sostienen en fantasías narcisistas de la apertura del mundo, como que la transculturación se nutre de la proyección de un poder emancipatorio en la literatura desde lo local (14). Para salir de la asfixia

---

[2] A este volumen, único volumen publicado en vida del autor, le siguió *La santería y la brujería de los blancos*, y finalmente *Brujas e Inquisidores*, ambos póstumos. Subtitulados "Defensa póstuma de un inquisidor cubano", el tratado tripartito es un temprano estudio comparativo entre el occidente del medioevo y la realidad cubana del siglo XVII, con el que Ortiz buscaba explicar la mentalidad que detonó la ejecución de una esclava negra en la villa de San Juan de los Remedios, a cargo del inquisidor Joseph González de la Cruz.

[3] Me refiero a los trabajos más recientes sobre el tema de los autores Mabel Moraña (2017) e Ignacio Sánchez Prado (2020).

antagónica, y para plantear nuevas posibilidades de lectura desde otras que problematizan esas totalidades, Siskind lee la transculturación en Rama como una síntesis ilusoria (en García Márquez, en Arguedas), sintomatología de una proyección libidinal por parte de una ideología política concreta, a saber, "a willful Latin Americanist ideology that has been the consistent identitarian trademark of this critical tradition since the 1096s" (120). De ahí que el crítico argentino abandone su lógica como estructura de significación.

Que la reformulación de Rama sufre de una falla teleológica es evidente en el carácter mesiánico que otorga a sus *novelas transculturadoras*, así como en el esencialismo regionalista—hoy insostenible—con el que lee "el interior", "lo popular", en fin, lo autóctono y su archivo originario americano, que incluso en la teoría de Ortiz, se entendía como una materialidad desde ya siempre transculturada en sí. Si bien fue el mismo Rama quien creyó ver en el concepto de Ortiz un potencial "geométrico" (22) de desplazamientos, momentos y dislocaciones, su propia rearticulación, a mi parecer, transformó un concepto exegético en uno de carácter ontológico (en el mejor de los casos), y deontológico (en sus puntos más débiles). Con todo, resulta interesantemente provocador lo planteado por Ignacio Sánchez Prado respecto a la persistencia de la transculturación, al confrontar a los opositores del término con aquellos matices pasados por alto de dicha modalidad:

> While his admiration for Arguedas and Rulfo is unquestionable, Rama also diagnosed in less-cited texts phenomena such as the emergence of what he calls "urban popular transculturation," in which the terms of the dialectic no longer implies a vernacular rural culture. Rather they imply the engagement between the life and culture of urban working classes, whose access to literature is rendered possible by the democratization of print and the flows of globalized and media culture affecting new registers of orality and experience. ("The Persistence of the Transcultural" 357)

Esta lectura presenta la posibilidad de recuperar aquella gramática de lo transcultural, que no se basa en la promesa mesiánica, ni en la sola utopía negativa de la resistencia, sino que, en una praxis, basada tanto en los aspectos materiales de la producción literaria, como en su materia, y cuya dialéctica fluctúa, de manera que mediante su aplicación sea posible elucidar "formas emergentes de modernización" en la literatura, en palabras de Sánchez Prado.

A la luz de lo expuesto, propongo, en las siguientes páginas, una reconsideración aplicada del vocablo de lo transcultural, no directamente desde Rama, sino teniendo en cuenta las glosas citadas, las cuales expresan mejor su alcance a la vez que tensionan su lógica interna. Asimismo, parece importante plantear el estudio desde su articulación novelística, justamente por las dificultades que plantea el género en el debate de lo transcultural, en vistas a cuestionar qué significa escribir a contrapelo de ciertos horizontes homogeneizantes, utilizando figuras (de antemano) transculturadas, y, finalmente, cómo dialoga una figura "universal" como la bruja desde la literatura con las formas nacionales. ¿Qué dice, la persistencia de dicho idioma, de las plataformas y horizontes enunciativos de la narrativa mexicana más actual? ¿Pueden aún las brujas tener un aquelarre en el cañaveral? ¿Sobreviven en ella las tipologías? Más aún: ¿Por qué insistir con la brujería? Asumiendo que aquella pregunta aún puede entregarnos sentido respecto de los límites, las iteraciones y la tenacidad de su persistencia (es decir, a la vez, asumiendo que una figura es susceptible a la limitación y al hartazgo), quizás conviene ponderar desde una reformulación: ¿desde qué campos se puede aún enunciar al brujo y a la bruja como vocablo capaz de expresar procesos productivos, es decir, como modalidades que desestabilicen binarismos y totalidades que dificultan el entendimiento de una interculturalidad? En la antropología y los estudios culturales, su tenacidad es notoria,[4] y prolifera: brujas y brujos designan un campo semántico amplio, que abarca la brecha desde el aquelarre europeo a categorías émicas de religiones contemporáneas como la santería cubana (*lucumí*), el vudú haitiano, la brujería puertorriqueña, *macumba* y *umbanda*, así como también a los auto denominados brujos entre los médicos *shawi* de la Alta Amazonía en Perú, las voladoras de los Andes, y los *kalku* de la religión mapuche y huilliche en el sur de Chile. Este repertorio evidencia la polisemia intrínseca de una figura no sólo maleable y susceptible de apropiación desde diversos discursos, sino también incapaz de generar hipóstasis sin perder perspectiva, ni abstracciones que no comprometan su archivo; a todas luces, un resabio de lo transcultural.

2. La Bruja en un cañaveral veracruzano

Baste decir que cuando dicha figura-bruja es asidero del discurso literario, el problema de sus mutaciones se agudiza. En efecto, cuando la literatura enraíza en este tipo de referente, el gesto jamás es inocuo, resultando tanto más inquietante cuanto que esta figura hace las veces de eje argumental y punto muerto desde el cual se articula un relato. Es lo que ocurre en el caso de *Temporada de huracanes*, la segunda novela de la escritora mexicana Fernanda Melchor, una historia que narra la violencia vernácula de un apartado cañaveral, La Matosa, en algún punto imaginario de Veracruz. Allí, al

---

[4] El trabajo reciente más notable en este campo es el compendio de Fernández Juárez, Gerardo, y Francisco M. Gil García. *Sinestesias: Brujería y Hechicería En El Mundo Hispánico*. 1ra. edición. Abya Yala, 2019.

desamparo de un canal de riego, la muerte de un personaje a quien la ranchería entera conoce sólo como la Bruja[5]—apodo que hereda de su madre, también la Bruja, al igual que "el negocio de las curaciones y los maleficios" (*Temporada* 13)—, arranca una narración en ocho partes, enmarañada en las voces y los ruidos del pueblo, y de aquellos quienes, por asociación o implicación, rondan esa muerte.

No sería del todo errado afirmar que, desde las letras mexicanas, Melchor no es pionera en modular la bruja. Si adscribimos a la tesis planteada por Roberto González Echeverría en *La prole de Celestina*, la fertilidad del arquetípico celestinesco, ya como hechicera o devenida en bruja, se dio con fuerza, no en España, donde la figura fue más bien objeto de aversión, sino en la Latinoamérica contemporánea, con su pieza inaugural en *Aura* de Carlos Fuentes;[6] sin embargo, a diferencia de *Aura*, que, como plantea González Echeverría, toma de la obra de Rojas, "the pervasive, even oppressive presence of the city" (36), *Temporada de huracanes* construye su figura sobre los sedimentos de ayuntamientos más bien rurales, de tradiciones corroídas por los idiolectos, de saberes filtrados por el habla viciada y musical jarocha. Con todo, se trata de un sedimento amalgamado que evoca ese producto que bullía como caldo de cultivo en América desde la colonia, como ya reconocía Ortiz en *Los negros brujos*. Así lo confirma Stanley L. Robe en su vasto compendio de saber popular recopilado del habla de los habitantes de México; el antropólogo, en sus volúmenes dedicados a Los Altos y a Veracruz, registró varias versiones de relatos orales sobre brujas en la región, entre las que destacan adaptaciones de cuentos como Hansel y Gretel ("Carmen y Martín", "El cuento de la bruja" y "La bruja", en *Mexican Tales and Legends from Los Altos* 167)—en los cuales los rasgos nacionales hacen del bosque un desierto, o de los dulces tortillas—, junto a historias más radicales y admonitorias, como "La muchacha bruja que probó a un joven" (*Mexican Tales and Legends from Veracruz* 104), cuyo protagonista es víctima de maleficio después de dejar a su familia por una mujer que resulta ser una bruja, o el de una bruja que se transforma en vaca para torear a un joven que busca conquistarla en las fiestas de Jalcomulico ("El muchacho que se enamoró de una bruja" 106). En Xalapa, en cuya comunidad, afirma Robe, existe "a concentration of *brujos*" (mantiene el préstamo léxico en el original,

---

[5] En adelante, se utilizará Bruja para hablar del personaje, y bruja para aludir a la figura simbólica, independiente del contexto de la novela.
[6] Las obras que siguen tropológicamente a *Aura* (1962), según González Echeverría, son *Terra Nostra* (1975) del mismo autor, "La increíble y triste historia de la Cándida Eréndira y de su abuela desalmada" (1972) de Gabriel García Márquez, y *Cobra* (1972) de Severo Sarduy (*Celestina's Brood* 7-44).

104), hallamos un verdadero paradigma del tipo de figura del que se nutre *Temporada de huracanes*. Traigo a colación el relato "El que se casó con una bruja" (*Mexican Tales and Legends from Veracruz* 99), porque no sólo nos provee de una síntesis de las creencias brujeriles en el mundo hispánico, sino, además, en su transcripción conserva la rotura del habla y la contaminación de diversos elementos heterodoxos; ambos elementos que constituyen rasgos formales definitorios en la novela de Melchor:

> El señor no era brujo y se hizo de esa señora no, no porque...sabe. Tenía entendimiento que era bruja. Así salmente [?]. Y esa señora, porque es este...es una cooperativa entre todos, ¿no? No más de aquí salen todos. Salen unos de aquí. Salen otros de Kico, otros de Tiocelo y otros. Y se junta aquella cooperativa, ¿verdá? Y se van a ande van, a perjudicar, ¡Uu!, a hacer su banquete por ahí. (Robe 99)

Es preciso notar el reemplazo de términos como aquelarre o Sabbat por "banquete" y "cooperativa", o de *hacer maleficio* por "perjudicar, y, luego, la mención a la aeronáutica de las brujas en forma de "bola de lumbre", o —más adelante—, la dislocación del mito a través de la referencia al "señor de todos ellos [los brujos]" como el "*nahual*"[7]; si bien es cierto que las creencias relatadas expresan afinidad con el resto de las ideas del mundo hispánico sobre la brujería, la inserción del nahual, que aquí designa al rey de todos los brujos, residente de México, destila una sapiencia popular creativa, que echaría por tierra, o al menos pondría en duda, el dictum de González Echeverría, el cual declara que la inseminación que posibilita aquella prole celestinesca se da como la acogida de un tropo literario ignorado en España y reproducido literariamente en América. *Temporada de huracanes* hace uso de dicha doxa, aunque no a la manera de un intertexto, como se entiende desde la teoría de Julia Kristeva, sino, de una forma más ominosa.

En la novela, la Bruja imposta una significación opaca sobre la que se proyectan tanto las conjeturas como las ansiedades de los provincianos, al mismo tiempo que actúa como objeto repelente y libidinal de éstos mismos. Siguiendo esta lógica antagonista, la narración da cuenta, en su Parte II, de una anacronía *ad-ovo*, la cual sirve de relato de origen del personaje, en cuanto personaje local y paradigma. La Bruja se enuncia desde lo oficialmente innombrado: "Si acaso tuvo nombre, inscrito en un papel ajado por el paso del tiempo y los gusanos...si alguna vez llegó a tener nombre de

---

[7] En Mesoamérica, desde la literatura etnográfica, y a groso modo, el *nahual*, *nagual* o *naualli* es un ser de co-esencia animal, que es capaz de transformarse en uno, y que, en el vernácula, cumple las veces de la figura del brujo o mago en una comunidad.

pila y apellidos como el resto de la gente del pueblo fue algo que nadie supo nunca" (*Temporada* 13). Desde esa marginalización, la lógica narrativa de *Temporada* marca distancia de toda concepción de un relato unívoco, sistemático y oficial de los hechos. Se cuenta, por tanto, desde la conjetura; se produce desde el lugar del "dicen" o de la escucha, en definitiva, desde una semiosis colectiva que queda a cargo de un saber popular, *praxis* del hablar, especialmente en boca de su clientela, las mujeres que frecuentan su casa en busca de venganzas, remedios para el empacho, maleficios, menjurjes, yerbas y, por supuesto, aborto. El poderío extraoficial de la Bruja, surge, en parte de esa imagen abyecta que genera la habladuría. Se le acusa de animalar, en forma de "animal volador que por las noches perseguía a los hombres que regresaban a casa por los caminos de tierra entre los pueblos...los ojos del animal iluminados por un fuego espantoso" (16), o de "haber envenenado a don Manolo y hechizado a los hijos para que murieran en aquel accidente" (23) para quedarse con las tierras de La Matosa, la casa en ruinas, y lo que la gente cree es un tesoro oculto en las entrañas de la propiedad.; se le acusa de "capar a los hombres del pueblo y debilitarlos con sus trabajos y brujerías"; y, sobre todo, se le acusa de haber "arrancado del vientre de las malas mujeres la semilla implantada ahí por derecho, disolverla en aquél veneno que la Vieja preparaba a quien se lo pidiera, y cuya receta heredó a la Chica antes de morirse, durante ese encerrón que se dieron en los días previos al deslave del año setenta y ocho" (23-24).

A través del filtro de un relato no fiable, lejano a la palabra fijada, es decir, el del chisme, Melchor infiltra aspectos brujeriles canónicos, y construye, en boca de esas mujeres, una artesana de la venganza y del maleficio, cuyo poderío no se reduce al miedo, sino, que en parte surge, también, de su función como acarreadora de las labores de su madre, y del conocimiento para realizarlas. La Bruja de La Matosa cumple, de cara al estado de abandono social y a la indigencia emocional de su pueblo—particularmente de su población femenina—, una serie de funciones subsidiarias: la de contención emocional al escuchar las quejas y gimoteos de las mujeres del pueblo (13), quienes corren el peligro de que se hable mal de ellas, "de que una iba con la Bruja porque se tramaba una venganza contra alguien, un maleficio contra la cusca que andaba sonsacando al marido", o al dejarlas "nomás sentarse ahí un rato en la cocina para desahogar el pecho, liberar la pena, el dolor que aleteaba sin esperanza en sus gañotes" (14); la función farmacológica, que abarca desde "remedio para el empacho" o "para espantarse el cansancio" (14) al mencionado "veneno" abortivo—hecho con "yerbas que crecían en el cerro, casi en la punta, entre las viejas ruinas que según los del gobierno eran tumbas de los antiguos, lo que habitaron antes estas tierras" (15), haciendo referencia a la curandería indígena; pero también, de receptáculo libidinal, con las mujeres del pueblo imaginándola en coito diabólico (17) o para con los hombres, a los cuales paga por sexo o complace en ese espacio obtuso de su hogar. La Bruja cumple incluso una función bancaria, luego de monetizar sus servicios, al comenzar "a prestar en efectivo, al treinta y cinco por ciento o tarifas peores, y todo el pueblo decían que esas mañas eran del diablo" (20), siendo, de hecho, la única a quienes las mujeres pueden recurrir para este servicio. Como en la de cualquier bruja/o, en esta figura novelada convergen la necesidad por su arte y sus saberes, como, asimismo, la vergüenza ignominiosa de su frecuentación.

La bruja, como todas aquellas figuras impropias, abyectas o enigmáticas, pertenece a ese campo de lo simbólico que es lo diabólico, a decir de Giorgio Agamben, aquello que "continually transgresses and exposes the truth of knowledge" (137); en abstracto, el asunto nos interroga desde una fisura del signo, no sobre algo que pueda o no ser susceptible de legibilidad, sino justamente como algo que controvierte dichos procesos de traducción. El corolario de esta impropiedad es posible encontrarlo en *Temporada de huracanes*, donde el símbolo funciona justamente sobre esa grieta, y lo hace, además, en plena coherencia con su naturaleza. Dicha naturaleza se entiende desde lo que Yuri Lotman ha llamado "capacidad de ser un símbolo" en relación a sus alcances semióticos. En palabras de Lotman:

> La más habitual idea del símbolo está ligada a la idea de cierto contenido que, a su vez, sirve de plano de expresión para otro contenido, por lo regular más valioso culturalmente. Hay que distinguir el símbolo de la reminiscencia o de la cita, puesto que en estos últimos el plano «externo» del contenido-expresión no es independiente, sino que es una especie de signo-índice que indica algún texto más vasto, con el cual él se halla en una relación metonímica. En cambio, el símbolo, tanto en el plano de la expresión como en el del contenido, siempre es cierto texto, es decir, posee cierto significado único cerrado en sí mismo y una frontera nítidamente manifiesta que permite separarlo claramente del contexto semiótico circundante. Esta última circunstancia nos parece particularmente esencial para la capacidad de "ser un símbolo". (102)

De esta manera, la relación simbólica permite movimientos que no comprometen del todo su independencia, y, más aún, se relacionan activamente con los contextos semióticos que lo rondan—de ahí lo potencialmente transgresor. Por lo tanto, la bruja, no es apropiación inocua, en cuanto siempre acarrea la herencia de capas textuales—lo arcaico—, que se remonta a la propia función de los símbolos como "programas mnemotécnicos condensados de textos y *sujetos* que se conservaban en la memoria oral de la colectividad" (Lotman 102). Esta doble faz, iterativa en su persistencia y estable en su estructura, se encuentra en solidaridad lógica con lo transcultural. Sin duda, una primera analogía, nos remite a la figura como hipóstasis de lo diabólico, pero las estrategias de lo transcultural no se limitan al conjuro de ciertos tropos, ni a la regionalización de las figuras universales, ni al sincretismo. Al hacer de la bruja un acontecimiento literario, lo transcultural, en la novela, se tematiza como proceso, de manera que el símbolo es transportado a un ambiente próximo a la experiencia que es leída desde y con el símbolo.

Vale advertir que, si bien la novela mantiene la ambigüedad en cuanto a las taxonomías imputables al personaje de la Bruja, existe un sustrato idiosincrático que no podemos pasar por alto, a saber, la tradición veracruzana notable por su propia tradición mágica en el territorio colindante de Catemaco. Es sabido que la brujería, el curanderismo, y la santería le han valido al lugar el topónimo de "tierra de brujos". El Estado de Veracruz, y sus territorios colindantes, ha vivenciado un auge importante de estas prácticas, cuyo aumento Juan Saldivar Arellano marca desde 1959, vinculándolo a las inmigraciones desde Cuba, a instancias cohesión social—como el propio Carnaval de Veracruz: *Veracruz también es Caribe*—y a las propias mutaciones de la figura del brujo en la zona, como guía espiritual, cuya data es sin duda prehispánica (156). Como afirma el autor, hasta hoy, "la práctica de la brujería se ha manifestado como parte de la identidad cultural de algunas personas de Catemaco, un ejemplo de ello es visitar al brujo antes que un médico, o hacerse una limpia o tomar yerbas antes de usar algún tratamiento de la medicina moderna" (159). Saldivar Arellano, sin duda evoca al Ortiz de *Los negros brujos*, cuando describe la brujería de Veracruz y sus alrededores, como manando de fuentes afrocubanas, indígenas, prehispánicas y religiosas, productos de un *sincretismo menor*; para el autor, este entramado es un proceso de iniciaciones transnacionales—de mexicanos yendo a Cuba, de afrocubanos arribando en México—que va cimentando la utilización de "elementos *translocales* adoptados por otras prácticas como la brujería" (166). Así, el efecto más persistente de la transculturación es la amalgama, cuya fuerza no reside en la interpolación pasiva de un elemento foráneo, sino, como en el símbolo, en la recontextualización semántica, por un lado, y en la adaptación y reforzamiento de procesos translocales, por otro.

La bruja, incluso en el cañaveral, es siempre Moira individuada, es decir, carga con su iconografía completa, pero además altera la signicidad desde donde se enuncia, potenciándose en lo local. En *Temporada de huracanes*, la bruja, al interactuar con un contexto semántico polimorfo como el veracruzano, desde ya transculturado, hace de ese fondo una práctica, que refuerza el panteón local a través de vasos contaminantes con el panorama taxonómico de lo hechiceresco-brujeril.

3. La Bruja y la urdimbre del texto

Si acaso nos está permitido aún el avance crítico sobre las formas, más allá de los discursos que las orientan, parece pertinente detenernos en el procedimiento arquitectónico de la narración en *Temporada de huracanes*, con especial atención en esa colectividad cómplice que crea a la Bruja. La hazaña estilística de Melchor está en la asimilación de una oralidad sin enseñar las costuras de ese tejido en la prosa, de densos párrafos poblados de regionalismos, idiolectos y jerga. El uso de un lenguaje precarizado y violento, no estetizado, aunque lírico, genera la ilusión de la autonomía de una oralidad que se sostiene en el marco epistemológico del chisme y crea una narración progresiva, en donde cada acontecimiento se expande, pero sólo para luego contraerse sobre la estructura concéntrica del relato, que siempre retorna a la Bruja y a su muerte. La mención de la oralidad es inevitable en los debates sobre transculturación narrativa, no menos porque el propio Rama la designa como insignia de la tradición rural popular, cuya apropiación por los novelistas transculturadores forma parte de la gesta del poderío utópico-revolucionario. En seguida surge allí un dilema, a saber, la supeditación de lo oral a la escritura, entendida como traducción, interpretación y registro, siempre en detrimento de la fuente oral, la cual revela en esa transferencia, una ansiedad impuesto por la modernidad: su obsolescencia.[8] Por otro lado, sobre la permanencia de lo escrito, Beatriz Sarlo se ha pronunciado tajantemente: "cuando empiezan los hermanos Grimm a recopilar las historias folklóricas alemanas, uno podría decir que esas recopilaciones se ocupan de una cultura en el momento en que comienzan a morir. Como dijo Michel de Certeau, se busca la belleza de los muertos" (Bonilla 181). Sarlo ve en la letra una forma de subsistencia de lo agónico. No es este el espacio para ponderar el paradigma de lo audible con su transcripción. Será suficiente afirmar que si hay una cosa que el estudio de lo transcultural revela es que cualquier idea de autonomía, ya sea de lo oral o de lo escrito, es susceptible de rastreo hacia un punto de lectura tendencioso o inocente, que obvia la lógica inquieta de los procesos de semiosis cultural. En relación a este punto, los procedimientos narrativos que encontramos en *Temporada de huracanes* no dan privilegio ni tregua.

La narración se articula en ocho capítulos, cada uno de los cuales—con la sola excepción del número VII—está escrito como un largo párrafo donde el clamor del lenguaje se apodera del rumor, la expresión hablada, la bulla y la

---

[8] Para una lectura crítica profusa sobre esta dualidad en Ángel Rama, véase Beverley, John. "Transculturation and Subalternity: The 'Lettered City' and the Tupac Amaru Rebellion". *Subalternity and Representation. Arguments in Cultural Theory*. Duke University Press, 1999.

prosodia de las palabras, la letra de canciones populares, y la expresión hablada, asumiendo esta oralidad como efecto figurado, no representando, sino construyendo a través de operaciones de interpolación y palimpsesto. La Bruja es casi metonimia de esta forma, en cuanto los mismos procesos de habla que la crean, también la desdibujan de boca en boca:

> ...aunque ellos no le decían la Bruja Chica sino la Bruja a secas, y en su ignorancia y juventud la confundían con la Vieja y con los espantos de los cuentos que las mujeres del pueblo les contaban cuando eran pequeños: las historias de la Llorona, la mujer que mató a su prole entera por despecho...y la Bruja era para ellos un espectro semejante pero harto más interesante por verdadero. (27-28)

En la puesta en circulación de la figura se revela esa indocilidad que la hace mutable y que, más aún, la desfigura, haciéndola polo anómico en donde convergen otras monstruosidades del relato popular, como la Llorona. A pesar de que esta vertiente rabiosa del habla figurada domina el relato, la narración no deja de tensionar esa pretensión de autonomía de lo oral, y en un momento clave, incrusta una narración al centro que altera el panorama.

En efecto, en la quinta parte de *Temporada*, capítulo dedicado a Norma y el aborto que desemboca en el asesinato de la Bruja a manos de un grupo de varones, la niña cree descifrar, con un "librito de papel rústico" (*Cuentos de Hadas para Niños de Todas las Edades*) que encuentra en la calle, el significado de una frase con la que su madre la regaña: "el fatídico domingo siete que destruiría su vida" (125). Norma lee el relato de dos compadres jorobados, uno rico y uno pobre, y este último, luego de perderse da con un aquelarre en el medio del bosque, donde las brujas entonan una melodía. *Lunes y martes y miércoles, tres*, primero, cuando son interrumpidas por el jorobado pobre quien completa la canción declamando, *jueves y viernes y sábado, seis*, ante lo cual las brujas lo agarran "y con embrujos hicieron aparecer enormes cuchillos mágicos con los que le cortaron la joroba, sin derramar una sola gota de sangre" (129), y lo recompensan con una olla repleta de oro, "por haber arreglado tan bien su canción" (130). Al enterarse, el jorobado rico y envidioso se pierde en los mismos bosques que su compadre, y al escuchar la canción les grita ¡*Domingo siete!*, y "como castigo por su imprudencia y su codicia" (131), le incrustan verrugas y la joroba extirpada del otro al estómago, "haciéndolo lucir preñado" (131). Norma homologa esa imagen al embarazo, pero la conseja quizás apunta a algo más.

Como dato paratextual, en la edición mexicana de la novela, Fernanda Melchor dedica agradecimientos "a la memoria de la escritora y activista social costarricense Carmen Lyra" (223), y menciona su cuento *Salir con domingo siete* como la versión que utiliza en dicho episodio. Cabe mencionar que el contexto de su publicación es la colección de 1920, *Cuentos de mi Tía Panchita*, que reúne versiones apropiadas no sólo de los cuentos de hadas europeos que compiló también, como hemos dicho, Robe, sino que traducciones adaptadas al lenguaje regional de *The Complete Tales of Uncle Remus* de Joel Chandler Harris (traducidos por Lyra como *Cuentos del Tío Conejo*). De esta manera, parece significativo el espacio de enunciación de este relato brujeril dentro del concentrado de un saber "inferior", traducido o "pirata" incluso, del cuento folklórico europeo y estadounidense. Desprovisto de ese contexto, el relato dentro de la novela subraya al menos algunas condiciones de realidad del mundo de La Matos—la posibilidad de un mundo mítico latente, la existencia de sujetos deformes, precarios—y, sobre todo, prefigura la idea del tesoro que se cree oculto en la casa de la Bruja.

El relato folklórico posee un lenguaje, y, en consecuencia, un modo de pensar distinto a la oralidad; asimismo, no se trata de un relato civilizador, como muchos otros cuentos de la tradición folklórica. No existe un héroe ejemplar, si por *ejemplar* entendemos la acción ética deseable: el jorobado o compadre *güecho* del relato no actúa por hacer bien, y su pobreza no lo hace ejemplar, aunque, por el contrario, su compadre rico, sí es castigado por su avaricia y, sobre todo, por su domingo siete, que no es más que un añadido de la impotencia racional, sin continuidad métrica. El escritor Alfonso Reyes, quien describió la versión de Lyra de *Salir con domingo siete* como "deliciosa", afirmó que "Ese 'Domingo Siete', ese desequilibrio mecánico incrustado en la vida es para Bergson, el símbolo de lo cómico" (*Repertorio Americano* 356). Para Reyes, así esgrimida, esa verdad con anhelo cómico constituye una "hipertrofia", ergo, le otorga al cuento la lectura de un *ars* poética, que se opone a "los técnicos de la verdad" que "quisieran decir la verdad, aún en los preciosos instantes de mentir o cantar". La última conquista del cuento viene a ser, entonces, para Reyes, la ironía. Las brujas castigan al avaro por afear su canción, no por pronunciar el horror del día del Señor, y, en cambio, premian al pobre por embellecerla. Así entendida, la clave para decodificar la intromisión de esta conseja está en aceptar la intromisión del jorobado como estética. Aún en su vulgarización, la frase mantiene aquella imprudencia del uso del lenguaje, después de todo, salir con domingo siete, dicho coloquialmente, no es otra cosa que señalar algo fuera de lugar o de tiempo, algo en desajuste.

Todo aquel pandemonio se proyecta en la figura de la Bruja, en el momento en que Chabela, la madre Luismi—quien mantiene una relación clandestina con la Bruja—la lleva a su casona en La Matosa para pedir el brebaje y poder abortar el embarazo producto de los abusos del padrastro de Norma. Desde lo pesadillesco, el relato presenta a las brujas como figuras desenraizadas, que comienzan a habitar el imaginario desde la infancia. Como estrato textual,

Salir con domingo siete, al incrustarse en la novela, entra en cohabitación con el contexto semiótico regional y transculturado, desajustando sus lógicas, moviéndolas, de manera que lo local se lee desde el foco de lo universal y viceversa.

4. Un coro de mujeres chismeando

Es evidente que, en *Temporada de huracanes*, la bella canción colisiona, con una indigencia emocional inclemente que el relato de Melchor articula, y Norma termina por mal interpretar lo leído desde sus propios fantasmas. Pero aún así, aquellos procesos de lectura mal hecha, o deforme si se quiere, nos vuelven a empujar hacia ese centro ominoso de la Bruja, desde donde se elucidan los tejidos colectivos de la comunidad. La Bruja, aún temida y mal leída, es el punto de articulación de un espacio que escapa ciertos códigos de la violencia masculina de la Matosa, donde el símbolo se contextualiza en la experiencia colectiva del dolor.

Abordándolo desde la afectación, Fernanda Melchor basó su novela en la documentación de un crimen, cometido en Veracruz en el año 2010, en el cual un hombre dio muerte a un brujo con el que sostenía relaciones sentimentales.

> Creo que abordarlo desde la ficción es, tal vez, un recurso extremo, pero me parece también que es válido. Y llega un punto donde también se vuelve algo que haces ya por la ficción misma, donde la referencia se pierde...
>
> En realidad, lo que sucedió fue que en la nota salen personajes esquemáticos, entonces yo empecé a tratar de darles un nombre, un pasado, un presente, imaginarlos en escenas. Y empecé a imaginar el pueblo donde todo sucedía, *como si fuera un coro de mujeres chismeando*. (Énfasis añadido, "El origen del mal")

¿De qué se trata este chismear? Si en *Temporada de huracanes* se figura la oralidad, queda claro que lo hace desde el chisme, un modo epistemológico que, como lo transcultural, importa lógicas dislocadas y las hace colisionar, ajeno a las jerarquías en juego. Chisme, en el *Diccionario etimológico* de Joan Corominas, aparece así: "...1495, 'noticia falsa o mal comprobada que se rumorea', 'trasto insignificante'. Origen incierto, parece ser aplicación del antiguo chisme 'chinche', precedente del latín cīmex-ĭcis, id., en el sentido de niñería, cosa despreciable" (197). Es decir, además de lo irónico de un origen etimológico que se pierde en el tiempo, el chisme apuntaría a una actividad antisocial, o anormal, en suma, despreciable. Sin embargo, a través de un análisis comparativo con el equivalente anglo, *gossip*, es posible repatriar semánticamente al chisme al campo de un cisma. Silvia Federici, en "On the Meaning of Gossip", traza una genealogía hasta su sentido original, el de padrino (God-sibb); con el tiempo y el uso, el sintagma pasó a designar a quienes hacían compañía a las mujeres durante el parto, sin la exclusividad semántica de *partera*. Federici agrega que también se usó para hablar de una amiga, sin connotación derogatoria. En las sociedades premodernas de Inglaterra, se utilizó en un círculo o espacio semántico que se construía sobre las connotaciones emocionales de los lazos entre mujeres, y mujeres que preferían la amistad femenina a las relaciones que tenían, por ejemplo, con sus maridos. Citando a Thomas Wright (1862), Federici explica el cambio terminológico como manifestación de un proceso socio-económico paralelo: el empoderamiento de los gremios que comienzan a excluir a las mujeres de sus flancos. Así, gossip habría empezado a gestionarse desde el arte gremial como sinónimo de revuelta, agresividad y división (37):

> By the sixteenth century, however, women's social position had begun to deteriorate, satire giving way to what without exaggeration can be described as a war on women, especially of the lower classes, reflected in the increasing number of attacks on women as 'scolds' and domineering wives and of witchcraft accusations. Along this development, we begin to see a change in the meaning of *gossip*, increasingly designating a woman engaging in idle talk. (38)

El chisme como práctica femenina es coaptada por una traducción que la denigra, alejándola de ese origen solidario. Al igual que la bruja, el chisme como praxis se construye mediante lo paradójico: la conciliación de su práctica colectiva y su efecto de cisma. Pero si la figuración de la oralidad—chismear—es el fondo semántico sobre el que opera la figura de la bruja/Bruja en la novela, su naturaleza es indudablemente la del susurro del lenguaje. El filósofo Roland Barthes aseveraba sobre el susurro: "Lo que ya se ha dicho no puede recogerse, *salvo para aumentarlo*: corregir, en este caso, quiere decir, cosa rara, añadir" (99). Esa incontinencia pujante se justifica a la vez en un temor, ya que es un mensaje doblemente fallido: "por una parte porque se entiende mal, pero por otra, aunque con esfuerzo, se sigue comprendiendo" (99). Es decir, el susurro constituye un proceso a través del cual se desnaturaliza el significado, pero que justamente por causa de aquella desnaturalización—mala traducción, malentendido, interferencia—se hace imparable e ingresa al umbral utópico, que el autor llama "la de una música del sentido". La lengua así entendida se expande, desnaturalizada, "hasta formar un inmenso tejido sonoro en cuyo seno el aparato semántico se encontraría irrealizado", pero al igual que en las operaciones del símbolo de Lotman, "sin que jamás se desgajara de él un solo signo (*naturalizando* esa capa de goce puro), pero también —y ahí está lo difícil— sin que el sentido se eliminara brutalmente, se excluyera dogmáticamente, se castrara, en definitiva" (101). Ese cúmulo de voces chismeando se aglomera en un lenguaje coartado de sentido, hecho de contradicciones tan productivas como dañinas, pero que tiene siempre como horizonte el sentido.

   Conforme avanza el huracán del texto, queda claro que lo que hace Fernanda Melchor, mediante la figuración de la oralidad, es tensionar los imperativos de lo transcultural, exponiendo sus lógicas implosivas y demostrando que no es un proceso teleológico, sino medioambiental, en constante construcción. A la manera de un relato comunal manifiesto, en la noticia disfrazada de chisme, el acervo oral colectivo hace de la Bruja su pivote, que a la vez es capaz de asumir todas sus formas, primarias y transculturadas, manteniendo siempre su potencialidad en negativo junto a su actualización como símbolo regionalizado. Esa vorágine figurada le permite a Melchor invocar afectos, pensar Veracruz desde un símbolo universalizado, y, sobre todo, plantear el dilema de la letra y la oralidad, el codex y la xenoglosia, como también problematizar los procesos de traducción que toman lugar dentro y fuera del libro. Al respecto, quizás es decidor mencionar la única excepción estilística al párrafo aglutinado que domina el texto. Esa excepcionalidad está presente en el penúltimo capítulo de la novela, una especie de epitafio conjugado en el "dicen", que sobrevive a la bruja y mantiene su leyenda. "Dicen que en realidad nunca murió, porque las brujas nunca mueren tan fácil" (*Temporada* 215), se nos advierte, como punto de fuga hacia la leyenda. Se evocan los viejos tropos: el animalar en pájaro demoníaco, el tesoro oculto, la bruja conjurando una tormenta como apoteosis del mal augurio—en fin, con su poderío anormal, anómico, grotesco, y, sobre todo, necesario. Pero cierra aquel "dicen" con una plegaria, un llamado que pide "[que] respeten el silencio muerto de aquella casa, el dolor de las desgraciadas que ahí vivieron. Eso es lo que dicen las mujeres del pueblo: que no hay tesoro ahí adentro, que no hay oro ni plata ni diamante ni nada más que un dolor punzante que se niega a disolverse" (*Temporada* 218). Aquella complicidad femenina devuelve los favores y los trabajos gratuitos de la Bruja y evoca otra imagen brujeril que Federici utiliza en su ensayo "Witch-Hunting, Past and Present, and the Fear of the Power of Women". Se trata de *Trazando el camino*, un óleo del pintor mexicano Rodolfo Morales, en el que una mujer sostiene una madeja con la que teje un camino. Para Federici, la imagen es el contrapunto de la bruja: "with her quiet look and embroidered apron, the woman it represents is almost angelic. Yet something magical and secretive about her recalls the female 'conspiracy' that was the historical justification for the witch hunts" (5). Más aún, ésta sirve como apología, reparación del mismo chisme, que anticipa el entierro de la última parte, donde el cuerpo de la Bruja—"el cabrón todavía estaba entero; podrido pero entero...como que no se resignaban a su suerte" (220)—es despedido por El Abuelo, un sepulturero le habla a los muertos, "porque en su experiencia las cosas salían mejor de esa manera; los muertos sentían una voz que se dirigía a ellos, que les explicaba las cosas y se consolaban un poco y dejaban de chingar a los vivos" (*Temporada* 221). La Bruja está muerta, pero su historia, desde el origen, nace póstuma.

Obras citadas

Agamben, Giorgio. "The Perverse Image: Semiology from the Point of View of the Sphynx". Traducido por Ronald L. Martinez. *Stanzas. Word and Phantasm in Western Culture*. University of Minnesota Press, 1993.

Bonilla, Roberto García, y Beatriz Sarlo. "Condenas, Ficciones y Rescates De La Memoria.Entrevista Con Beatriz Sarlo". *Iberoamericana* (2001-), vol. 6, no. 24, 2006, pp. 178-189. JSTOR, www.jstor.org/stable/41661184. Consultado el 29 Agosto 2020.

Barthes, Roland. "El susurro de la lengua". *El susurro del lenguaje. Más allá de la palabra y de la escritura*. Ediciones Paidós, 1994.

Corominas, Joan. *Breve diccionario etimológico de la lengua castellana*. Tercera edición. Editorial Gredos, 1987.

Federici, Silvia. "On the Meaning of Gossip". *Witches, Witch-hunting and Women*. PM Press, 2008.

—. "Witch-Hunting, Past and Present, and the Fear of the Power of Women. *Documenta 13*. Hatje Cantz, 2012.

González Echevarría, Roberto. *Celestina's Brood: Continuities of the Baroque in Spanish and Latin American Literatures*. Duke University Press, 1993.

Lotman, Yuri. *La semiosfera I. Semiótica de la cultura y del texto*. Editado por Desiderio Navarro. Ediciones Cátedra, 1996.

Melchor, Fernanda. *Temporada de huracanes*. Literatura Random House, 2017.

Moraña, Mabel. "Transculturación Y Latinoamericanismo". *Cuadernos De Literatura*, vol. 21, no. 41, Junio 2017, pp. 153-66, doi:10.11144/Javeriana.cl21-41.trla. Consultado 29 Agosto. 2020.

Ortiz, Fernando. *Contrapunteo cubano del tabaco y el azúcar*

—. *Brujas e inquisidores*. Fundación Fernando Ortiz, 2003.

—. *Historia De Una Pelea Cubana Contra Los Demonios*. Ediciones ERRE, 1973.

Robe, Stanley Linn. *Mexican Tales and Legends from Los Altos*. University of California Press, 1970.

—. *Mexican Tales and Legends from Veracruz*. University of California Press, 1971

Rama, Ángel. *Writing Across Cultures. Narrative Transculturation in Latin America*. Editado por David Frye. Duke University Press, 2012.

Reyes, Alfonso. "Domingo Siete". *Repertorio Americano*. vol. 1, no. 23, 1920, pp. 355-356.

Rodríguez, Javier. "El origen del mal". *Qué pasa*. 2, Febrero, 2018. www.quepasa.cl/articulo/cultura/2018/02/el-origen-del-mal.shtml/. Consultado 29 de Agosto 2020.

Saldivar Arellano, Juan Manuel. "Nuevas formas de adoración y culto: la construcción social de la santería en Catemaco, Veracruz, México." *Revista de Ciencias Sociales* (Cr), vol. III, no. 125, 2009, pp.151-171. Redalyc, https://www.redalyc.org/articulo.oa?id=15315124010

Sánchez Prado, Ignacio. "The Persistence of the Transcultural. A Latin American Theory of the Novel from the National-Popular to the Global". *New Literary History*, vol. 51 no. 2, 2020, pp. 347-374. Project MUSE, doi:10.1353/nlh.2020.0022.

Sarlo, Beatriz. *Tiempo pasado. Cultura de la memoria y giro subjetivo. Una discusión.* Siglo Veintiuno Editores, 2005.

Siskind, Mariano. *Cosmopolitan Desires: Global Modernity and World Literature in Latin America.* Northwestern University Press, 2014.

Capítulo 8

Polifonía e identidades en el umbral: construcción de la crítica social en *Temporada de huracanes* de Fernanda Melchor

Jordi Serrano-Muñoz

Universitat Oberta de Catalunya

Resumen: En este capítulo exploro cómo la escritora Fernanda Melchor (Veracruz, 1982) articula su denuncia de una serie de opresiones sistémicas contemporáneas a través de la construcción de identidades disidentes en su novela *Temporada de huracanes* (2017). Mi intención es realizar un análisis de los recursos literarios empleados por la novelista a la hora de tejer una narrativa polifónica. Se trata de una obra cuyos personajes aparecen representando distintos modelos marginales y marginados que reclaman una agencia precisamente en la apropiación y luego problematización de arquetipos de opresión. Estudiaré cómo este tipo de reapropiación se enmarca dentro de un paradigma de protesta contemporánea en México preocupado por distintos ejes de conflicto social: el feminicidio, la pobreza o la violencia. Argumento cómo la polifonía en esta obra conduce a la construcción horizontal de tiempos y espacios, a una policronía y politopía, constituyéndose como el motor de su crítica.

Palabras clave: polifonía, Fernanda Melchor, literatura mexicana, Temporada de Huracanes, crítica social

***

Un crimen que devuelve el eco de muchos otros que lo explican, lo unen y lo ensombrecen. Un pueblo que tanto existe como deja de existir, definido en un mapa pero no atado a unas coordenadas fijas. Un tiempo no especificado que es espejo del presente, reconoce la huella del pasado y pide un futuro diferente a la recurrencia de los ciclos meteorológicos. Unos personajes que en su individualidad gruesamente perfilada aparecen representativos de todo tipo de padecimientos sociales. Los moldes en los que parecen construidos se resquebrajan cuando muestran la complejidad de una realidad resentida ya de generalizaciones, estereotipos y caricaturas. *Temporada de huracanes*, escrita por Fernanda Melchor, narra los acontecimientos que envuelven el asesinato de la Bruja, vecina de la Matosa, Veracruz. El interés por resolver el misterio de los motivos y condicionantes del homicidio se diluye para ceder su atención al panorámico escrutinio psicosocial del tiempo, lugar, comunidad e individuos involucrados. La novela está dividida en ocho episodios estructurados sobre el eje de una o dos voces principales. El lector accede a esta realidad a través de un torrente de informantes que se apelan, se contradicen y se complementan. Este arroyo va hilado por una narradora cuasi omnisciente que busca la horizontalidad de todas las voces en la construcción del relato. A lo largo de la obra vemos que las facultades de esta narradora fluctúan entre la capacidad de acceder a los pensamientos y emociones sellados de los personajes, reconocer desconocimiento sobre la acción que sucede en una escena o recurrir al chisme y al saber popular como fuente para construir el escenario de la novela.

En este capítulo, mi propósito es explorar el recurso de la polifonía en *Temporada de huracanes* atendiendo en particular a las implicaciones a la hora de articular un mensaje de crítica social. En mi análisis defiendo una concepción del recurso polifónico que parte de tejer una narrativa sobre la multiplicidad de voces autónomas pero que se entrelazan entre sí. En *Temporada de huracanes*, la polifonía implica además horizontalidad y pluralidad en espacios y tiempos, lo que fortalece una denuncia de carácter sistémico a las problemáticas sociales señaladas en la novela. Mi estudio de esta obra se construye por lo tanto alrededor de estos tres ejes: la polifonía como múltiples narradores, múltiples espacios y múltiples tiempos. Veré cómo se manifiesta este recurso a través de varios ejemplos a lo largo de la obra.

El objetivo de este ensayo es doble. Por un lado, mi intención es ver hasta qué punto podemos llevar la idea de polifonía para hablar también de una distribución de espacios y de tiempos no solo ajenos sino incluso contrarios a disposiciones jerárquicas en la representación literaria. Por otro lado, este trabajo tiene como fin destacar cómo la polifonía es en sí un recurso crucial a la hora de transmitir un mensaje de crítica social contemporánea. Su formato horizontal, rizomático y panorámico contribuye a la concepción de los problemas sociales como cuestiones sistémicas. Este modelo advierte contra la simplificación y el aislamiento de hechos, circunstancias y versiones (es decir, de voces en un relato) como método para entender y explicar los conflictos sociales. A través de una exposición polifónica, el lector puede experimentar la naturaleza compleja de cada problema y atender a sus contradicciones y codependencias. La novela polifónica informa a los lectores de los peligros de confiar en una voz autorizada como única fuente que articule, explique y justifique los conflictos del México contemporáneo.

Temporada de huracanes y la polifonía

Temporada de huracanes fue publicada en 2017 por Literatura Random House con gran éxito de crítica y recepción. A la ristra de galardones (Premio Internacional de Literatura, Premio Anna Seghers, finalista del Man Booker Prize International) le acompañan sus ya nueve ediciones en 2020, traducciones al inglés, francés, portugués, alemán, italiano o coreano, así como rumores de una posible adaptación cinematográfica. La capacidad de atraer al público lector parece compartida por académicos y otros especialistas. Además del capítulo que Paulo Andreas Lorca también le dedica a *Temporada de huracanes* en este volumen, autores como Marco Eduardo Ávalos Reyes, Gloria Luz Godínez Rivas y Luis Román Nieto han publicado destacables piezas centradas en esta novela o incluyéndola en su corpus de análisis. Aunque en muchas de ellas se hace mención a los recursos de estilo empleados por Melchor, como la corriente de conciencia abiertamente inspirada por *El otoño del patriarca*, de Gabriel García Márquez, la mayoría se han concentrado en el estudio de la simbología e imaginería presentes en la novela.

Godínez Rivas y Román Nieto exploran por ejemplo la relación entre la crítica a la lacra de los feminicidios en México con la construcción de la figura de la Bruja. Partiendo del trabajo de Silvia Federici, trazan los vínculos entre colonialidad, brujería y teoría queer (o 'queer-crip', empleando el término de Paul B. Preciado citado en su artículo) para hablar también sobre el papel subversivo de la bruja para las escritoras mexicanas (Godínez Rivas y Román Nieto 66). El trabajo de Ávalos Reyes comparte con mi texto el propósito de revelar los recursos de crítica subversiva inscritos en la estructura narrativa. En su caso, Ávalos Reyes estudia cómo la representación de lo abyecto y del chisme le sirve a Melchor para articular una denuncia a dos tipos de poder. Primero, el biopoder, pues "la abyección solamente se puede definir desde la diferencia, a partir de su opuesto radical; la limpieza, el orden, la belleza, el canon: lo que, socialmente, se considera un cuerpo dentro de las exigencias de una ideología determinada" (62). Segundo, al poder de las narrativas dominantes, ya que "el chisme se resiste al poder… no es una sola voz que dicta el curso de lo que se cuenta, sino que el relato se encuentra adulterado, y de esa infección se desprenden historias, eslabones" (Ávalos Reyes 69). Francisco Tijerina Martínez, por último, presentó en su tesis de maestría (inédita hasta la fecha) una aproximación general a esta obra en la que se cuestiona si "la posibilidad de que la novela *Temporada de huracanes* de

Fernanda Melchor exceda el condicionamiento a ser simplemente un objeto de consumo en el mercado literario" (9). Aunque irregular en la profundidad de sus reflexiones, la pieza de Tijerina cuenta con un trabajo bibliográfico sólido y encomiable.

Mijaíl Bajtín desarrolla la idea de polifonía a partir de su estudio de la obra de Fiódor Dostoyevski, publicado originalmente en 1929. La característica diferencial de la polifonía es la concesión de autonomía y hasta soberanía subjetiva a las voces representadas en la ficción. Para que una obra sea polifónica no solamente es necesario que haya más de un héroe o heroína que estructure la trama, sino que es imprescindible que los personajes sean, según Bajtín, "free people, capable of standing alongside their creator, capable of not agreeing with him and even of rebelling against him" (6). Es decir, estamos hablando de obras en las que la voz narradora, esté identificada en el autor o autora o sea la de un personaje vehicular, no se sitúa por encima del resto ni monopoliza la legitimidad discursiva y representacional de lo que sucede en la novela. En las obras polifónicas, la realidad diegética no está determinada por un sujeto creador, sino que se compone por "a plurality of consciousnesses, with equal rights and each with its own world, combine but are not merged in the unity of the event" (Bajtín 6). Como apunta Liisa Steinby, en la novela polifónica o polisubjetiva "the characters acknowledge to each other the same position of an autonomous subject that they themselves occupy" (41). Esta disposición anivelada de narradores y esta forma de entender la pluralidad de subjetividades socava el privilegio de una voz única que dictamine, defina y explique el conflicto:

> Within a multivoiced narrative, then, the authority possessed by each narrator must be understood in the context of all of the surrounding narratives; although such considerations do not remove or deny narrative authority, they necessitate an understanding of how that authority is mitigated and challenged by the system of narratives that surround it. (Day 68)

Este recurso es particularmente importante cuando se describen individuos o comunidades oprimidas, "for it undermines the notion of a central perspective or a narratively controlling angle of vision, whether of an honorable first-person or truly omniscient narrator" (Slethaug 18).

La polifonía abre las puertas por lo tanto a la construcción de realidades representadas y representativas que están determinadas por un esfuerzo conjunto, coral y horizontal. Rechaza jerarquías verticales, autoridades incontestables y la imposición de narrativas oficiales como legítimas, naturales, explicaciones autoevidentes de cómo y porqué suceden o se desarrollan los conflictos. Defiendo además que esta característica de horizontalidad impresa en el recurso a la polifonía no sólo queda limitada a la diversidad de voces como fuentes de la realidad diegética. La aparición de múltiples voces narrativas en situación de cooperación e igualdad abre el espectro a entender el espacio y el tiempo no como puntos fijos, sino como planos paralelos del desarrollo de la acción y del conflicto. La polifonía invita a una especie de "policromía" y de "politopía", a la constitución de los tiempos y los espacios que existen representados en la novela como los que puede existir fuera de ella. En el siguiente análisis, exploraré cómo esta construcción de voces, tiempos y espacios múltiples en *Temporada de huracanes* sirve para entender las opresiones conjuradas en la novela como sistémicas y no exclusivas del caso y escenario narrado.

Polifonía, policronía, politopía

Temporada de huracanes está estructurada alrededor de la voz testimonial de algunos personajes que orbitan, con grados variables de involucración, en el acontecimiento principal del argumento: el asesinato de la Bruja. El desarrollo de la trama a través de los ocho capítulos de la novela no es cronológico, pero sí permite al lector acceder a una imagen lo más completa posible de los acontecimientos que preceden y suceden al homicidio con más detalle conforme avanza la obra. En este sentido, Melchor concibe las circunstancias que ciñen el crimen como una incógnita solo para el lector, que deberá atender a todos los personajes, es decir, escuchar todas las voces, para hacerse una visión completa, poliédrica, del asesinato. Este recurso es similar al empleado por Akutagawa Ryūnosuke en su relato *Yabu no naka*, "En la espesura del bosque", adaptado en 1950 con gran éxito por Kurosawa Akira en el film *Rashōmon*. Varios personajes de esta película, entre ellos la víctima a través de una médium, cuentan su versión del mismo homicidio sucedido en un bosque de bambú. A través de las contradicciones entre los distintos testimonios, el espectador concluye que no existe relato único que pueda aspirar a la legitimidad explicativa. La realidad se debe construir e interpretar a partir de los puntos de unión y de conflicto entre distintas subjetividades. Del mismo modo, la novela de Melchor forja la necesidad de interpretar el crimen desde un panóptico de narradores, sin que ninguna predomine como autoritaria sobre el resto.

Temporada de huracanes tiene dos tipos de capítulos. El primero está articulado por la narradora y no incluye la voz de ningún personaje en concreto. Se trata de episodios breves y descriptivos. Este modelo incluye los capítulos 1, 2 y 7. En el primer capítulo, se posiciona al lector en el lugar, el momento y el punto clave del conflicto: el cadáver de la Bruja es descubierto por un grupo de niños que juegan en una cañada. En el segundo capítulo, la narradora nos cuenta la historia de las dos Brujas, la víctima y su madre. El séptimo capítulo sirve de conclusión y cierre narrativo. Compuesto íntegramente por chismes, la narradora rompe con la visión subjetiva del microcosmos de los personajes y da cuenta de las grandes corrientes que envuelven al conflicto: superstición, agresiones, el avance de la violencia del Estado en la región y el miedo de las mujeres a continuar siendo víctimas de estas estructuras del terror. Por otro lado, el segundo modelo de capítulo se construye alrededor de una o dos voces principales, personajes que se sitúan en puntos de relativa proximidad al conflicto: Yesenia en el capítulo 3, Munra en el 4, Norma y Chabela en el 5, Brando en el 6, y el Abuelo en el 8. Resalta en esta distribución que ni la Bruja ni Luismi, identificados en la realidad diegética como víctima y verdugo, tengan un capítulo conducido por sus voces. La reconstrucción de los hechos y la interpretación del mismo la realiza el entorno, y con esto Melchor refuerza el papel colectivo en la elaboración de narrativas.

Este segundo tipo de capítulos constituyen el corazón polifónico de la novela. Los personajes toman el control de la crónica y comparten espacio con la narradora en horizontalidad e igualdad de condiciones. Sin embargo, no estamos hablando de meros vehículos para la representación de una acción igualmente determinada por la voz narradora. Los personajes se apropian de los hechos y de sus interpretaciones, ejerciendo inflexiones de juicio moral y empatías selectivas, manifestando rechazos y difundiendo mentiras que chocan, contradicen y en ocasiones hasta enervan a la narradora.

Melchor utiliza varios recursos para dotar de autonomía diferenciadora a los personajes. Todas las voces comparten un mismo territorio estilístico: una corriente de conciencia arrolladora, sobria en signos de puntuación. Un bloque de texto que se repite página tras página y en el que el lector sólo puede acudir a los cambios de ritmo para ayudarse en las transiciones. En este líquido amniótico, uno de los principales recursos para la articulación de la voz es la variedad en la integración del discurso participante. Se mezclan diálogos en estilo directo, indirecto y resumido con reflexiones, insultos y juicios internos de modo que el lector no siempre puede estar seguro de si algo se ha dicho tal y como lo reporta la voz del personaje, se dijo pero está siendo intervenido por el personaje, o el personaje sencillamente lo está pensando o ha pensado, pero sólo el lector tiene acceso a esta información: "Vas y chingas a tu madre, loco, alcanzó a graznar cuando por fin se le pasó la tos: eres un pendejo cara de verga [...] si bien que sabes que no puedes casarte con una chamaca tan chica, cabrón, y el otro necio con que sí, que sí podía" (Melchor 71).

Otra marca diferenciadora de estas voces principales es su relación con sus interlocutores: a quién se dirigen cuando hablan, qué tipo de agencia tienen en los diálogos y si interactúan o no con la voz narradora. Estas características no sólo definen el temple de los personajes, sino que determinan el posicionamiento y las posibilidades de actuación de cada personaje-arquetipo en su relación con el conflicto principal. Yesenia, por ejemplo, construye su narración como un monólogo hasta que en un pasaje cambia de registro y apela directamente a sus hermanas, dando a entender al lector que su historia va dirigida a ellas: "¿Te acuerdas, gorda? Te agarró cantando en el baño, toda mojada y encuerada, y además de la madriza te dijo que a partir de ese día te olvidaras para siempre de la escuela" (Melchor 44-45).

La voz de Munra está condicionada por marcas de confesión. Desde la primera frase, "La verdad, la verdad, la verdad es que él no vio nada" (Melchor 61), Munra combina el soliloquio privado con apelaciones a la policía, en especial al comandante Rigorito: "Míreme, mi comandante, yo no puedo ni caminar, estoy inválido desde febrero de 2004" (Melchor 92). La vulnerabilidad de su voz es tal que en un momento su narración es secuestrada por el dictado oficial de un agente redactando el informe sobre su involucración en el asesinato:

> Y en eso sonó el teléfono de nuevo y era otra vez ese pinche chamaco que decía que había conseguido dinero, que le pagaría la gasolina para que le hiciera el paro de llevarlo a un jale, *por lo cual el declarante* entendió que su hijastro necesitaba que le hiciera el favor de llevarlo a un lugar. (Melchor 89, énfasis mío)

La personalidad retraída de Norma, vehiculada en el quinto capítulo, se ve reflejada también en los diálogos: más allá de sus reflexiones, su voz sólo aparece para responder a interpelaciones directas. Este mutismo ya se adelanta en la escena inaugural del capítulo, en la cual Norma se niega a responder a la trabajadora social, para romperse al final del capítulo, cuando, harta, llama desesperada a su madre. Chabela se erige como la figura opuesta a Norma a través de su voz. Es una mujer asertiva, locuaz, que presume de autonomía y de haberse apropiado de su destino a pesar de las desgracias y miserias de su infancia y juventud. Aunque profesa estima y cuidados hacia Norma, la domina a través de sus diálogos y en la toma de decisiones. Le cambia el nombre por el de Clarita, una hermana suya, mostrando que, para Chabela, Norma no es un sujeto de pleno derecho sino un arquetipo de muchacha desvalida. La voz de Chabela exuda confianza y desafío, con largos monólogos biográficos en los que combate contra prejuicios de género: defiende que fue elección suya trabajar como prostituta y no una imposición masculina, alardea de mantener económicamente a su marido, de tener relaciones sexuales con quien le place y de criticar la maternidad como un error. Es idea de Chabela que las dos acudan a la Bruja para pedir que ayude a Norma con un brebaje abortivo. Representa a través de ello también al resto de mujeres de la zona, aliadas de la Bruja, que le tienen una mezcla de miedo y simpatía, una relación de sororidad compleja y en ocasiones contradictoria.

La importancia de la posición jerárquica de los interlocutores con respecto a cada voz narradora también parece determinante para Brando. En su capítulo, solamente Willy, la Borrega y el Mutante (los amigos del parque de este personaje) gozan de ver representadas sus voces mediante discurso reportado. Brando, que tiene complejos y se siente constantemente intimidado por el juicio de sus amistades, manifiesta de este modo la fuente de sus ascendientes. Las voces de la autoridad (para Brando, sus amigos y su padre) son las únicas que no están mediadas por la intervención de sus recuerdos o su juicio sino que están reportadas verbatim en la narración. Las intervenciones de estos personajes son siempre agresivas hacia Brando: desaprobación, desprecio y humillación. Representan además el peso más visible de las estructuras heteropatriarcales y homófobas que constituyen la realidad social descrita en la novela. Ante ello, Brando se demuestra impotente pero retiene un odio y una rabia sin procesar que desempeñarán un papel fundamental para el desenlace de los hechos.

La voz narradora principal, cuasi omnisciente, es el hilo que conecta todos los personajes, pero no lo hace desde una posición de poder, sino que busca constantemente exhibir su sesgo subjetivo para posicionarse en horizontalidad con el resto. A pesar de tener control sobre la narración, en ocasiones dice desconocer detalles de lo que está sucediendo en escena, igualando su experiencia a la de otros personajes o a la del lector: "Aunque nadie supo quién fue el valiente que se animó primero, el que juntó valor para cruzar la noche hasta llegar al caserón de la hechicera" (Melchor 28). Otras veces se descose el velo de pretendida distancia en la descripción de acontecimientos y se funde la opinión y el juicio de la narradora con el de los personajes, crítica y hasta agresiva, revelando su posicionamiento al respecto del conflicto: "Pobre Bruja, pobre loca, ojalá que de menos sí agarren al chacal o los chacales que le rebanaron el cuello" (Melchor 33).

La narradora contribuye a la construcción de una realidad diegética coral legitimando el conocimiento popular, las habladurías y los rumores como fuente para la representación de hechos y circunstancias. Todo el capítulo 7 está articulado de esta manera, con párrafos que empiezan con la misma fórmula, "Dicen que": "Dicen que en realidad nunca murió, porque las brujas nunca mueren tan fácil", "Dicen que muchos se metieron a esa casa a buscar el tesoro después de su muerte" o "Dicen que la plaza anda caliente" (Melchor 215-216).

Por último, hay un tercer tipo de voz, menor pero presente a lo largo de la novela, que es la incursión repentina de música en la narración. Melchor incrusta letras de distintas canciones entre sus diálogos o descripciones, la mayoría de veces a mitad de una frase, interviniendo en el flujo de la

Polifonía e identidades en el umbral 143

narración, a veces como acompañamiento escénico – por ejemplo, para trasladar al lector al ambiente del bar Sarajuana – y otras de modo que termina interrumpiendo un pensamiento, una conversación o una acción:

> *No sé tú*, cantaba el bato, *pero yo no dejo de pensar*, con aquella voz que era límpida como el cristal, *ni un minuto me logro despojar*, trémula como una cuerda vibrando, *de tus besos, tus abrazos, de lo bien que la pasamos la otra vez*, y a Brando se le hizo un nudo la garganta. (Melchor 180, cursiva en el original)

La acción de la novela se realiza en una serie de espacios concretos. A excepción de parte del capítulo de Norma y Chabela, que sucede en Ciudad del Valle, el resto de los acontecimientos acaecen en el municipio de La Matosa, Veracruz. A pesar de que existe un asentamiento homónimo a ochenta kilómetros de la capital del estado, tampoco se puede asegurar que Melchor esté hablando en particular de esa localidad. Otras poblaciones que en la novela aparecen mencionadas como cercanas a La Matosa, como Palogacho o Matacuite, también tienen sus correspondientes diseminados en el estado de Veracruz pero en regiones no avecinadas, al contrario de lo que sugiere *Temporada de huracanes*. La ambigüedad en el espacio sirve para socavar cualquier intento de justificación en exclusividad de los conflictos denunciados en la novela a un territorio en concreto. Veracruz padece de violencia sistémica sostenida por el Estado (por acción u omisión), pero la obra no pretende ser leída como una representación localizada de estos problemas o como una condena a la situación específica en el estado. De hecho, la elección de no situar en coordenadas exactas el emplazamiento de estas localidades permite al lector establecer puentes entre La Matosa y otros espacios equivalentes en las periferias urbanas de cualquier otro punto de la geografía mexicana. Como tantos otros municipios en el país, La Matosa es un pueblo erigido a la vera de una carretera. Su economía formal e informal depende del tráfico, del intercambio de bienes y servicios producido por la existencia de un pozo petrolero que dio sentido en primer lugar a la construcción de la carretera que lo cruza. Es un pueblo prácticamente sin historia, fundado en el último cuarto del siglo XX sobre las ruinas y los cadáveres de una versión anterior de sí mismo, destruido por un huracán y olvidado por las autoridades. Representa en ese sentido un *topos* contemporáneo, un sitio definido por los hechos, necesidades, peligros y problemáticas del México del cambio de siglo. Al no estar condicionado por un pasado diferencial, permite al lector la translocación de las experiencias descritas a otros espacios redefinidos por las exigencias del presente. La Matosa se insinúa en el filo del no-lugar que pueda ser un todo-lugar.

Su identidad está definida no tanto por su pasado, sino los vínculos que establecen sus vecinos entre sí y con su espacio. Los personajes se mueven determinados por las prácticas de periferia: los edificios emblemáticamente constituyentes de una municipalidad – el palacio de gobierno, la iglesia, la escuela – o no existen, o no se mencionan, o son relegados a la marginalidad. Los únicos espacios que actúan como centro en la novela son la plaza del parque, ocupada por Luismi, Brando y el resto de sus amigos, y el bar Sarajuana. Las residencias, espacio presente en la narración de todos los capítulos, no parecen unidas a núcleos de población, siendo el caso paradigmático de extramuros la casa de la Bruja.

Su separación geográfica del resto del pueblo refuerza la excepcionalidad de la Bruja, posicionada en una marginalidad tanto física como social, en la periferia de la periferia. La casa de la Bruja se describe también como un punto de reunión donde la socialización se tuerce desde lo público a lo privado. Es el espacio donde la Bruja atiende a las mujeres y les da consulta. Es también el lugar que acoge sus fiestas y donde realiza sus encuentros sexuales. Al mismo tiempo, la casa de la Bruja está descrita como un edificio sellado, infranqueable sin invitación, protegido por el miedo del tabú. Es blanco de especulaciones, se sospecha que esconde un gran tesoro, se le acusa de ser punto de invocación de fuerzas satánicas. La narradora juega con la ambivalencia alimentada por la superstición local. Al mismo tiempo que descarta la superchería retratando el interior de la casa simplemente como un lugar sucio, lleno de basura y abandonado, insiste en la existencia de una habitación sellada, el núcleo del misterio, cuyo interior sólo es revelado al lector a través de habladurías. La casa de la Bruja emerge como un espacio representativo a pequeña escala del tratamiento ambiguo de La Matosa: territorios translúcidos, flotantes, que a fuerza de ser descritos de manera contradictoria por varias voces, todas ellas válidas y ninguna con autoridad total, entran a formar parte de la propiedad común a través de la ingesta del lector. El espacio ve su condición ontológica desdibujada por el encuentro de las múltiples subjetividades que otorga la narración polifónica.

A la horizontalidad en las voces y la imprecisión del espacio se le suma un tratamiento del tiempo no-linear. Los capítulos articulados por voces de personajes presentan una estructura de cronología rizomática que orbita siempre alrededor del mismo centro: el homicidio. El devenir de los acontecimientos salta entre distintos puntos temporales y regresa a una escena en particular repetidas veces en un mismo episodio para añadir detalles concretos. La trama se mueve como por túneles subterráneos, desorientando al lector y haciendo prácticamente imposible predecir el rumbo de la narración. Los capítulos 4, 5 y 6 presentan además una forma circular: empiezan y terminan por un mismo momento: Munra justo después del asesinato, Norma en el hospital y Brando en la celda. Este recurso conlleva la sensación de tiempo arrestado y de simultaneidad entre todas las experiencias: no existe un progreso direccional, no hay un avance teleológico, los recuerdos y hechos presentados por cada una de estas voces tienen el mismo peso a la hora de explicar y definir el conflicto. Este modelo de exposición, posible gracias a la narración polifónica, fomenta una interpretación de los conflictos sociales como sistémicos. Apuesta por la necesidad de aproximarse a ellos de forma holística, panorámica, con una visión de conjunto que no busque aislar el crimen del contexto de entorno y las ramas temporales que lo ligan con su comunidad y su espacio.

La novela evita hacer referencias a anclas temporales evidentes: no se dan fechas y las únicas marcas históricas son vagas o crípticas. El lector puede inferir que la acción sucede en algún momento de la segunda década del s. XXI gracias principalmente a huellas culturales: canciones compuestas en estos años y al breve pero para el caso significante detalle de la camiseta del Manchester United con el nombre y número de Javier Hernández 'Chicharito', que jugó en el equipo entre 2010 y 2014. La otra marca temporal, ésta más explícita, se da en el capítulo 2 cuando se hace mención al "año del deslave" como 1978 (Melchor 24). Este acontecimiento queda marcado como un momento pivote para la comunidad de la zona: el mismo desastre hace desaparecer del mapa el primer pueblo de La Matosa y causa la muerte de la madre de la Bruja. Con el asesinato más de treinta años después de la Bruja Chica y la venida de otro huracán se cierra el círculo. La llegada del agua, como lo describe el Abuelo en el capítulo 8, trae un cambio tal vez esperanzador (Melchor 222).

Conclusiones

Polifonía, policronía, politopía. El recurso de una construcción horizontal merma el poder de una voz narrativa monopólica y pone en duda la eficacia de un discurso único, incluso si es oficial, a la hora de proporcionar todas las respuestas a problemas concretos. La aproximación del conflicto desde varios puntos de vista simultáneos, desde varias subjetividades, desde la multiplicidad de identidades, cruzadas y entrelazadas, revela que los conflictos no existen en un vacío. Están interconectados, son codependientes, y sólo atendiendo a los males sistémicos que se entrelazan con el homicidio de la Bruja podemos comprender los condicionantes que permiten y condicionan el crimen. La polifonía permite esta suspensión en raíces aéreas. *El otoño del patriarca* también condensa en una sola las posibles biografías del arquetipo del dictador latinoamericano, en un territorio reconocible pero no precisable, en varios tiempos simultáneamente posibles (Ortega 422), posibilitando que el libro polifónico "amplifique lo real" (Neghme Echeverría 87).

Temporada de huracanes no tiene sospechosos habituales. El abordaje del problema en su conjunto, lo macro, obliga a prestar atención a lo micro, a la escala del individuo con su comunidad. El Estado está prácticamente ausente a lo largo de la novela: ni el gobierno ni sus instituciones tienen un papel que parezca determinante en el desarrollo de los conflictos presentados en la novela (a excepción quizás de la intervención policial al final de la obra); como tampoco lo tiene el crimen organizado. Sin embargo, no por ello se les exime de responsabilidad: son el cerco que atenaza pueblo, era e individuo. La Matosa como periferia urbana los tiene como las fronteras de su particular centro, pero así como todos los personajes sobreviven en situación de subalternidad, el límite que supone el Estado sigue siendo un agente de opresión. Su presencia banal se convierte en inevitable. Marca los términos de la capacidad, de la oportunidad y del privilegio. Su poder es invisible porque no necesita actuar: la disposición del sistema de opresiones que padecen los personajes es su obra y designio.

Del mismo modo que este recurso a la horizontalidad revela la complejidad en la reconstrucción del homicidio, debemos entender este crimen como una representación más de una multiplicidad de crímenes simultáneos. *Temporada de huracanes* muestra cómo los conflictos sociales no pueden ni se deben entender como aislados. La muerte de la Bruja no es un fenómeno abstracto ni excepcional, sino que corresponde a un patrón extendido como una red por todo el país (aunque por supuesto no limitado a México) de violencias interconectadas. Miseria, explotación laboral, abortos irregulares, feminicidio, homofobia, transfobia, consumo y tráfico de estupefacientes, corrupción por parte de las fuerzas del orden, violaciones, abuso de menores, robos, agresiones intrafamiliares o desapariciones forzadas son sólo una muestra del catálogo de opresiones representadas en la novela y que se vinculan con el homicidio pero no dependen de él para comprenderse. Sin el asesinato de la Bruja, estas violencias seguirían existiendo. La polifonía revela por lo tanto la conjunción sistémica de formas de opresión que no pueden limitarse a un tiempo, comunidad o territorio concreto como el de La Matosa o el del estado de Veracruz. Si bien hasta cierto punto una ficción de narrador único también puede aspirar a la denuncia y a la representatividad más allá de lo particularmente descrito, el recurso de la polifonía, extendido a tiempos y lugares como he detallado en este texto, incorpora a su vez una dimensión de denuncia intrínseca e inherente: la violencia no puede ser abordada desde la voz única, la explicación unidireccional, de emisor asumido en autoridad. Para poder entender y afrontar el reto de combatir y exterminar las opresiones y violencias contemporáneas, es necesario aprehenderlas como un mal sistémico. Los homicidios no se terminan apresando a los asesinos. La pobreza no se termina con medidas caritativas. El narcotráfico no se termina capturando a narcotraficantes. La corrupción no se acaba sólo con votar por otro partido político. Necesitamos narrativas que nos recuerden que, sin una visión de conjunto, no dejaremos de lamentarnos cada vez que vuelva el huracán.

Obras citadas

Akutagawa, Ryōnosuke. *Rashōmon y otros relatos históricos*. Satori Ediciones, 2015.

Ávalos Reyes, Marcos Eduardo. "*Temporada De Huracanes* De Fernanda Melchor: Una Lectura Del Cuerpo Desde El Terreno Del Chisme y La Abyección." *Connotas. Revista De Crítica y Teoría Literarias*, no. 19, 2020, pp. 53–70., doi:10.36798/critlit.vi19.302.

Bajtín, Mijaíl. *Problems of Dostoevsky's Poetics*. Traducido por Caryl Emerson, University of Minnesota Press, 1984.

Day, Sara K. "Power and Polyphony in Young Adult Literature: Rob Thomas' Slave Day." *Studies in the Novel*, vol. 42, no. ½, 2010, pp. 66-83.

Melchor, Fernanda. *Temporada de huracanes*. Literatura Random House, 2017.

Neghme Echeverría, Lidia. "Lo verosímil y la intertextualidad en 'El otoño del patriarca'". *Hispamérica*, no. 36, 1983, pp. 87-99.

Ortega, Julio. "El otoño del patriarca: texto y cultura." *University of Pennsylvania Press*, vol. 46, no. 4, 1978, pp. 421-446.

Rashōmon. Dirigido por Kurosawa Akira, Daiei Film, 1950.

Rivas, Gloria Luz Godínez y Luis Román Nieto. "Queers and Bewitched: Temporada De Huracanes of Fernanda Melchor." *Anclajes*, vol. 23, no. 3, 2019, pp. 59–70., doi:10.19137/anclajes-2019-2335.

Slethaug, Gordon E. "Multivocal Narration and Cultural Negotiation: Dorris's A Yellow Raft in Blue Water and Cloud Chamber." *Studies in American Indian Literatures*, vol. 11, no. 1, 1999, pp. 18-29, doi: 10.2307/20736895

Steinby, Liisa, y Tintti Klapuri. *Bakhtin and His Others: (Inter)Subjectivity, Chronotope, Dialogism*. Anthem Press, 2013.

Tijerina Martínez, Francisco Gerardo. *Estética, ética y consumo: el caso de Temporada de huracanes de Fernanda Melchor*. 2020. Instituto Tecnológico de Monterrey. Tesis de maestría.

Parte II.
Los otros Méxicos

Apartado IV.
Identidad y frontera en la narrativa contemporánea

Capítulo 9

Los (no)espacios transnacionales e identidades fronterizas en la narrativa mexicana contemporánea

Ángel M Díaz-Dávalos

University of Pennsylvania

Resumen: La narrativa del México contemporáneo se beneficia de discursos plurales que emergen tanto de estructuras literarias de producción narrativa como de aquellos de la(s) cultura(s) de masas. Este capítulo dialoga con un grupo de narrativas heterogéneas, provenientes de ambos sistemas anteriormente mencionados, cuya representación de una posible 'transculturación' surge en un espacio particular: la frontera con los Estados Unidos. Partiendo de referencias sobre las culturas fronterizas desde variados puntos de enunciación, en el presente capítulo se alega que la frontera se entiende como un espacio de la modernidad que roza los límites entre lo que el antropólogo francés Marc Augé nombrara un 'espacio antropológico' y un 'no lugar'. Específicamente, se analizan fragmentos de la novela *Señales que precederán al fin del mundo*, de Yuri Herrera y partes de los corridos "Mis dos patrias," "La tumba del mojado" y "José Pérez León" de la banda de norteño mexico-americana Los Tigres del Norte. Examinando estas narrativas, el espacio fronterizo articula tanto un rechazo de 'lo nacional' como su posible reformulación; su nueva posibilidad de enunciación.

Palabras clave: migración, no-lugares, espacios, Yuri Herrera, Los Tigres del Norte

***

Una frontera no es una barrera, sino un umbral

–Marc Augé

> *Y la línea, divisoria, es la tumba del mojado*
>
> –Los Tigres del Norte

"Piensa en esto: de preferencia no lo hagas" (9). Con esta línea abre Luis Humberto Crosthwaite la colección de relatos *Instrucciones para cruzar la frontera*, antes de ofrecer una serie de "recomendaciones" para todo aquel que se va a enfrentar a una frontera custodiada por primera vez.

> Se requiere que portes un documento que acredite tu nacionalidad y tus intenciones. . . . Debes ingresar al país vecino porque vas de compras (cuando hay especiales en las tiendas departamentales), para lavar tu ropa sucia (porque las aguas de allá son más pulcras), para ir a Disneylandia ("el lugar más feliz del mundo"); en fin, para realizar faenas que no comprometan el *status quo* de la sociedad que visitas. (Crosthwaite 9)

Fuera del sarcasmo del relato del escritor tijuanense, existen un sinnúmero de maneras de narrar la frontera. El espacio donde se dan las identidades fronterizas que pueden transculturarse se puede narrar desde la perspectiva de aquellos que la cruzan continuamente y para quienes ya se ha convertido en un ritual casi rutinario, como es el caso del "lector ideal" de este particular relato de Crosthwaite. Los pasajeros de esta perspectiva muestran una peculiar visión de lo transnacional y la globalización que le da una vida casi íntima y presencial a la frontera sin negar que, al referirse al acto de cruzar una garita física, la vida que se le da sigue siendo una "de paso".

Por otro lado, está la perspectiva de aquellos que narran sus identidades, sus espacios y/o sus visiones detalladas de la cultura fronteriza estrictamente desde el lado norteamericano, y para quienes narrar la frontera no representa necesariamente el espacio físico y tangible denominado "línea," "muro," "bordo," etc.[1] Estos escritores luchan por insertarse, a su modo de "tercera vía," dentro de una cultura norteamericana heterogénea que, sin embargo, opta por borrar las huellas de su heterogeneidad cultural a través de procesos políticos y sociales que tienden a la homogeneización. En esta rama, donde se vive una marginalización que es, en el caso de escritoras, doblemente

---

[1] Cabe resaltar que Crosthwaite promueve una visión compleja de la cultura fronteriza, evitando estereotipos en lo posible. La visión ofrecida, mediante el sarcasmo, de una garita "de paso" en el relato que abre la colección antes mencionada es solo uno de los ejemplos con los que el autor se refiere a esta zona. En sus otras obras el tratamiento afectivo de la región, sus personajes, sus historias, etc., gozan de mucha mayor profundidad (v.g., *Estrella de la calle sexta*).

marginal, se encuentran las voces Latinas y Chicanas al estilo de los clásicos *This Bridge Called my Back* o *Borderlands/La Frontera* de Gloria Anzaldúa; *Bless Me, Ultima* de Rudolfo Anaya o *The Devil's Highway* de Luis Alberto Urrea; *Canícula*, de Norma Elia Cantú o el *memoir* de Reyna Grande, *The Distance Between Us*. Estos escritores, artistas e intelectuales se enfrentan a estructuras sistémicas en el mundo editorial que permanentemente les impiden acceso a fuentes de capital simbólico, tal como prestigio, centros culturales de apoyo a la escritura, becas, premios, etc., que generalmente le siguen al éxito tras publicar con una editorial transnacional de renombre. Tal es el caso reciente de la publicación de *American Dirt* de Jeanine Cummins. No es el propósito del presente trabajo articular el debate que surgió a raíz de la polémica novela. No obstante, cabe señalar que la amplia discusión y resistencia presentada por varios sectores intelectuales del mundo latino y chicano, iniciada en gran medida por Myriam Gurba, dejó en claro la posición marginal de autores y escritoras de descendencia latinoamericana en los EE.UU., frente al poder selectivo de los círculos editoriales norteamericanos (i.e., *gate keepers*).[2]

Uno encuentra además las narraciones sobre identidades relacionadas a la frontera que emergen desde centros de poder simbólico y cultural externos a la región fronteriza propiamente dicha, lo cual puede derivar en representaciones problemáticas o incluso tendenciosas. En esta línea podría incluirse, en mayor o menor medida, desde México, a intelectuales como Octavio Paz y su *Laberinto de la soledad*, específicamente la sección "El pachuco y otros extremos"; o al libro *La Frontera de cristal* de Carlos Fuentes, dos obras de autores que, más allá de su robusto cosmopolitismo, ofrecen visiones no tan pormenorizadas de la cultura fronteriza. No obstante, dentro de esta línea de escritores que relatan la cultura fronteriza desde fuera, recientemente la escritora mexicana Valeria Luiselli es la que ha capturado la atención de los circuitos editoriales trasnacionales, puesto que su acelerado ritmo con el que se ha insertado en el debate sobre la experiencia migrante la ha colocado como una de las voces mexicanas internacionales más llamativas, específicamente desde la publicación de su crónica autobiográfica

---

[2] Tras la publicación de *American Dirt*, Gurba publicó originalmente un ensayo en el blog académico *Tropics of Meta*, titulado "Pendeja, You Ain't Steinbeck: My Bronca with Fake-Ass Social Justice Literature," el cual revivió la discusión en torno a la preferencia a autores 'blancos' en los circuitos editoriales, aun cuando los temas ya han sido trabajados extensivamente por autores de la cultura latina/chicana/mexico-americana.

Los niños perdidos en 2016.³ No cabe la menor duda de que las perspectivas previamente mencionadas desde las cuales se pueden narrar la frontera y sus identidades, provienen, en distintos grados, de un centro cultural de poder, tanto simbólico como real, desde el cual es posible hacer una interpretación de la zona e identidades fronterizas que sea escuchada, respondida y criticada en medios y espacios de comunicación típicamente endémicos a esa misma cultura letrada: las universidades, las editoriales, las columnas periodísticas de cultura, los congresos académicos, etc.

Sin embargo, existen, asimismo, formas y cosmovisiones más populares como el corrido, que complementan las perspectivas anteriores y que han surgido, se han reproducido y se han distribuido desde hace mucho tiempo pero que, no obstante, no habían sido tomados en consideración –en el mundo académico– hasta los años en que se da el giro "cultural" en las disciplinas asociadas a las humanidades y las ciencias sociales.⁴ En otras palabras, me refiero a la cosmovisión de aquellos que, de un lado, cruzan la frontera sin la documentación requerida por el gobierno estadounidense, desafiando sus leyes; y que, por otro, han transformado y se han dejado transformar por este espacio fronterizo a través de canales de comunicación de las masas populares. La "voz del pueblo" se hace escuchar muchas veces por fuera de los circuitos de las editoriales trasnacionales; o incluso se encuentra al exterior de los círculos de producción y distribución de cine sobre la frontera y/o la experiencia migrante, la cual recientemente se ha vuelto (casi) un género en sí.⁵ Uno de los canales de distribución de esta visión afectiva de/sobre la frontera se encuentra indudablemente en la maleabilidad y "transmisibilidad" de los corridos.

---

³ La aceptación de Luiselli en los círculos literarios norteamericanos se ha dado de manera acelerada. Por ejemplo, *Los niños perdidos* se traduce como *Tell me How it Ends* en 2017 y es galardonada con el American Book Award. *Lost Children Archive* del 2019, finalista del National Book Critics Circle Award y su primera novela en inglés, se traduce como *Desierto sonoro* en el mismo año (traducción de Luiselli y Daniel Saldaña París), bajo el sello Vintage Español de Penguin Random House. Dichas publicaciones y traducciones la han brindado una mayor visibilidad e incluso polémica a la autora, tanto en México como en los Estados Unidos.

⁴ El corrido como tema académico se trabaja con cierto grado de visibilidad en los Estados Unidos paralelamente al auge de los movimientos civiles y a la aceptación de los intelectuales mexico-americanos en la academia norteamericana. Uno de los casos paradigmáticos es el de Américo Paredes (v.g., *With His Pistol in His Hand*, *Folktales of Mexico*, etc.), con los cuales se posicionó como figura pionera de los *Mexican-American Studies* en el sur de los EE.UU.

⁵ En "Migrant identities in film", Deborah Shaw discute que los filmes relacionados a la migración centroamericana ya han formado un subgénero gracias a la circulación en circuitos de festivales tales como el Sundance o el Latino festival en San Diego, EE.UU.

Tomando en cuenta lo anterior, es indudable que un espacio de diálogo que trate el tema en cuestión debe invitar a una conversación que conecte de manera orgánica el quehacer literario con el musical popular; que una el mundo de los premios y becas con el de las reproducciones en plataformas virtuales que dificultan el conteo preciso, pero facilitan su circulación. La división entre "alta" cultura y cultura "popular" es, en gran medida y para este caso particular, la división entre ciertas formas legitimadas y legitimadoras de capital simbólico (i.e., "alta") y otras que carecen de acceso al mismo tipo de prestigio y reconocimiento fuera de sus círculos inmediatos. Es decir que, tomando el concepto de Bourdieu, mientras que el prestigio el cine de festivales o la literatura tiende a mantenerse dentro del campo literario mexicano –con obvias excepciones–, los corridos logran penetrar otros espacios de la cultura popular y generar un prestigio distinto al reconocido por el mundo de la "alta cultura". La frontera México-EE.UU. siempre se ha presentado como uno de los espacios ideales para entrecruzar dichas representaciones, puesto que su enfoque es describir los canales afectivos que conectan a un espacio determinado (v.g., "la línea") con una voz específica (v.g., el/la que cruza).

La frontera es, pues, una zona y espacio mitológicos que cobran mayor fuerza en la época contemporánea, según las identidades "pasajeras" que allí se generan. Analizando de lleno la noción de los espacios, Michel Foucault señalaba en su estudio sobre las heterotopías, que:

> la época actual tal vez sea, sobre todo, la época del espacio. Estamos en la época de la simultaneidad, estamos en la época de la yuxtaposición, en la época de lo próximo y lo lejano, de lo uno junto a lo otro, de lo disperso. (22)

Tomando las breves referencias sobre las culturas fronterizas antes mencionadas y sus distintos, variados y posibles puntos de enunciación, en el presente capítulo se alega que la frontera, narrada por el escritor mexicano Yuri Herrera y por la banda de norteño méxico-americana Los Tigres del Norte, se entiende como un espacio de la modernidad que roza los límites entre lo que el antropólogo francés Marc Augé nombrara un "espacio antropológico"' y un "no lugar". El capítulo hace una lectura, a la luz de las propuestas de Marc Augé, de fragmentos de la novela *Señales que precederán al fin del mundo* (Herrera) y de elementos llamativos de tres corridos de la banda méxico-americana: "Mis dos patrias," "La tumba del mojado" y "José Pérez León". En las próximas páginas, este trabajo inicia detallando la teoría de Augé, para después pasar al análisis de la novela de Herrera y de los corridos con fines de observar momentos/espacios específicos en que la volatilidad y permeabilidad de la frontera nos permite catalogarla o como "lugar antropológico" o "no lugar", dependiendo de quién la cruce/atraviese.

Augé es probablemente mejor conocido por su trabajo sobre el concepto del "no lugar", aunque su archivo bibliográfico engloba distintas manifestaciones culturales de una "antropología de lo lejano y lo cercano", como sus aproximaciones a los pueblos de Costa de Marfil en el África Occidental (i.e., "lejano") o sus estudios sobre el metro de París (i.e., "cercano"), donde intenta examinar su propia cultura desde fuera. En el libro *Los no-lugares, espacios del anonimato: Una antropología de la Sobremodernidad*,[6] se desmarca de teóricos con propuestas paralelas como Michel de Certeau, cuyo capítulo "Andares de la ciudad" sirve de mecanismo para darle vida a un espacio que, de otra forma, cartografiado desde arriba tal como si fuera un mapa, carece de ella.[7] Asimismo, se aproxima a una teoría del espacio distinta a la de Henri Lefebvre en *La producción del espacio*, para quien el espacio escapa la dicotomía marxista de la infraestructura/superestructura y se coloca al nivel de los modos de producción, donde toca todo tipo de relaciones sociales que anteriormente se analizaban al exterior de los procesos económicos.

Augé define dos tipos de espacio que le permiten marcar la diferencia entre la materialidad de un lugar y su espacio en la memoria colectiva de los que lo habitan. A estos dos espacios, Augé los llama "el lugar antropológico" y el "no lugar." El primero es, en palabras del antropólogo, el nombre para la

> construcción concreta y simbólica del espacio que no podría por sí sola dar cuenta de las vicisitudes y de las contradicciones de la vida social, pero a la cual se refieren todos aquellos a quienes ella les asigna un lugar. (Augé 30)

Asimismo, arguye que "[e]stos lugares tienen por lo menos tres rasgos comunes. Se consideran (o los consideran) identificatorios, relacionales e históricos" (31). El antropólogo declara que "[e]l habitante del lugar antropológico vive en la historia, no hace historia" y que:

---

[6] Por cuestiones de tiempo y espacio dejaremos fuera de momento el concepto de sobremodernidad en el sentido empleado por Augé, dada su propuesta estrictamente relacionada al cambio histórico posterior a la modernidad (e incluso a la posmodernidad). Los espacios analizados por Augé pueden coexistir en distintas épocas, no necesariamente en lo que él denomida la *surmodernité*. Para el presente capítulo utilizo la edición española de Gedisa, traducida del francés por Margarita Mizraji.

[7] Se trata del capítulo VII del libro *La invención de lo cotidiano: Artes de hacer* (edición en español a cargo de la Universidad Iberoamericana).

el estatuto intelectual del lugar antropológico es ambiguo. No es sino la idea, parcialmente materializada, que se hacen aquellos que lo habitan de su relación con el territorio, con sus semejantes y con los otros. Esta idea puede ser parcial o mitificada. (32)

En otras palabras, el "lugar antropológico" es el espacio que habitamos tanto en la vida diaria y a través del cual nos movemos a lo largo de un tiempo determinado; y es, además, la forma, intencional o accidental, de relacionarnos con este.

Por otra parte, el "no lugar" es definido de manera opuesta. Augé sugiere que "[s]i un lugar puede definirse como lugar de identidad, relacional e histórico, un espacio que no puede definirse ni como espacio de identidad ni como relacional ni como histórico, definirá un no lugar" (44). Alega además que:

no existe nunca bajo una forma pura; allí los lugares se recomponen, las relaciones se reconstituyen. . . . El lugar y el no lugar son más bien polaridades falsas: el primero no queda nunca completamente borrado y el segundo no se cumple nunca totalmente: son palimpsestos donde se reinscribe sin cesar el juego intrincado de la identidad y de la relación. (44-5)

Los lugares predilectos de Augé para su terminología son aquellos donde la identidad se pierde o se disuelve; lugares que tienden a ser de paso y, no obstante, requieren de un "pasaporte" –simbólico o real– para entrar: autopistas, aeropuertos, centros comerciales, supermercados, parques temáticos, espacios turísticos o incluso el ciberespacio. Ya se le ha criticado el término "no lugar" con respecto a ciertos espacios que sí pueden invitar a la formación de relaciones identitarias (i.e., la posibilidad de relacionarse "espacialmente" con un aeropuerto o centro comercial, como hace la gente que allí trabaja, etc.).[8] No obstante, la ambivalencia entre la relacionalidad de los "lugares antropológicos" y la supuesta falta de dicha relación de identidades en los "no lugares," propone un diálogo para hablar de la frontera, puesto que, dependiendo de quién la viva, cruce o trabaje, puede simbolizarse dentro de los parámetros de uno u otro tipo de espacio.

---

[8] Parafraseando la crítica que Peter Merriman hace de Augé en "Marc Augé on Space, Place and Non-Places", Augé esencialmente no considera la producción material y social de un lugar y/o un "no lugar". Asimismo, para Merriman, Augé ha logrado que ciertos espacios como el aeropuerto y la autopista se establezcan como "no lugares" absolutos y universales, lo cual extrae toda agencia de los consumidores de estos espacios, quienes podrían experimentar distintas formas de habitar estos espacios (21).

En la novela de Yuri Herrera nos encontramos con la historia de Makina, una mujer de un pueblo rural que cruza ilegalmente la frontera buscando a su hermano, quien también partió de la misma manera rumbo al Norte global tiempo atrás.[9] Brevemente resumida, esta es la historia de una migrante que va en busca de otro migrante, de cierta manera describiendo literariamente el concepto de "migración en cadena", con la excepción de que Makina opta por no quedarse en el Norte. No obstante, para poder llegar allá, tendrá que pasar por situaciones que la conectan con una cantidad de submundos que rozan la ilegalidad, pero sin los cuales no podría llegar a su destino al otro lado de la frontera. Con un estilo lírico, Herrera[10] suprime nombres, espacios, ciudades y ofrece una visión casi mítica o mitológica de la frontera, en la cual la migrante parece "descender" al Mictlán, topándose con subculturas de la ilegalidad tales como el universo de los narcotraficantes que viven de enviar sus mercancías prohibidas a los EE.UU.; o el mundo de los "coyotes" que cobran por cruzar a alguien de manera ilegal hacia el "otro lado". Ambos submundos prometen riquezas y una vida plena en el país vecino, lo que causa que el hermano de Makina se involucre en sus negocios y termine en el extranjero sin dinero e intentando rehacer su vida, como la gran mayoría de los migrantes. A manera de "favor" a un tal Señor Q, Makina lleva "un paquete" al otro lado de la frontera y, como recompensa, le dan a conocer el paradero de su hermano. A partir de allí, la protagonista viaja acompañada por uno de los esbirros del Señor Q al "Gran Chilango", luego parte hacia la frontera y cruza el río con la ayuda de Hache, otro ser emblemático. Makina se enfrenta a la ardua realidad del desierto y escapa de un tiroteo. Al final, al llegar con su hermano, éste se ha enlistado en el ejército norteamericano usurpando el nombre de otro ciudadano que, por miedo a ser enviado a la guerra, decide dar su identidad al hermano de Makina para que haga su propia vida en los EE.UU. con un nuevo nombre. Para sorpresa de la protagonista, su hermano decide quedarse a vivir en el país del norte, mientras que ella debe volver.

En la novela se documentan momentos en que la frontera, como espacio, transcultura las identidades que allí se forjan, incluyendo la de la protagonista y la de su hermano, con una tendencia a la borradura de cualquier forma de

---

[9] Aunque carece de nombre concreto en la novela, se entiende que los personajes migran hacia los Estados Unidos.
[10] El estilo de Herrera ha sido bien recibido por la crítica desde la publicación de *Trabajos del reino*, en 2004. Christopher Domínguez Michael, por ejemplo, resaltó el carácter duradero de la narconovela en "Una nueva novela lírica", en *Letras Libres*. Asimismo, se siguen publicando estudios sobre la obra de Herrera. Recientemente, por ejemplo, se publicó *De la alegoría a la palabra: el reino de Yuri Herrera* como parte del proyecto "Literatura mexicana contemporánea (1995-2012)" de la UNAM.

relación. Esto se ejemplifica desde el principio en el carácter de Makina, una mujer independiente, trabajadora de una "centralita" en una zona rural donde está a cargo del único teléfono de su pueblo por su dominio del español, inglés y su lengua nativa (ninguna de las tres mencionadas por nombre). El texto señala que "Makina ni se hacía ilusiones ni perdía el sueño culpándose por haber inventado la política; llevar mensajes era su forma de terciar en el mundo" (Herrera 20). Ya desde el inicio ella se cataloga a sí misma como una entidad de paso, como una mensajera. Dicha referencia es importante, puesto que ella habita un lugar especial que la colocará paulatinamente en conflicto con el concepto de lo "nacional" y la ayudará a reformularlo a través de sus propias experiencias en el extranjero. Eugenio Santangelo, en "Comunidades que jarchan: políticas de la lengua y el habitar en las tres novelas de Yuri Herrera" analiza la noción de patria y exilio que experimenta la protagonista, a partir del verbo "jarchar", el cual Herrera usa abundantemente. Además, Santangelo enfatiza el poder de las lenguas que habla Makina ("latina", "gabacha" y "lengua") como proceso identitario que la coloca, una vez más, entre ese exilio y la patria. De manera similar, aquí nos enfocamos en el estado "pasajero" de la identidad de Makina, más allá del verbo jarchar, puesto que su propia autodenominación como mensajera es precisamente desde donde emana la posible transculturación de la serie de culturas que ella habita y que la habitan.

El sentimiento de ser una entidad de paso le garantiza a Makina un viaje a través de los lugares habitados por distintos sectores de la población que se encuentran al margen de la sociedad. Para ver a su hermano, es necesario atravesar lo que parecería ser el submundo del narcotráfico en la poética clásica del estilo de Herrera, que esconde nombres, profesiones y lugares, dejando elementos de la sociedad bastante conocidos ante un proceso de desfamiliarización. Los nombres de los seres oscuros con quien se encuentra a lo largo de su trayecto siguen una tradición de narrar a los miembros de dicha industria mediante el uso de personalidades unidimensionales, como el mismo Herrera ya lo había logrado en *Trabajos del reino* o Juan Pablo Villalobos en *Fiesta en la madriguera*.[11] En este caso, todos poseen, por así decirlo, una no-identidad: El señor Hache, el señor Dobleú, el señor Q, etc.

Asimismo, se narran desde el inicio estas aventuras como si fuesen el paso a través de "no lugares" ya que, al ser de paso, requieren algún tipo de

---

[11] En *Trabajos del reino* (Herrera), los personajes que rodean al jefe de la banda de narcotraficantes tienen personalidades basadas en sus profesiones dentro del "reino" (v.g., periodista, artista, heredero, etc.). En *Fiesta en la madriguera*, el autor nombra a los personajes secundarios del narcotráfico con apodos en náhuatl, pero brindándoles características unidimensionales de manera similar a la empleada por Herrera.

"pasaporte", como ya había declarado Augé. En *Los no lugares*, el antropólogo francés alega que:

> Solo, pero semejante a los otros, el usuario del no lugar está con ellos (o con los poderes que lo gobiernan) en una relación contractual. La existencia de este contrato se le recuerda en cada caso (el modo de empleo del no lugar es un elemento de eso): el boleto que ha comprado, la tarjeta que deberá presentar en el peaje, o aun el carrito que empuja en las góndolas del supermercado, son la marca más o menos fuerte de todo eso. (56)

En el caso de Makina, la seguridad que le ofrece su sexualidad se presenta como uno de los primeros elementos con los cuales ella negocia el proceso de entrada en una industria dominada por los hombres, especialmente en camino a la pulquería del Señor Hache. Específicamente, al ser mujer, su "peaje" o "tarjeta de embarque" –usando la terminología del antropólogo– es tolerar los cortejos e insinuaciones sexuales de los esbirros, quienes aprovechan la situación para intentar aproximarse a Makina, sin mucho éxito. No obstante, dada su situación y su fortaleza de carácter, ella manipula la circunstancia a su favor desde el principio. El texto declara,

> [e]l cobrador era un muchacho sanguíneo y orgulloso con quien Makina la había desgranado en una ocasión . . . y como había sido claro que con ella había brincado chueco, desde entonces el muchacho le bajaba los ojos cada que se la encontraba (13). Más adelante, al llegar a la pulquería propiamente dicha, el narrador sugiere que la protagonista "también conocía al que guardaba la entrada, un malora al que no le había aceptado sus flores . . ." (15)

Es decir, Makina utiliza el hecho de que ya ha conocido a varios de estos personajes con anterioridad para posicionarse por encima de ellos, pidiendo hablar directamente con el Señor Hache para pedirle de favor que la cruce al Norte. Al entablar este tipo de diálogo, los esbirros no tienen otra opción más que permitirle entrada a su submundo y respetar su decisión.

La pulquería se nos presenta como el primer espacio desde el cual las identidades serán renegociadas continuamente, tanto de Makina como de los personajes que la rodean, pero especialmente la primera. Con respecto a los esbirros, todos "se parecían, ninguno tenía nombre que ella supiera, mas nadie extrañaba fusca" (Herrera 16). Además, el Señor Hache, quien le ayudará a cruzar a cambio de que lleve un 'paquete' a los Estados Unidos, ya le advierte el proceso para atravesar esa barrera de manera lírica, pero en un tono profético de corte trillado: "Vas a cruzar y vas a mojarte y vas a rifártela contra gente cabrona; te desesperarás, cómo no, verás maravillas y al final encontrarás a tu hermano, y aunque estés triste llegarás a donde debes llegar" (Herrera 22). La similitud característica de estos personajes contrasta con la maleabilidad identitaria de la protagonista. Para ella, la pulquería y su naciente experiencia migrante no son sino la representación de un juego de espejos, en los cuales observa su reflejo al entrar al establecimiento: "al frente estaba su espalda: miró detrás y sólo halló el interminable frente curvándose, como invitándola a perseguir sus umbrales. Si los cruzaba todos eventualmente llegaría, trascurvita, al mismo lugar; pero de ese lugar desconfiaba" (Herrera 23). En su simbólica mirada al espejo, Makina logra anticipar su futuro recorrido, puesto que para ella su identidad es una constante fluctuación de espacios que arrancan de un lugar preciso, la llevan a explorar variadas regiones que le permiten verse a sí misma de forma distinta y, al finalizar, vuelve al lugar de origen, pero ahora lo observa con un distanciamiento crítico.

Por otra parte, los lugares en el mapa (precisos, simbólicos, reales o imaginarios) juegan un papel importante en la configuración de la relación que Makina tiene con ese espacio que la rodea, como también se alegará más adelante con respecto a los protagonistas de los corridos de migración de Los Tigres del Norte. Al llegar, por ejemplo, a una ciudad del norte de México, ella alega que:

> no podía estar segura de que un lugar estaba donde indicaba un mapa hasta no haber llegado allí; pero tenía la impresión de haber soñado con ciudades perdidas: literalmente: perdidas dentro de otras ciudades perdidas, deambulando todas sobre una superficie impenetrable. (35)

Dándole así un aire mítico a las afamadas ciudades de paso para los migrantes.[12]

---

[12] Llama la atención que previo a la llegada de Makina a una ciudad fronteriza innombrada, ella es guiada hacia el "Gran Chilango", la ciudad que representa la Ciudad de México, antes de partir a los EE.UU. Es decir, que al incluir esta "parada obligada" en su trayectoria, Herrera mantiene (accidentalmente o a propósito) la idea de la centralización de la experiencia migrante, vista desde el lado mexicano, como si se requiriera un "pasaporte" o paso obligatorio por la capital antes de partir. Como es bien sabido, la gran mayoría de los migrantes indocumentados, tanto de México como de Centroamérica tienden a eludir las ciudades capitales de sus respectivos países, pues carecen de peso político o estratégico en su trayecto. En otro estudio con distinto enfoque podría ahondarse en las razones por las cuales Herrera narraría así el paso hacia el Norte global. Quizá el autor haya incluido su propia visión hegemónica (centralizada) del trayecto de los migrantes debido a su experiencia como un escritor que narra la frontera desde fuera, como algunos de los autores mencionados al inicio del capítulo.

Ella rápidamente comprende y visibiliza el aspecto relacional que tiene un espacio tan históricamente comprometedor como el lugar donde se cruza hacia "el otro lado". De frente a la frontera, todos los migrantes negocian su cruce, como buscando su "pasaporte" para pertenecer a ese "no lugar" de la frontera. Si, por un lado, cruzar legalmente la frontera, a la usanza de los usuarios de Crosthwaite en el párrafo introductorio de este estudio requiere de un pasaporte formal y legitimado, los indocumentados también requieren de un uso de "pasaporte" clandestino: aprender a navegar el submundo de los "coyotes" que, en el mejor de los casos, los llevarán a reunirse con sus familias y, en el peor, los utilizarán como carnada y/o los abandonarán en el trayecto. El cruce por el río, ya arreglado de antemano por las figuras unidimensionales de la pulquería anteriormente mencionadas, arroja a Makina a la desterritorialización parcial. Declara el texto:

> De súbito el mundo se volvió gélido y verdoso y se pobló de invisibles monstruos de agua que la arrancaban de la balsa de caucho; intentó bracear, pateó lo que fuera que la secuestraba pero no conseguía ubicar de qué lado estaba la superficie ni dónde había quedado Chucho. (Herrera 42-3)

Tal confusión se ve, asimismo, en el momento en que llega a salvo a la otra orilla junto a Chucho, su "coyote." "Apenas habían sido unas decenas de metros, pero al mirar el cielo a Makina le pareció que era ya otro, más lejano o menos azul" (Herrera 43).[13]

Dicha confusión y la victimización de aquellos que atraviesan esas tierras, al estilo "no lugar," son llevadas al límite en el momento en que, en el desierto, Makina confunde un muerto, con la panza hinchada de varios días de putrefacción, por el cuerpo durmiente de una mujer embarazada. La vida o la muerte, así como los cielos del norte o el sur, o incluso la superficie o el fondo del río en que nadó, se muestran, para Makina, como conceptos maleables, volátiles e intercambiables. El encuentro con las identidades forjadas por la zona fronteriza, y uno de los únicos momentos en que Makina se logra

---

[13] Cabe mencionar que el uso del *motif* del cielo o la mirada al cielo como un cambio de paradigma narratológico es utilizado por Valeria Luiselli también en *Desierto sonoro*. En el caso de Luiselli, los protagonistas observan un avión cargado de migrantes deportados alejarse en el cielo, anticipando un cambio de narrador en la estructura de la novela. Cabe señalar, además, que el libro ficticio *Elegías de los niños perdidos* que lee la protagonista de *Desierto sonoro* tiene un tono y estructura narrativa lírica que nos recuerda al estilo de Yuri Herrera. Aunque Luiselli no lo "cita" en la sección "Obras citadas" al final de la novela, no cabe la menor duda de que su estilo pudo haber sido influenciado por el de Herrera.

relacionar, aunque brevemente, con dichas identidades, la lleva a relatar uno de los momentos más atractivos del texto de Herrera:

> Son paisanos y son gabachos y cada cosa con una intensidad rabiosa. . . . Más que un punto medio entre lo paisano y lo gabacho su lengua es una franja difusa entre lo que desaparece y lo que no ha nacido. . . . No es que sea otra manera de hablar de las cosas: son cosas nuevas. Es el mundo sucediendo nuevamente. . . prometiendo otras cosas, significando otras cosas, produciendo objetos distintos. (73-4)

Makina se posiciona al exterior del mundo fronterizo, pero evita emitir juicio alguno sobre el grado o valor de relacionalidad de los sujetos de los que habla con respecto a un centro de poder cultural. Puesto que ella no emana de uno de estos centros simbólicos de poder político y cultura como la Ciudad de México, pues es de una comunidad rural, habla tres idiomas y es una migrante, ella luego no los contrasta con una visión homogénea de la cultura mexicana (i.e., "lo nacional"). El narrador de la novela ya había categorizado a Makina como una fiel representante de los espacios "terceros" y es desde estos lugares que la protagonista se (des)familiariza con el territorio y las identidades que la rodean. Ya desde el principio, cuando le dieron el "paquete" de encargo, había mencionado que "[u]na no escoge cuáles mensajes lleva y cuáles deja pudrir. Una es la puerta, no la que cruza la puerta" (Herrera 19).

Al llegar con su hermano, casi ni lo reconoce, pues éste ha adquirido los papeles del hijo de una familia quien se enlistó voluntariamente en el ejército, y, para evitarle servir, la familia le pidió al hermano de Makina que tomara sus papeles y partiera a la guerra, tomando el lugar de su hijo. La reunión tan anticipada dura apenas unos minutos, pues su hermano debe ingresar nuevamente al cuartel, y Makina debe regresar a México: ambos se tratan como extraños o como si la situación los obligara a desconocerse. Sin embargo, a su regreso, Makina debe pasar por un túnel, pero con la oportunidad de transculturarse una última vez. Le pasan una carpeta con documentos: "Makina tomó el legajo y miró su contenido. Ahí estaba ella, con otro nombre y otra ciudad de nacimiento. Su foto, nuevos números, nuevo oficio, nuevo hogar. Me han desollado, musitó" (Herrera 118-19). Makina, tras pasar por estos "no lugares," al final puede mutar identidades con el propósito de quedarse en el país, como hizo su hermano, mostrando un efecto afirmativo del ritual de paso que comenzó con ella como mensajera, como migrante, y cerró el ciclo con una nueva identidad. No obstante, mientras que para algunos de los personajes que ella encuentra, dicho mundo se muestra como un "lugar antropológico", un lugar de relación donde se genera la noción de comunidad, para el imaginario de Makina (así como para el de su hermano), incluso después de obtener los papeles, esta zona seguirá siendo un prototípico "no lugar" en el cual, como en la autopista, el centro comercial o el aeropuerto, uno sale "intacto" entre más rápido sea su paso por dicho espacio.

Los tres corridos de Los Tigres del Norte que se analizan brevemente a continuación también nos muestran facetas ampliamente reconocidas de las narrativas sobre migración mexicana hacia los Estados Unidos: la de aquellos que se transculturan entre dos naciones y la de aquellos que mueren en la línea divisoria. Los corridos "Mis dos patrias", "La tumba del mojado" y "José Pérez León"[14] ejemplifican las maneras en que los "no lugares" de la frontera dificultan la asociación con respecto a una entidad nacional homogénea y facilitan la transculturación de ideas, identidades y posiciones. "Mis dos patrias" muestra, entre otras cosas, la plasticidad del movimiento y de los espacios desde donde se enuncia (y anuncia) una identidad. Además, define y deconstruye, basándose en la tradición popular, las distintas y complejas localizaciones de "lo nacional" y lo "foráneo". Por otra parte, "La tumba del mojado" y "José Pérez León" son, de cierta forma, historias que se desprenden (simbólicamente) y ahondan en ese momento en *Señales que precederán al fin del mundo* en que Makina cruza el río y se enfrenta a la triste imagen del cadáver de un migrante en putrefacción.[15]

A diferencia de la literatura, que goza de círculos de distribución y recepción en canales denominados de "alto prestigio", los corridos parten de la tradición oral y están inscritos en el tejido colectivo de la comunidad mexicana y mexico-americana. Yuri Herrera gozó de premiaciones que comenzaron con el Premio Binacional de Novela Joven Frontera de Palabras (2004) por *Trabajos del reino*, tras haber participado en las "Economías Públicas de Prestigio" de los circuitos mexicanos y estadounidenses: a través de premios recibidos en el primero y mediante el programa del *Master of Fine Arts* otorgado por la

---

[14] "Mis dos patrias", escrito por el compositor Enrique Valencia, se encuentra en el álbum *Jefe de jefes*, (1997); "La tumba del mojado", del compositor Paulino Vargas, en *Internacionalmente norteños*, (1994) y "José Pérez León," de José Cantoral, en *Pacto de Sangre*, (2004).
[15] Esta desafortunada imagen recurrente en el imaginario colectivo del migrante ya ha sido ampliamente documentada. En el cine ya se le ha dado visibilidad con fines de llamar la atención a la crisis humanitaria en la frontera. En el filme *Who is Dayani Cristal?* de Marc Silver (2013), por ejemplo, se documenta el viaje (parte ficción, parte documental) de un migrante anónimo que falleció en el desierto, protagonizado por Gael García Bernal. El propósito del filme es identificarlo para después encontrar a sus familiares.

Universidad de Texas, El Paso, en el segundo caso.[16] Los Tigres del Norte no han tenido una participación en dichas "Economías de Prestigio", pero han logrado romper récords de popularidad en el ámbito musical debido a su posicionamiento transfronterizo (i.e., la banda surge en San José, California, EE.UU., pero los integrantes son de Sinaloa). Además, su plataforma musical basada en variantes "regionales" de conjuntos norteños y su disposición a cantar sobre temas que en los años de sus inicios no se trataban ampliamente en la música popular debido a la censura parcial del gobierno, son características que han incrementado su fama y trayectoria musical.

En *Los corridos en la memoria del migrante*, Martha Chew Sánchez sugiere acerca de la importancia de este género musical para la historia colectiva:

> Los corridos juegan un papel muy importante en la tradición oral de las comunidades mexicana y mexicoamericana. El corrido trasciende espacio y tiempo porque, aunque algunos aspectos de los corridos pueden cambiar a través de las generaciones o variar de acuerdo con las regiones geográficas, el contenido principal del corrido se mantiene esencialmente igual. (83)

El corrido en sí tiene en México una tradición larga, y Vicente T. Mendoza, en *El romance español y el corrido mexicano: Estudio comparativo*, lo ata directamente a España, dándole una posible genealogía peninsular. Por otra parte, Merle Simmons, en su artículo de 1963 titulado "The Ancestry of Mexico's Corrido" lo coloca junto a la poesía náhuatl durante la colonia. En el mismo número, Américo Paredes declara, en "The Ancestry of Mexico's Corridos: A Matter of Definitions" que la tradición corridística mexicana comienza específicamente con la emergencia de la frontera México-Texas tras la guerra de Intervención Estadounidense en México (1846-1848).

El caso de Los Tigres del Norte es llamativo, puesto que uno de los temas de composición que los han hecho famosos es el narcotráfico. Según la crítica, es mediante los narcocorridos, una de las más recientes variaciones del corrido

---

[16] El término viene de Ignacio Sánchez Prado. En su artículo "The Public Economy of Prestige" alega que dicho término debe emplearse para la supuesta 'paradoja' que surgió en el México neoliberal (específicamente la administración de Salinas de Gortari) que, de un lado, dio inició a la privatización acelerada de empresas paraestatales y, de otro, creó y fortaleció la centralización de los programas de cultura (FONCA, "Jóvenes Creadores", etc.). En lugar de analizar dicha centralización como una paradoja al sistema neoliberal, Sánchez Prado sostiene que la creación y fortalecimiento de instituciones culturales obedece, más bien, a la continuación de la distribución de recursos estatales a manos privadas (i.e., del estado a un/a escritor/a particular) imitando, por ejemplo, la lógica de la licitación de un contrato estatal por una entidad privada.

en su larga historia,[17] que el conjunto se vuelve famoso. Juan Carlos Ramírez-Pimienta, en *Cantar a los narcos*, José Manuel Valenzuela Arce, en *Jefe de jefes* y Elijah Wald, en *Narcocorrido: a Journey into the Music of Drugs, Guns, and Guerrillas*, sugieren, cada uno a su manera, que en los años sesenta y setenta el corrido sufre una transformación temática que lo acerca al universo narrativo del narcotráfico (Valenzuela) y que en el mismo período Los Tigres del Norte dan vida al corrido "Contrabando y traición" del compositor Ángel González, lo cual les brinda fama inmediata (Ramírez-Pimienta) e incluso da inicio al concepto del narcocorrido moderno (Wald).

Los corridos sobre migrantes en la discografía de Los Tigres del Norte han sido un tema constante que los ha posicionado, literalmente, entre dos tipos de culturas fronterizas: la de México-Estados Unidos y la de la "alta" cultura y cultura "popular". Con respecto a la popularidad de la canción ranchera, Martha Chew Sánchez alega que

> [l]a dramática inmigración desde las áreas rurales hacia las ciudades que tomó lugar en los años 30 permitió que la canción ranchera adquiriera una gran popularidad. Esta migración trajo consigo la integración de la canción ranchera en los medios de comunicación masiva: radio, discos y, especialmente, el cine de los años 30. (90)

Es decir, todos los medios de comunicación que por décadas se consideraron parte de la cultura de masas, ayudaron a la propagación de este género baladístico más allá de su base esencialmente oral. En esta cultura de masas (mediáticas) se apoya el conjunto norteño para componer corridos que invitan al diálogo sobre la migración.

"Mis dos patrias" parte de la lógica binacional y bicultural dentro del cual el protagonista cuestiona el valor de cada una de las entidades afectivas que representa y las deconstruye y resuelve de una manera afirmativa. No obstante, hay una diferencia clave con respecto a la novela de Yuri Herrera y a los otros dos corridos de esta sección que debe señalarse. A la protagonista de la novela no le interesa en absoluto el "pasaporte" que le brindan para permanecer en el país y, en "José Pérez León" y "La tumba del mojado", ambos

---

[17] Siguiendo la estructura "genealógica" brindada por los críticos previamente mencionados, se podría alegar, brevemente, que el corrido ha pasado por las siguientes fases: 1) la fase "colonial" (i.e., la mezcla del romance español y las tradiciones orales locales); 2) la guerra de Intervención (i.e., el desplazamiento territorial y los conflictos entre mexicanos y norteamericanos a mediados del siglo XIX); 3) la Revolución mexicana y la migración al Norte a principios del siglo XX; 4) el narcotráfico, a partir de mitad del siglo XX.

protagonistas quedan enteramente al margen de todo espacio y soberanía, puesto que fallecen en el trayecto al Norte global. Sin embargo, en "Mis dos patrias" el protagonista logra entrar de lleno al "corazón" de la soberanía norteamericana mediante uno de los ritos de iniciación más visibles y, simultáneamente, polémicos en materia de identidad. El corrido inicia en el momento en que se traspasa el umbral entre el "lugar antropológico" y el "no lugar": narrando la última sección de una ceremonia de naturalización del gobierno estadounidense para obtener la ciudadanía de ese país. Es decir, el narrador propone que el *locus* de enunciación sea uno de los tantos lugares apropiados para la simbólica mezcla de identidades que se pueden dar en la frontera; y lo hace de un modo no muy distinto al del "pasajero" ideal de Crosthwaite en el cuento mencionado en la introducción.

El acto de convertirse en ciudadano norteamericano, como bien concluye la ceremonia al inicio del corrido,[18] nunca se aleja del problemático juego de identidades que caracterizan a una gran parte de los migrantes que parten hacia el norte. A pesar de la resolución tan afirmativa de la situación migrante, el protagonista inicia su canto haciendo hincapié en la postura defensiva de la "pérdida de identidad": "Para quien dice que yo soy un malinchista y que traiciono a mi bandera y mi nación. . . ." (s.p). Desde el comienzo, el juego de la transculturación se inclina a favor de esa supuesta "pérdida" que, no obstante, se transformará en beneficio/ganancia. El migrante ha abandonado y traicionado su nación, se nos indica, al haber aceptado la doble nacionalidad.

Más aún, los espacios fronterizos y abstractos señalados por el narrador son enteramente afectivos. Más adelante menciona: "No me llamen traicionero, que a mis dos patrias las quiero, en la mía dejé a mis muertos; aquí, aquí mis hijos nacieron" (s.p.). A diferencia de la visión lírica y casi mitológica con que Makina observa la tierra norteamericana en *Señales* o –como se verá en las próximas páginas–, la manera en que el protagonista de "José Pérez León" imagina el "otro lado", o incluso cómo el narrador de "La tumba del mojado" nos presenta una visión opresiva de los EE.UU., en "Mis dos patrias" el protagonista subvierte completamente la lógica del "lugar antropológico" y el "no lugar" y elimina cualquier diferencia entre ambos términos. Mientras que para muchos migrantes el Norte global y, específicamente el paso por la frontera, es un "no lugar" que se asemeja parcialmente a la heterotopía de Foucault llevada a sus manifestaciones más extremas, para el narrador de "Mis dos patrias" ambos espacios dentro de su imaginario se han convertido en lugares relacionales y "llenos" de historia (afectiva). Como se puede observar en la cita anterior, tanto México como los EE.UU. se pueden

---

[18] El corrido comienza en inglés, imitando el audio de una ceremonia de naturalización y, al concluir, dice: "Congratulations, you are now all American citizens!" (s.p.).

considerar espacios altamente cargados de simbolismo y sociabilidad, los requisitos principales de Augé para denominarlos "lugares antropológicos": el primero como el "lugar" de los abuelos (i.e., la historia y genealogía familiar); el segundo como el "lugar" de los hijos (i.e., el "lugar" relacional de su presente y su futuro).

La muerte, por otro lado, aunque real y simultáneamente simbólica, ocupa un espacio más abstracto dentro del simbolismo de la frontera en "La tumba del mojado" y "José Pérez León". Si en "Mis dos patrias" las referencias a la muerte y México se convocan con fines de relacionar históricamente los momentos y lugares afectivos de una identidad pasada con los del presente (y futuro), en los próximos dos corridos la muerte en la frontera se analiza como un parteaguas que elimina cualquier posibilidad de relación para el migrante; relación tanto con México como con los Estados Unidos, propiamente dichos. En otras palabras, los puntos intermedios entre la (in)visibilidad, la (in)sociabilidad y la (falta de) relación del migrante en un punto fronterizo es exactamente lo que la muerte quiere simbolizar cuando se le ha negado el valor sentimental que tiene para el migrante el dejar atrás su tierra natal y sus antepasados (v.g., en "Mis dos patrias").

En "La tumba del mojado", Los Tigres del Norte nos presentan a un narrador que, en primera persona, narra la marcada diferencia que existe entre ambos polos de la frontera para quienes no gozan de los "privilegios" de ser legalmente incluidos dentro del umbral de la soberanía norteamericana, como le sucede al protagonista de "Mis dos patrias." El lenguaje utilizado por el narrador es un lenguaje claramente ambivalente, pues narra sus hazañas del "otro lado" de la frontera, pero inicia resaltando el espacio geográfico que divide a las culturas e identidades: "No pude cruzar la raya, se me atravesó el Río Bravo" (s.p.). Dado que los próximos versos relatan sus vivencias dentro de los "no lugares" (físicos y emocionales) del migrante indocumentado en los EE.UU. (v.g., el sótano, la humillación por parte de los norteamericanos, etc.), es indudable que su expresión "no pude cruzar" se refiere menos al acto físico de intentar atravesar las peligrosas corrientes del Río Bravo que al acto simbólico de diferenciar las culturas que han permanecido divididas por la "línea divisoria". Es decir, el narrador efectivamente ha logrado penetrar el espacio físico y geográfico denominado los Estados Unidos de América, donde ha laborado, según la letra, en los estereotípicos trabajos que los migrantes sin documentos tienden a realizar. Sin embargo, no ha logrado "cruzar" la frontera en el sentido polisémico y cultural de la palabra, pues "[e]n México se pasean franceses, chinos y griegos, y algunos americanos", pero a él se le "atravesó el Río Bravo" (s.p.).

Es evidente que, como alega la letra de la canción, "la línea divisoria es la tumba del mojado", simbólica y realmente. Como bien relata la novela de Yuri

Herrera al momento en que Makina intenta cruzar, el desierto y el río son espacios naturales que simultáneamente extienden y contraen el espacio soberano de las naciones en que se encuentran. En otras palabras, ambos oscurecen, temporalmente, cualquier indicio de "nacionalidad" o "soberanía": el desierto y el río son idénticos a ambos lados de la frontera. Aunque este narrador en particular logró trabajar en "el otro lado" en condiciones precarias, es claro que para el "migrante", en tanto sujeto identitario, "[l]as rosas de Mexicali, y la sangre en el Río Bravo son dos cosas diferentes, pero en color son hermanos" (s.p.).[19] Es decir, la naturaleza se vuelve "soberana", por así decirlo, puesto que para el migrante que cruza no es necesario siquiera contar con la presencia de los *rinches* o los elementos de la patrulla fronteriza (i.e., *Border Patrol*) para presenciar las consecuencias más fatales de la "línea divisoria".

"José Pérez León", a diferencia de los corridos anteriores y de la novela de Herrera, nos muestra a un personaje que da la vida por la representación mental que tiene del Norte global. Marc Augé declara que "[c]iertos lugares no existen sino por las palabras que los evocan, no lugares en este sentido o más bien lugares imaginarios, utopías triviales, clisés" (53). Tal como Makina recibe el llamado de su hermano a cruzar, aunque sin jamás romantizar el norte, el protagonista del conjunto norteño accede a atravesar la frontera tras la promesa de trabajo en el campo. Al igual que los indocumentados que viajan y se congregan en la frontera en esa ciudad de paso sin nombre en *Señales*, el "pobre José" se entrevista con Willy, "el pollero más afamado y astuto de la región" (s.p.).

Dado que, como bien advierte Augé, todo pasajero del "no lugar" entra en una relación contractual al momento de entrar en dicho espacio (56), el protagonista de "José Pérez León" deberá entrevistarse y pertenecer a un grupo de treinta personas anónimas, pero semejantes, que cruzarán en tren (i.e., otro de los medios de transporte predilectos del antropólogo francés). Augé menciona asimismo que los "no lugares" "sólo tiene[n] que ver con individuos (clientes, pasajeros, usuarios, oyentes) pero no están identificados, socializados ni localizados (nombre, profesión, lugar de nacimiento, domicilio) más que a la entrada o a la salida" (60-1). Interesantemente, Los Tigres del Norte narran el trayecto de José Pérez León hacia el Norte global precisamente en la frontera, el lugar donde se negocian los "contratos"

---

[19] Este verso sin duda nos remite al comentario recopilado por el periodista salvadoreño Óscar Martínez, al hablar con migrantes centroamericanos que van a bordo de "La Bestia" (la red de trenes de carga que muchos migrantes han utilizado para viajar al Norte). Al referirse a la peligrosidad fatal del tren, un migrante le comenta al periodista: "Este es primo hermano del río Bravo, porque la misma sangre tienen, sangre centroamericana" (*Los migrantes que no importan*, 66-67).

(legales e ilegales) y donde el "pobre José" obtiene su boleto de entrada, pero jamás el de salida. Es ese lugar también, la frontera, el espacio *par excellence* que la colectividad norteamericana narra como su "punto de entrada". Es decir, Los Tigres del Norte comienzan proveyéndole al migrante los requisitos para que pertenezca a este "no lugar" que, en el imaginario colectivo norteamericano, no es sino un "lugar antropológico" mítico homogéneo, con una relacionalidad a escala inverosímilmente nacional que trasciende la localidad de los pueblos estadounidenses fronterizos.[20] Allí, los "criminales" que lo atraviesan son apenas datos estadísticos sin nombre, externos al tejido de dicha construcción imaginaria nacionalista.[21]

Para contrarrestar y brindarle un "pase de abordar" a la historia del "pobre José" en un espacio que, para muchos mexicanos migrantes es el "no lugar" por antonomasia, Los Tigres inician con el verso: "Él era un hombre de campo, oriundo de Nuevo León, tenía apenas 19 años, su nombre: José Pérez León" (s.p.). Al identificarlo, a manera de inspección aduanal simbólica, los músicos ya insertan al protagonista firmemente al interior del "no lugar," junto al resto de los "usuarios" del cruce fronterizo ilegal. No obstante, es ese mismo "pasaporte" temporal –ya que el contrato del "no lugar" puede ser tanto legal como ilegal– el que al final lo arroja a la penumbra del espacio fronterizo. Cruzando en tren al fondo de un vagón junto al resto de los otros migrantes, el "pobre José" muere asfixiado cuando la puerta no cede, junto al resto de los "pasajeros anónimos pero semejantes". Nuevamente, la delgada línea entre la vida y la muerte se presenta aquí con la misma ambivalencia que en *Señales* para Makina, salvo que, en este caso, el protagonista no alcanza a vislumbrar los beneficios de pertenecer a dicho espacio y es devorado por el "no lugar", como si fuera la víctima por excelencia.

---

[20] Todd Miller y Mathew Coleman expanden en sentidos opuestos pero paralelos el referente de la frontera. Miller sostiene que, tras un arduo trabajo de entrenamiento internacional reciente, la Patrulla Fronteriza promueve su frontera más allá de la frontera geográfica que delimita a los EE.UU. Es decir, al entrenar a cuerpos policiacos y militares en materia de migración en países como Israel, Filipinas o en la frontera México-EE.UU., logra mover la frontera a esos puntos ya que, si se detienen "criminales" en otros países, son menos los que llegan a la "línea divisoria" geográfica real. Por otra parte, Coleman alega que las operaciones del Servicio de Control de Inmigración y Aduanas (ICE, por sus siglas en inglés) se han hecho cada vez más presentes en estados norteamericanos no fronterizos, efectivamente borrando cualquier noción de frontera geográfica y localizándola al interior de la Unión Americana. Ver *Empire of Borders* (Miller) y "From Border Policing to Internal Immigration Control in the United States" (Coleman) en la bibliografía.

[21] Para este dato basta pensar simplemente en lo que simboliza, en su forma más simplista, el muro de Donald Trump para sus fieles seguidores (dentro y más allá de las zonas fronterizas).

A manera de breve conclusión, aquí se entienden los espacios e identidades de las zonas fronterizas, así como las variadas perspectivas que emanan de ellas como un péndulo entre lugares con alta sociabilidad y relacionalidad, y otros donde dicha relación parece no darse. En *Señales que precederán el fin del mundo*, Makina atraviesa "no lugares" de la sociedad, pero logra insertarse afirmativamente dentro de la lógica del migrante en la frontera al ir acompañada del "pasaporte" simbólico que le brindan en la pulquería tras hacer un favor: la información de quién la cruzará, por dónde cruzará y cómo localizará a su hermano. En los corridos de Los Tigres del Norte se narran asimismo distintos grados de oscilación entre el "lugar antropológico" y los "no lugares" de la frontera, pero queda claro que las tres narrativas musicales, junto a la novela de Herrera, desestabilizan la noción de lo "nacional" y la "otredad". Finalmente, estas narrativas, en conjunto, nos brindan un ejemplo de cómo analizar la frontera en sí como el espacio maleable, versátil y engañoso que es; como el lugar que permite la autoidentificación y la autoreferencialidad en algunos casos, y borra huellas y elimina la posibilidad de relación y sociabilidad, en otros. Como muestran los personajes de estas narrativas literarias y musicales, no existe una forma unidimensional de narrar la frontera en materia de contenido, pues este espacio será lugar relacional o "no lugar" dependiendo de la situación. Tampoco será unidimensional en materia de género literario/musical y audiencia, puesto que el espacio fronterizo sigue siendo tan importante en los estudios académicos y culturales, aunque provenga de los círculos literarios trasnacionales de distribución de capital simbólico, como el caso de Yuri Herrera, o de los circuitos musicales de la cultura de masas que han utilizado Los Tigres del Norte por décadas para enviar su mensaje.

Obras citadas

Anaya, Rudolfo. *Bless Me, Ultima*. Quinto Sol, 1972.

Anzaldúa, Gloria. *Borderlands/ La Frontera: The New Mestiza*. Aunt Lute Books, 1987.

Augé, Marc. *Los no-lugares, espacios del anonimato: Una antropología de la Sobremodernidad*. Trad. Margarita Mizraji. Gedisa, 2000.

Cantu, Norma E. *Canicula: Snapshots of a Girlhood en la Frontera*. University of New Mexico Press, 2000.

Chew, Martha. *Los corridos en la memoria del migrante*. Eón, 2008.

Coleman, Matthew. "From Border Policing to Internal Immigration Control in the United States." En *A Companion to Border Studies*, Eds. Thomas M. Wilson, Hastings Donnan, 419- 437. Blackwell Publishing, 2012.

Crosthwaite, Luis Humberto. *Estrella de la calle sexta*. Tusquets, 2000.

—. *Instrucciones para cruzar la frontera*. Joaquín Mortiz, 2002.

Cummins, Jeanine. *American Dirt*. London Tinderpress, 2019.

De Certeau, Michel. *La invención de lo cotidiano: Artes de hacer*. Trad. Alejandro Pescador. Universidad Iberoamericana, 2000.

Domínguez Michael, Christopher. "Una nueva novela lírica." *Letras Libres*, s.v., 2011, http://www.letraslibres.com/mexico-espana/una-nueva-novela-lirica

Foucault, Michel. "Espacios diferentes." En *Obras esenciales III*. Paidós Básica, 1999.

Fuentes, Carlos. *La frontera de cristal: Una novela en nueve cuentos*. Alfaguara, 1995.

Grande, Reyna. *The Distance Between Us*. Aladdin, 2017.

Gurba, Myriam. "Pendeja, You Ain't Steinbeck: My Bronca with Fake-Ass Social Justice Literature." *Tropics of Meta*, 12 diciembre, 2019.

Herrera, Yuri. *Señales que precederán al fin del mundo*. Periférica, 2009.

—. *Trabajos del reino*. Consejo Nacional para la Cultura y las Artes, 2004.

Lefebvre, Henri. *La producción del espacio*. Trad. Emilio Martínez. Capitán Swing Libros, 2013.

Los Tigres del Norte. "Contrabando y traición." *Contrabando y Traición*, Fonovisa, 1974.

—. "José Pérez León." *Pacto de Sangre*, Fonovisa, 2004.

—. "La tumba del mojado." *Internacionalmente norteños*, Fonovisa, 1994.

—. "Mis dos patrias." *Jefe de jefes*, Fonovisa, 1997.

Luiselli, Valeria. *Desierto sonoro*. Trad. Valeria Luiselli y Daniel Saldaña París. Penguin Random House, 2019.

—. *Los niños perdidos: Un ensayo en cuarenta preguntas*. Editorial Sexto Piso, 2016.

—. *Lost Children Archive*. Knopf, 2019.

—. *Tell Me How It Ends: An Essay in Forty Questions*. Trad. Valeria Luiselli y Lizzie Davis. Coffee House Press, 2017.

Martínez, Óscar. *Los migrantes que no importan*. Icaria Editorial, 2010.

Mendoza, Vicente T. *El romance español y el corrido mexicano: Estudio comparativo*. Ediciones de la Universidad Nacional Autónoma, 1939.

Merriman, Peter. "Marc Augé on Space, Place and Non-Places." *Irish Journal of French Studies*, vol. 9, no. 1, 2009, pp. 9-29.

Miller, Todd. *Empire of Borders: The Expansion of the US Border Around the World*. Verso, 2019.

Moraga, Cherríe, and Gloria Anzaldúa. *This Bridge Called My Back: Writings by Radical Women of Color*. SUNY Press, 2015.

Paredes, Américo. *Folktales of Mexico*. The University of Chicago Press, 1974.

—. "The Ancestry of Mexico's Corridos: A Matter of Definitions." *Journal of American Folklore*, vol. 76, 1963, pp. 231-35.

—. *"With His Pistol in His Hand": A Border Ballad and Its Hero*. University of Texas Press, 2016 [1958].

Paz, Octavio. *El laberinto de la soledad: Edición conmemorativa 50 Aniversario*. Fondo de Cultura Económica, 2000.

Ramírez-Pimienta, Juan Carlos. *Cantar a los narcos: Voces y versos del narcocorrido*. Temas De Hoy, 2013.

Sánchez, Ivonne. *De la alegoría a la palabra: el reino de Yuri Herrera*. UNAM, 2019.

Sánchez Prado, Ignacio M. "The Public Economy of Prestige: Mexican Literature and the Paradox of State-Funded Symbolic Capital." En *Pierre Bourdieu in Hispanic Literature and Culture*, Ed. Ignacio M. Sánchez Prado, 187-221. Palgrave McMillan, 2018.

Santangelo, Eugenio. "Comunidades que jarchan: políticas de la lengua y el habitar en las tres novelas de Yuri Herrera." En *De la alegoría a la palabra: el reino de Yuri Herrera*, Ed. Ivonne Sánchez Becerril, 23-52. UNAM, 2019.

Shaw, Deborah. "Migrant identities in film: Migrations from Mexico and Central America to the United States." *Crossings Journal of Migration and Culture*, vol. 3, no. 2, 2012, pp. 227-240.

Simmons, Merle. "The Ancestry of Mexico's Corrido." *Journal of American Folklore*, vol. 76, 1963, pp. 1-15.

Urrea, Luis. *The Devil's Highway: A True Story*. Little Brown, 2005.

Valenzuela José, *Jefe de jefes: Corridos y narcocultura en México*. Plaza & Janés Editores, 2002.

Villalobos, Juan. *Fiesta en la madriguera*. Anagrama, 2010.

Wald, Elijah. *Narcocorrido: A Journey into the Music of Drugs, Guns, and Guerrillas*. Rayo, 2001.

Who is Dayani Cristal? Silver, Marc, director. Pulse Films, 2013.

Capítulo 10

Identidad y frontera, una lectura comparada de *A vuelta de rueda tras la muerte* de Ricardo Vigueras y *Kentucky Club* de Benjamín Alire Sáenz

Rodrigo Pardo Fernández

Universidad Michoacana de San Nicolás de Hidalgo

Resumen: La reflexión en torno a las identidades entre México y Estados Unidos desde la literatura conlleva la ubicación de lugares significativos por su relevancia cultural, económica y política en la región. Ciudad Juárez, en el estado de Chihuahua, y su ciudad hermana El Paso, en Texas, son urbes cuya carga simbólica e histórica ha propiciado distintas obras narrativas que abonan a la construcción y la delimitación de identidades de la zona. Se propone una lectura comparada de los libros de cuentos *A vuelta de rueda tras la muerte* (2014), del español Ricardo Vigueras, y *Kentucky Club* del estadounidense fronterizo Benjamín Alire Sáenz (2014). Destaca la convergencia espacio-temporal, las situaciones y las violencias, el conflicto y las estrategias para escribir la contradicción propia de un territorio escindido. A partir de estos puntos de contacto en los textos literarios se busca problematizar la identidad como construcción en movimiento, sujeta a condiciones sociohistóricas y elecciones individuales.

Palabras clave: Identidad, frontera, narrativa en español, violencia

***

La reflexión en torno a las identidades transfronterizas entre México y Estados Unidos conlleva la ubicación de lugares especialmente significativos por su relevancia cultural, económica y política en la región. Desde los estudios literarios, la intención es establecer el modo en el que las ficciones fijan en relatos particulares, aspectos recurrentes de la zona.

Se propone una lectura comparada de los libros de cuentos *A vuelta de rueda tras la muerte* (2014), del español de origen pero juarense por adopción, Ricardo Vigueras, y *Kentucky Club* (2014) del estadounidense fronterizo Benjamín Alire Sáenz. Para la elección de estos textos se tomaron en cuenta varios aspectos; en primer lugar, que se trata de volúmenes de relatos engarzados (once en el volumen de Vigueras, siete en el de Alire Sáenz),[1] los cuales desarrollan temáticas afines y tiene lugar en el espacio binacional de Ciudad Juárez y El Paso. Ciudad Juárez, en el estado de Chihuahua, y su ciudad hermana El Paso, en Texas, son urbes cuya carga simbólica e histórica ha propiciado distintas obras narrativas que abonan a la construcción y la delimitación de identidades de la zona. Para entender el contexto, a lo largo de 3.169 kilómetros de frontera hay otras ciudades de gran significación, como Tijuana, Mexicali, Piedras Negras, Reynosa o Matamoros.[2]

En un segundo término, se seleccionaron por la convergencia espacio-temporal del momento de producción, 2014, y las referencias extratextuales a la realidad de estas urbes fronterizas. De manera destacada, en ambos volúmenes los personajes llevan a cabo distintas elecciones identitarias relacionadas con la situación fronteriza, en el marco de distintas prácticas de la violencia.

Por último, el análisis de estos textos permite apreciar el modo en el que en ambas propuestas narrativas se formulan estrategias para continuar habitando/escribiendo esos espacios, para vivir la frontera y asumir, en términos identitarios, la contradicción propia de la situación en un territorio escindido.

La base del análisis que se hará de los textos ficcionales en este trabajo es, siguiendo a Said: "A knowledge of history, a recognition of the importance of social circumstance, an analytical capacity for making distinctions. . . ." (15-16), lo que comprende la puesta en relación de los textos con su situación de emergencia. Se reconoce así el emplazamiento sociohistórico de la producción y la recepción textual, asumiendo que ". . . for every poem or novel in the canon there is a social fact being requisitioned for the page . . ." (Said 23). De esta manera se lee lo social en el texto, no en términos de mímesis (pretendida equivalencia entre lo escrito y el mundo) sino de interpretación.

---

[1] Las citas utilizadas a lo largo del trabajo refieren a cuatro textos de cada uno de los volúmenes.

[2] Como ejemplos significativos producidos por creadores desde otros territorios y culturas, destacan *La frontière* de Patrick Bard (2002), y *2666* de Roberto Bolaño, publicada en 2004 (ver Donoso, 2006).

La propuesta de lectura que formula Edward Said (1983) nos permite reflexionar sobre el modo en el que ciertos fragmentos significativos del texto, entendido como ficción, apuntan a fenómenos extratextuales en un contexto sociohistórico dado.

> The realities of power and authority —as well as the resistances offered by men, women, and social movements to institutions, authorities, and orthodoxies— are the realities that make texts possible, that deliver them to their readers, that solicit the attention of critics. (Said 5)

Estas premisas subrayan el hecho de que bajo los textos subyacen relaciones de poder y sirven como referente en nuestro análisis. En un sentido complementario, con base en los puntos de contacto en los textos literarios de Alire Sáenz y Vigueras se busca problematizar la identidad como construcción en movimiento, sujeta a condiciones espaciales, sociohistóricas y elecciones individuales.

Ciudad Juárez-El Paso: una urbe escindida por la Línea

La frontera, en tanto límite geopolítico, conlleva a primera vista una división entre dos espacios, y por tanto entre dos sociedades (Schmidt Nedvedovich).

Los textos de Alire Sáenz y de Vigueras que se analizan, recrean la compleja relación binacional entre una ciudad estadounidense y otra mexicana en perpetuo diálogo y contraste. De este modo es posible reflexionar sobre fragmentos que describen distintos lugares de la urbe escindida: El Paso, y su imagen en el espejo, Ciudad Juárez, a partir de la lectura de los relatos ficcionales de *Kentucky Club* y *A vuelta de rueda tras la muerte*.

La relación es compleja entre la ciudad mexicana, sitio recurrente en las noticias internacionales a partir de la visibilización de los feminicidios (Valencia, Segato), y la ciudad texana, que de ser un espacio depreciado en territorio estadounidense se convirtió en la quinta ciudad más segura de Estados Unidos de más de 300 mil habitantes. El contraste y la compleja red económica y social de ambas urbes condujo a una situación anómala: que El Paso se tornara en una ciudad dormitorio, en algunos casos, para quienes trabajan en Juárez. De modo similar, que se convirtiera en un espacio para optar por una educación de calidad en un entorno seguro. En otros casos, su valoración positiva trajo consigo que muchos negocios cruzaran la frontera para sobrevivir. En conjunto, estos y otros factores se conjuntaron para acentuar la brecha socioeconómica entre ambas ciudades a partir del abandono del lado mexicano. El narrador de los textos encadenados de

Ricardo Vigueras, cuyo protagonista recurrente es el taxista a quien apodan Pocamadre,[3] lo relata de este modo en "La isla de los bienaventurados":

> Toda Ciudad Juárez se había mudado a El Paso. No toda, claro, sólo la mayor parte de profesionales y empresarios: los necesarios para engordar el marranito de los impuestos del City Hall. Los desdeñables y la carne de cañón permanecían en Juárez. Antes El Paso era una ciudad jodida. . . . Todo el mundo cruzaba a Juárez a divertirse. . . . Ahora en Juárez no quedaba nada, salvo tinieblas, ruinas, ulular de sirenas, siniestros retenes del ejército y la policía federal. (Vigueras 95-96)

En este sentido, pareciera que en los relatos de *A vuelta de rueda* los personajes no dimensionan los alcances de la situación fronteriza, el modo en el que sus acciones validan la asunción y pervivencia de una ciudad "jodida": Juárez se ha convertido en el otro lado, en la ciudad que se elude, se añora y se cuestiona desde un lugar a salvo en territorio estadounidense. Así lo comparte Carlos, narrador intradiegético del cuento "Él se fue a estar con las mujeres" de Alire Sáenz:

> —¿Por qué quieres escribir sobre eso?
> —Juárez es una obsesión.
> . . . .
> —Pero no vives allí.
> —Somos una misma ciudad, Javier.
> —Eso son mamadas, Carlos. . . . ¿Crees que la chingada frontera no importa?
>
> (24-25)

El Paso es la seguridad económica, pero también el mundo ideal al que se aspira, aunque no siempre se corresponda con lo esperado. Ciudad Juárez, en cambio, representa lo perdido, la urbe que entre 2008 y 2012 fue territorio de disputa entre cárteles y diversas fuerzas de seguridad del Estado mexicano, tal y como se recoge en diversos textos sobre el periodo (Rojas, Escalante).

Y la relación de los personajes de uno y otro lado de la frontera con el cruce y la ciudad que los espera al otro lado recrea esta realidad de las ciudades en las últimas décadas. En primera instancia, en el cuento "A veces la lluvia" del *Kentucky Club* podemos apreciar la manera en la que un joven recurre a la

---

[3] De acuerdo con el DEM (2020), "De gran calidad, maravilloso, muy bueno", pero también que tiene poca vergüenza o decencia.

ciudad mexicana como espacio de liberación sexual, acceso al alcohol e imagen de la transgresión:

> Pagamos dos centavos cada uno por cruzar el Puente de Santa Fe y cuando lo hicimos sentí que mi corazón se aceleraba. Siempre me sentía así cuando iba a Juárez. Era algo que tenía prohibido. (Alire Sáenz 164)

En el otro extremo de las vivencias fronterizas se encuentra el personaje mexicano del cuento "Simbiosis", de *A vuelta de rueda*, Elvispresli Marrufo, cuyas peripecias son relatadas así por la voz narrativa:

> Y luego le llegó subirse a un vagón del tren de la vida: cruzarse a El Paso de mojado, y saltar a Los Ángeles para tentar el juego de Hollywood . . . y al final, con treinta y tantos años, . . . y unos cuantos cientos de dólares, lo deportaron de Estados Unidos y arribó en Juárez. . . . Y comenzó a chofiretear. (Vigueras 177-178)

En un sentido hiperbólico, Ciudad Juárez representa los aspectos más negativos de la sociedad mexicana en un conjunto de relatos que exacerban sus facetas menos agradables: las maquilas, el machismo, la migración proveniente de distintos puntos geográficos y la consecuente pérdida de raíces identitarias, la miseria que contrasta con la prosperidad del otro lado (estadounidense), la sensación de no tener escape. La amenaza es latente en este diálogo de "La isla de los bienaventurados":

> —Mira Robbie. Somos nosotros quienes nos tenemos que ocupar de esto. La policía tiene mucha chamba últimamente. . . . La neta, El Paso ya no es la ciudad más segura de Estados Unidos. (Vigueras 104)

Siguiendo este fragmento, para los propios personajes el sur del que provienen los personajes, de origen migrante, se asume como bárbaro, mientras que el norte está vedado más allá de la posibilidad de vivir en El Paso para que *parezca* que no se pertenece a Juárez. La urbe texana, en este mismo orden de ideas, es brillante por contraste con el lado oscuro de la ciudad vecina, siempre con la amenaza de *caer* o asemejarse al mundo mexicano. Y en ello radica la complejidad de la identidad en esta zona: en la contradicción entre lo que se es y lo que se piensa, entre quien habla inglés y posee una *green card* y quien pasó de mojado.

Identidad fronteriza: una definición elusiva

En la frontera la identidad es distinta dependiendo del punto de vista de quien la defina: híbrida (García Canclini) o posmoderna (Yépez), por mencionar las más recientes. En otro orden de ideas, hay quien incluso señala que la identidad se formula con más acusadas características de *mexicanidad* por la contraposición con Estados Unidos (Bustamante). Más allá de estas afirmaciones, para la lectura de los textos de Alire Sáenz y de Vigueras, Vila parte de la idea de que:

> . . . un efecto acumulativo, si se le puede llamar así, emerge de identidades diferentes con las que convivimos en la vida cotidiana. . . . las vidas reales de los residentes de Ciudad Juárez (juarenses) y de El Paso se forjan a partir de la articulación compleja de categorías identitarias de raza, etnia, región, nación, religión, género, orientación sexual, edad y clase, entre otras. (14-15)

Y la frontera complica la asunción identitaria en términos de los procesos cotidianos: si bien parecería un muro insalvable (que separa el desierto del oasis, los cinturones de miseria de los barrios residenciales) es también un lugar de tránsito, de trasiego que propicia cruces y abandonos zanjados por el muro, como se aprecia en el fragmento de "El laurel del sol" de *A vuelta de rueda*:

> —¿Me llevarás al Paso un día? —le preguntaba mimosa.
> —Nomás que los gringos de los puentes andan bien culeros y seguro te niegan el permiso.
> —¿Y cuándo dejarán de ser culeros?
> —Sepa la bola. Esos no tienen pa'cuándo. (Vigueras 71-73)

De esta manera el espacio fronterizo (a partir del relato de una acción banal que se apoya en las condiciones del cruce) se presenta como una metáfora de las sociedades contemporáneas, que parecieran sorprendidas porque hemos sido incapaces de cumplir con las expectativas de estabilidad sociopolítica, suficiencia económica y estado de bienestar que se avizoraban y prometían en los años 60 del siglo XX.

> . . . la identidad como un punto de encuentro, un punto de sutura, como una forma de identificación temporal; ésta involucra siempre una construcción. Es algo móvil y siempre está referido a la diferencia. La construcción de identidad es la premisa para la construcción de la otredad. . . . Implica relaciones de asimetría social, procesos de validación y legitimación, así como de dominios

contestados. Es fundamentalmente un espacio imaginario, creativo y abierto a nuevas prácticas culturales que impugnan o convalidan el poder. . . . La identidad cultural implica punto de identificación inestable que son generados por los discursos de la historia y la cultura, no son una esencia, es un posicionamiento que es siempre político. (Rodríguez 44-46)

Ser fronterizo es una postura política, aunque no se suela reconocer como tal. Del mismo modo que ser migrante, hispano, latino, mexicano de un lado u otro de la valla. Pablo Vila (2004, 2007) refiere el modo en el que, en el contexto de la experiencia fronteriza, se construyen las identidades. Vila propone que la identidad no es algo inamovible, sino un constructo, un conjunto de elecciones identitarias que tienen una mayor o menor emergencia a partir de los contextos de interacción de los individuos en situaciones sociales determinadas. Su afirmación apunta a la equivalencia entre el espacio exterior y la vivencia interna, como modo de aterrizar la propuesta del panteísmo egocéntrico en una relación entre una geografía y un anhelo. Esto se explicita en el siguiente fragmento de *Kentucky Club*, "Hermano en otro idioma":

—¿Crees que se aman?
—No pienso entrar a ese desierto.
—¿Desierto?
—Uno se puede morir de sed en un desierto. Ya sabes, como todos esos mexicanos. Están tratando de ir a algún lado, pero nunca llegarán con vida. (Alire Sáenz 120)

Es así que la identidad de los personajes que habitan la frontera en los textos narrativos analizados,[4] los personajes proponen una suerte de elecciones identitarias estrechamente relacionadas con la propia vivencia fronteriza. En esta situación límite se ubica también el hecho de que la mayor parte de los protagonistas de los relatos de Alire Sáenz manifiesta de manera explícita su homosexualidad, la cual pareciera confrontarse con los valores de un territorio de signo masculino, heteropatriarcal.

En este contexto tenemos el ejemplo de la identificación frente a los otros en términos de una asunción basada en la apariencia física y ciertas características raciales.

---

[4] Se entiende que los personajes no son sujetos, pero en los parámetros de la construcción ficcional llevan a cabo prácticas similares al mundo objetivo.

Caminé hasta donde acababan las casas. . . . En el sueño siempre me agarraban allí . . . en el desierto. Allí vivían, esos muchachos, los tres, los muchachos blancos que me lastimaron. Vivían en todos los desiertos de la tierra. Muerte. Ahora así se decía desierto. (Alire Sáenz 61)

En esta cita apreciamos el modo en el que la voz narrativa se asume frente a unos otros de piel clara con quienes no se identifica. Ellos representan ese otro mundo asociado al poder económico, al mundo anglosajón, a la otredad.[5] En México es habitual asociar el color de la piel a ciertas condiciones sociales y económicas, y su afirmación o puesta en relevancia remite a la discriminación en distintos contextos (referencias).

Además de esta experiencia *racial* encontramos también ejemplos de la disparidad en el acceso a recursos, satisfactores, donde la comida o la falta de ella se tornan signos de la vulnerabilidad. El siguiente fragmento, del cuento "Guacanieve", resulta especialmente significativo para ilustrar la pobreza:

—¡Buenas noches, señor! —le saludó uno.
—Buenas noches —respondió Pocamadre divertido— ¡y feliz año!
—¡Feliz año, señor! —corearon los tres chamacos mientras se repartían las tortillas con felicidad.

. . . Pocamadre advirtió con cuánta fruición rellenaban las tortillas calientes con puñados de nieve fría mientras se pasaban uno a otro una lata vieja rellena de guacamole. (Vigueras 51)

La indiferencia de Pocamadre es la desesperanza del lector, que asiste como mero espectador a una violenta realidad que se presenta en el relato a partir de la sinécdoque: un detalle remite a una situación miserable habitual en las colonias periféricas de Ciudad Juárez.

El espacio simbólico

Sin desdén de otros aspectos presentes en los relatos estudiados, se han identificado distintos fragmentos que describen la violencia que cumplen una función sustancial en los relatos (Álvarez Méndez). Estas marcas remiten a un conjunto de prácticas socioculturales relacionadas con la historia del ámbito compartido entre dos países, así como a la tradición (compartida, distinta y distante, novelada) de la frontera.

---

[5] Esto se aplica incluso en prácticas discriminatorias (de resistencia, de afirmación identitaria en un contexto adverso) de la población de origen mexicano de tez morena frente a quienes son de piel más clara, como se recoge en el poemario *They Call me Güero* (2018) de David Bowles.

La frontera es referida como división geopolítica (Cupcea), como territorio con una cultura compartida (Paredes) y como una construcción social (Kymlicka). Esta última acepción destaca por incorporar la realidad fática de quienes la habitan y la cruzan, pero de cierto modo olvida si carácter político, al situar en un segundo plano su configuración histórica como un ejercicio de poder (en el sentido que evidencia Turner, 1921, desde su perspectiva colonial). La *bórder*, como es referida de manera coloquial (Insley, 2004, quien aborda la escritura sobre ella), representa una práctica, la cual ". . . refiere a un esfuerzo estratégico y continuo de creación de diferencias en el espacio . . . prácticas de ordenamiento y de creación de otredad" (Porcaro 92).

Ciertos espacios tienen una carga simbólica asociada, en este caso, a la historia de Ciudad Juárez y El Paso. A partir de las vivencias de personajes en ambos volúmenes de cuentos, es posible visibilizar la importancia que tienen la casa familiar, una garita en el cruce fronterizo, el desierto y un bar como el Kentucky Club:

> . . . el bar Kentucky, donde había sido inventado el coctel margarita, según la leyenda. El mismo Kentucky donde . . . John Wayne . . . aguardaba la hora de que Zebulón lo llevase al aeropuerto para tomar una avioneta particular. (Vigueras 149-150)

No deja de haber una relación dispar: es una geografía escindida de gran complejidad, teniendo en cuenta los vasos comunicantes entre países con niveles de desarrollo desiguales. Este desequilibrio se ve alimentado por percepciones y construcciones del otro (no sólo en tanto sujeto, sino en tanto otro territorio): México se torna espacio de la barbarie, del escape, la ilegalidad, la miseria (Salazar Gutiérrez 2010). Estados Unidos, en cambio, se presenta como el espacio del orden, la esperanza civilizatoria, el mundo de lo confiable (recordemos su conformación como modelo desde fines del siglo XIX):

> —Okey... hay muchos bares. Tú escoge. . . .
> —El Kentucky Club. . . .
> . . . un par de gringos borrachos . . . estaban hablando de la noche que Elizabeth Taylor entró pavoneándose después de obtener un divorcio veloz de Eddi Fisher.
>
> (Alire Sáenz 165)

El territorio del otro lado, los fragantes jardines de los que habla Luis Humberto Crosthwaite (2005), choca en el imaginario con la memoria y la realidad dejada atrás, del lado mexicano. En los cuentos de Alire Sáenz el sueño de vida americano se ha trastocado por una realidad transfigurada: "¿No deberíamos todos fingir perfección y belleza y el optimismo de un día perfecto de primavera? . . . Esto era Estados Unidos, el país de la felicidad, y nosotros habíamos venido de México, el país más trágico del mundo" (Alire Sáenz 50).

En la cita anterior se demuestra que no todo es la América impoluta frente al México profundo, pero persiste la idea de que se deben aceptar ciertas condiciones para vivir en el mundo ideal en Estados Unidos, que ni es el ideal ni todos sienten gratitud, así continua la cita de Alire Sáenz.

La violencia en el límite

Cuando se habla de las narrativas contemporáneas se saca a relucir el cuestionamiento de si es pertinente o no la literatura de la violencia y, sobre todo, asociarla a un contexto geográfico particular o a un grupo humano específico (Chomsky). La literatura escrita en los territorios a lo largo de la línea divisoria con los Estados Unidos se ha conformado, hasta cierto punto, como un referente de la narrativa de la violencia. Si bien, como afirma Michel Wieviorka, "En toda experiencia de violencia hay un exceso o una falta de sentido" (244), en la frontera presenta ciertas características propias de la realidad social y el territorio. Se trata de:

> . . . un contexto sociohistórico caracterizado por la penetración de la violencia y su estrecha relación con la gestión del mundo paralegal [en términos de Reguillo, 2008] en torno a la vida y la muerte de los habitantes de las ciudades fronterizas del norte del país, y el nivel de la subjetividad entendida como los modos en que lo social encarna en los cuerpos y otorga al individuo históricamente situado tanto las posibilidades de reproducir ese orden social, como negociarlo o transformarlo. (Salazar Gutiérrez 188)

La geografía del norte del país ha sido señalada, de manera sistemática, como un espacio violento. En este sentido, se apunta a la historia de la zona, los procesos económicos y conflictos territoriales, así como al desarrollo de exponencial del narcotráfico (González Reyes). Vale acotar, como señala Eduardo Antonio Parra, que la violencia en México no se restringe a unos estados fronterizos, sino que parece de cierta manera representar una condición del país.

En este sentido la narrativa mexicana, entre las varias opciones posibles, también se ha decantado por desarrollar relatos de dicha situación inmediata (Olvera). Esto no implica que la violencia sea el único tema válido, o la única práctica posible para la escritura de quienes habitan el territorio mexicano. Son muchas las voces que apuntan a que hay otros mundos posibles más acá de la violencia sistémica (Rivera Garza).

Teniendo esto en perspectiva, es posible reconocer prácticas violentas, que si bien se presentan en otros ámbitos geográficos se llevan a cabo de manera más acuciante en ciertos espacios puntuales de la frontera.

En este primer momento se deben destacar las formas en que la violencia es expresada. Hay que tener en cuenta dos maneras de representarla, a partir del modo en el que los personajes protagónicos la asumen: en primera instancia, su "normalización" por parte del personaje Pocamadre, mexicano, quien no se ve sorprendido ante distintas prácticas de la violencia que sufre y de algún modo justifica. Esto no implica que no se vea sacudido por lo que sucede a su alrededor; sin embargo, pareciera que la cotidianidad lo sobrepasa. En este mismo sentido el personaje Honorio, del cuento "La isla de los bienaventurados", rememora sus acciones como sicario describiendo la escena con desapego, cuando un hombre que va a asesinar frente a sus hijos se amedrenta y, por tanto, no parece estar a la altura de las circunstancias.

Por contraste, el personaje protagónico que narra en primera persona su vida en el relato "Hermano en otro idioma" en el volumen *Kentucky Club* sufre, quien vive una experiencia de la violencia sin que pareciera tener la oportunidad de escapar de un conjunto de prácticas ante las cuales se muestra vulnerable: el abandono familiar, la soledad, la pérdida. La escena sucede justo después de que Charly hable con su padre, quien abusó de su hermano:

> Recuerdo haberme dicho a mí mismo que Antonio estaba muerto. . . . Mi hermano que se había divorciado del idioma inglés y se casó con otro, el idioma que mis padres se rehusaban a hablar. Sí, sí, sí, él murió en otro idioma. . . . Es chistoso. Bien pinche chistoso. (Alire Sáenz 138-139)

Lo interesante de la violencia no es sólo el modo en el que opera, sino la respuesta de los personajes frente a ella. La incomodidad permanente, pero al parecer resignada del taxista del texto de Vigueras, pareciera oponerse a cómo Charly, el personaje masculino del cuento de Alire Sáenz, responde a estas prácticas: con desesperación explícita en las repeticiones como recurso, en el crimen que comete y olvida:

> Debo haber hecho algo malo. Algo estúpido. Algo cruel. Seguramente. Porque cuando desperté estaba detenido en una celda. Traía la camisa llena de sangre. . . . *¿Qué chingados hice?* (Alire Sáenz 139)

En ambos casos se trata de sobrevivir, de salir adelante del mejor mundo posible. Más allá de situar como víctima a los personajes, de lo que se trata es de destacar, dar un mayor peso, narrativo o vivencial, al modo en el que los personajes asumen roles identitarios con respecto a sus acciones: hijo, empleado, migrante, hermano, asesino, víctima, a partir de los dictados de las violencias.

Conclusiones sobre la identidad y la frontera en las ficciones

Los libros *A vuelta de rueda tras la muerte* y *Kentucky Club* recrean un periodo específico de Ciudad Juárez y El Paso, que comienza a fines de la primera década del siglo XX. Unos años convulsos en lo político, en cuanto a los asesinatos y la descomposición de la urdimbre social. Pero, al tiempo, apuntan a ciertas constantes de la urbe fronteriza: la impunidad asociada al cruce, cuando se escapa de una vida, un acto violento o se deja atrás a una mujer; ciertos espacios de signo masculino como el prostíbulo y la cantina, que explicitan una perspectiva machista bajo la justificación de práctica cultural; la convivencia de prácticas económicas, legales, de explotación, como las maquilas, y otras oportunidades positivas por la cercanía de dos países.

Los personajes descritos en estos textos narrativos construyen su identidad asociada a un espacio, a una lengua, a una orientación sexual, a un conjunto de prácticas que los definen en la frontera entre México y Estados Unidos. Es una identidad en conflicto, algo que puede suceder en cualquier geografía pero que en los límites nacionales cobra un cariz más complejo, refleja su propia contradicción de manera más acuciante.

El mundo estadounidense pareciera verse "contaminado" por los criminales mexicanos, por su violencia hiperbólica (presunción que se relaciona con otras novelas similares, como las del español Imanol Caneyada o del estadounidense Don Winslow). Pero la violencia no tiene nacionalidad ni carta de naturalización, y apunta a una crisis social no resuelta más que a un origen concreto. De vuelta al tema de las geografías políticas, México es escape y resguardo para quienes vienen de territorio estadounidense.

Nos enfrentamos a un determinismo posmoderno del que los personajes de Alire Sáenz y Vigueras, cada uno desde sus textos, no tienen escapatoria debido a condicionamientos sociohistóricos. Me permito añadir, pensando en Ciudad Juárez y El Paso, que se aprecia también un condicionamiento debido a la geografía, entendida no sólo como el espacio natural (imposible), sino como el territorio cuyo sentido ha sido y es constituido por la mirada y el quehacer humano.

La frontera no es el desierto ni el río ni la valla, es la interacción y las asunciones identitarias de los seres humanos que la habitan y la hacen posible a partir de convenciones demográficas y políticas, pero también de una historia compartida que se basa en la perpetuación de un conflicto sin soluciones, donde la balanza económica parece determinar la construcción simbólica de los espacios, las prácticas y los individuos.

Estos libros, además de configurarse como memoria de una frontera particular y de dos ciudades al filo del desierto (como territorio vacío), parecen olvidar la historia violenta de la región más allá de un par de generaciones atrás. La propia arbitrariedad de la línea divisoria entre dos países, como convención e imposición política, deja de lado la complejidad de fenómenos sociales que inciden en la desigualdad, las interacciones humanas y la práctica de la violencia en la zona: las migraciones humanas que cruzan el territorio; los problemas por la propiedad de la tierra, el acceso al agua y la construcción identitaria de quienes habitan la región fronteriza.

Buena parte de la literatura desde ambos lados de la frontera abona a la comprensión de una realidad viva, compleja, de múltiples facetas. La narrativa, se incline o no por el realismo, propone una reflexión sobre los actos y las motivaciones que subyacen en ellos. Desde la reflexión de los estudios literarios debemos apreciar el fenómeno de la violencia como una realidad que debe explicitarse a fin de intentar comprenderla, porque sólo de este modo podremos ser capaces de proponer vías de solución. La literatura es vista desde lo estético pero también desde una realidad que se representa en personajes, geografías imaginadas y en un lenguaje que nos sacude y nos hace reflexionar sobre lo que sucede en el lugar donde se enuncia la narración y a su vez sacude al lector, que voltea a ver su realidad.

La identidad es múltiple, cambiante, pero en la frontera suma un aspecto particular: la nostalgia o el franco rechazo por un territorio muy semejante pero distinto en su configuración en el imaginario colectivo, separados ambos sólo por una valla, un río o una serie de palabras.

Obras citadas

Alire Sáenz, Benjamín. *Kentucky Club*. Literatura Random House, 2014.

Álvarez Méndez, Natalia. "Hacia una teoría del signo espacial en la ficción narrativa contemporánea". *Signa. Revista de la Asociación Española de Semiótica*, no. 12, 2003, pp. 547-570.

Bard, Patrick. *La frontière*. Seuil, 2002.

Bolaño, Roberto. *2666*. Anagrama, 2004.

Bowles, David. *They Call me Güero*. Cinco Puntos Press, 2018.

Chomsky, Aviva. *Indocumentados: cómo la inmigración se volvió ilegal*. Planeta, 2014.

Crosthwaite, Luis Humberto. "Instrucciones para cruzar". *Letras libres*, 2005, pp. 20-21.

Cupcea, George. "The Evolution of Roman Frontier. Concept and Policy". *Journal of Ancient History and Archaeology*, vol. 2, no. 1, 2015. jaha.org.ro/index.php/JAHA/article/view/91.

Diccionario del Español de México [DEM], El Colegio de México, http://dem.colmex.mx.

Donoso, Ángeles. "Violencia y literatura en las fronteras de la realidad latinoamericana. *2666*, de Roberto Bolaño". *Bifurcaciones: Revista de estudios culturales urbanos*, no. 5, 2006, pp. 1-3.

Escalante, Fernando. *El crimen como realidad y representación*. El Colegio de México, 2015.

García Canclini, Néstor. *Culturas híbridas: estrategias para entrar y salir de la modernidad*. Grijalbo, 1989.

González Reyes, Pablo Jesús. "Migración, criminalidad y violencia en la frontera norte de México". *Revista Criminalidad*, vol. 51, no. 2, 2009, pp. 47-60.

Insley, Jennifer. "Border Criminals, Border Crime: Hard-Boiled Fiction on the Mexican-American Frontier". *Confluencia*, vol. 2, no. 19, 2004, pp. 38-49.

Kymlicka, Will. *Fronteras territoriales*. Trotta, 2006.

Olvera, Ramón Gerónimo. *Sólo las cruces quedaron: literatura y narcotráfico*. Ficticia Editorial-Instituto Chihuahuense de Cultura, 2013.

Paredes, Américo. *Folklore and Culture on the Texas-Mexican Border*. Center for Mexican American Studies/University of Texas at Austin, 1993.

Parra, Eduardo Antonio. "Prólogo. La tredición del norte". *Norte. Una antología*. Era-Fondo Editorial de Nuevo León-Universidad Autónoma de Sinaloa, 2015.

Porcaro, Tania. "Perspectivas teóricas en el estudio de las fronteras estatales desde la geografía". Sergio Braticevic, Constanza Tommeri y Alejandro Rascovan, comp. *Bordes, límites, frentes e interfaces. Algunos aportes sobre la cuestión de las fronteras*. Colef, 2017, pp. 83-102.

Reguillo Cruz, Rossana. "Retóricas de la seguridad. La in-visibilidad resguardada: violencia(s) y gestión de la paralegalidad en la era del colapso." *Alambre. Comunicación, información, cultura*, vol. 1, 2008, pp. 33-43.

Rivera Garza, Cristina. *Dolerse. Textos desde un país herido*. Sur, 2011.

Rodríguez, Mariángela. *Tradición, identidad, mito y metáfora. Mexicanos y chicanos en California*. CIESAS-Miguel Ángel Porrúa, 2005.

Rojas Blanco, Clara Eugenia. *Dimensiones discursivas de la violencia*. UACJ, 2013.

Said, Edward. *The World, the Text, and the Critic*. Harvard, 1983.

Salazar Gutiérrez, Salvador. "El mercadeo de la barbarie: paisajes de violencia en la frontera norte de México". *Perfiles latinoamericanos*, vol. 18, no. 36, 2010, pp. 99-119.

Salazar Gutiérrez, Salvador. *Jóvenes, violencia(s) y contexto fronterizo. La construcción sociocultural de la relación vida muerte en colectivos juveniles, Ciudad Juárez, México*. UACJ-Colofón, 2016.

Schmidt Nedvedovich, Samuel. "La frontera vista desde lejos". Jorge Chávez Chávez (comp.) *Visiones históricas de la frontera*. UACJ, 2010, pp. 165-183.

Segato, Rita. *La escritura en el cuerpo de las mujeres asesinadas en Ciudad Juárez*, Tinta Limón, 2019.

Turner, Frederick. *The Frontier in American History*. Henry Holt and Company, 1921.

Valencia, Sayak. *Capitalismo Gore*. Melusina, 2010.

Vigueras, Ricardo. *A vuelta de rueda tras la muerte*. Secretaría de Educación del Gobierno del Estado de México, 2014.

Vila, Pablo. *Identidades fronterizas. Narrativas de religión, género y clase en la frontera México-Estados Unidos*. El Colegio de Chihuahua-UACJ, 2007.

Vila, Pablo. *Identificaciones de región, etnia y nación en la frontera entre México-EU*. Ciudad UACJ, 2004.

Wieviorka, Michel. "La violencia: Destrucción y constitución del sujeto." *Espacio Abierto*, vol. 10, no. 3, 2001, pp. 337-347. www.redalyc.org/articulo.oa?id=12210301

Yépez, Heriberto. *El imperio de la neomemoria*. Almadía, 2007.

Apartado V. Migración y transculturación, México y su norte

Capítulo 11

La migración mexicana a Estados Unidos en clave de género

María Celina Ibazeta

Universidade Federal Fluminense de Rio de Janeiro

Resumen: Este artículo analiza desde una perspectiva de género la novela mexicana *Señales que precederán al fin del mundo* (2009) del escritor Yuri Herrera. Este libro se inscribe dentro de la tradición de escritores latinoamericanos que a partir de los años sesenta crearon obras con una narrativa transculturada, es decir, uniendo elementos heredados de la literatura europea con mitos o creencias indígenas procedentes de la cultura oral. Herrera dota a su texto de una característica novedosa: escribe desde una perspectiva feminista. La novela conecta la realidad de las mujeres migrantes a Estados Unidos con el mito azteca del viaje de los muertos al Mictlán. A través del viaje de Makina, que encarna la figura de Malintzin, Malinche o Doña Marina, personaje clave en la conquista de Tenochtitlán por Hernán Cortes, Herrera deconstruye el mito patriarcal que la condenó como traidora a la patria y le restituye su papel de mujer letrada.

Palabras clave: Migración femenina-Literatura mexicana contemporánea-Estudios de género

***

La migración mexicana a Estados Unidos, como fenómeno social, ha sido una fuente inagotable de material sobre la que han trabajado la música, la literatura y el cine, mexicano y chicano, desde principios del siglo XX hasta el presente. La temática fronteriza se inició en el género literario con la novela *Lucas Guevara* (1914) del colombiano Alírio Díaz Guerra publicada en Nueva York, lugar en el que Díaz Guerra vivió por más de treinta años hasta su muerte (Kanellos y Hernández). Años después, aparecería *Las Aventuras de Don Chipote o cuando los pericos mamen* (1928), del mexicano Daniel Venegas, publicado en Los

Ángeles, lugar desde el cual Venegas le dedicó al obrero mexicano inmigrante obras de teatro y crónicas periodísticas (Kanellos).

La temática migratoria nunca ha dejado de suscitar interés en el público. Las transformaciones en la relación México-Estados Unidos y las tensiones que tienen lugar a ambos lados de la frontera han servido como materia para la permanente renovación y actualización del género. *Señales que precederán al fin del mundo* (2009) de Yuri Herrera, que ha obtenido un gran reconocimiento en el campo literario mexicano e internacional,[1] explora la migración femenina y se aproxima a esta desde una perspectiva feminista.

En el universo realista de Herrera, la organización social está pautada por el sistema patriarcal, es decir, por la dominación masculina. En el mundo representado predomina la división a la que se refirió Simone de Beauvoir en su libro *El segundo sexo*: una presencia de los hombres en los espacios públicos, espacios siempre vinculados al poder, mientras que la mujer permanece relegada a lo doméstico, a su rol de madre y a una participación mal remunerada en el mercado de trabajo (125-184). Ambientada en un contexto rural, en el cual las costumbres conservadoras están siempre más acentuadas, sorprende la actitud decidida, independiente y audaz de los personajes femeninos.

En su libro *La dominación masculina* Pierre Bourdieu argumenta que la visión androcéntrica se impone como neutra y no tiene necesidad de legitimarse ya que se inscribe en una naturaleza biológica, que es a su vez, una construcción naturalizada (17-67). Para luchar contra esta estructura patriarcal, automatizada en nuestro cotidiano, Rita Segato, en su libro *Las estructuras de la violencia. Ensayos sobre género entre antropología, el psicoanálisis y los derechos humanos*, propone transformar los afectos y las sensibilidades que constituyen nuestras relaciones sociales. Los medios de comunicación masiva deben ser los encargados de difundir postulados feministas que ayuden a *ver* los mecanismos intrínsecos de la estructura de dominación y a *crear* una conciencia capaz de desestabilizarla (130).

Es en esta línea de pensamiento feminista que se inscribe la novela de Yuri Herrera. *Señales que precederán al fin del mundo* es una importante contribución, desde el campo de la literatura, a los estudios de género. En ella se resignifica a uno de los mayores y más vapuleados mitos fundacionales de la nación mexicana: Malintzin, Malinche o Marina.[2] En esta nueva mirada del

---

[1] *Señales que precederán al fin del mundo* (2009) fue finalista al Premio Internacional Rómulo Gallegos en 2011.
[2] Para un análisis de Makina como un sujeto político y revolucionario, mezcla de Malinche y la Virgen de Guadalupe, ver Rivero.

mito, Herrera legitima la figura femenina como letrada. A su vez, reconoce el valor y el esfuerzo de las migrantes mexicanas pobres, salidas de zonas rurales, para cruzar la frontera como sujetos de la Historia.[3] En la tradición oral, especialmente la de los corridos,[4] y literaria, la migración es siempre una actividad realizada por hombres. Este artículo explora los alcances y las posibilidades de *Señales que precederán al fin del mundo* para releer y reescribir, en clave de género, la historia de las mujeres mexicanas, en general, y de las migrantes, en particular, condenadas o invisibilizadas, por la cultura machista.

Señales que precederán al fin del mundo es la segunda novela de Herrera, que conforma junto a *Trabajos del reino* (2004) y *La transmigración de los cuerpos* (2013), lo que se conoce como la trilogía fronteriza. En esta novela se narra el viaje de Makina, una joven telefonista de un pequeño pueblo, hacia Estados Unidos en busca de su hermano. El primogénito fue a reclamar unas tierras que, aparentemente, pertenecían a la familia y no había regresado. Poco sabía de él su familia, a la que le envió dos o tres mensajes muy breves. Ante esta situación, su madre, la Cora, le pide a su hija que vaya al norte para llevarle un recado a su hijo. La novela acompaña a la joven en su recorrido por México hasta llegar a la frontera, su cruce al otro lado, la búsqueda de su hermano, a quien finalmente encuentra, y el inicio de una nueva vida.

Con poco más de cien páginas, Herrera reelabora el género de migración y produce una obra notable. En primer lugar, la estructura narrativa está vinculada a la cosmovisión indígena del mito del Mictlán, y esto le concede enorme densidad a una historia que, a primera vista, parece simple y trillada, y que permite varias lecturas posibles. En segundo lugar, sus referencias históricas y literarias conectan esta historia con fuentes orales y escritas de la tradición mexicana, chicana y latinoamericana y, al mismo tiempo, con la tradición española. Por último, el minucioso trabajo con el lenguaje, algo que ya está presente en su primera novela, nos sumerge en el complejo universo popular mexicano. Leer esta novela es entrar, sin aviso, a un mundo nuevo. Un mundo que ya conocíamos, sobre el que ya hemos visto, leído y escuchado mucho, pero que la escritura de Herrera transcultura hasta convertirlo en algo diferente, o mejor dicho, en algo que es lo mismo, pero que también, es diferente.

---

[3] Sobre el tema de la migración mexicana a Estados Unidos a principio de siglo, ver Gamio. En su recolección de testimonios de migrantes encontramos voces femeninas.
[4] Ver López Castro. *El río bravo es charco: cancionero del migrante* es una recopilación que reúne un poco más de 400 letras de canciones sobre el tema de migración, solo 11 tienen como protagonistas a mujeres, y de estas 11, sólo en 4 la voz narradora es femenina.

En su libro *Transculturación narrativa en América Latina*,[5] Ángel Rama estudia los cambios que se han producido en la literatura latinoamericana a partir de 1940. Su investigación explora las drásticas y necesarias transformaciones que ha tenido que realizar la literatura regionalista, específicamente, para sobrevivir al proceso modernizador que impusieron las vanguardias a principios de siglo XX. Rama utiliza la categoría transculturación, acuñada por el antropólogo cubano Fernando Ortiz en su libro *Contrapunteo cubano entre el tabaco y la azúcar*, usada por este para referirse a los procesos de cambio que experimenta una cultura, y la traslada, de manera muy lúcida, al terreno literario. Este concepto involucra tres procesos: una desculturación o pérdida de ciertos aspectos de una cultura precedente, una aculturación o adquisición de nuevos elementos de una cultura diferente/otra y una neoculturación o la creación de nuevos fenómenos culturales (254-260).

Este término le permitió a Rama hablar de un proceso de transculturación en el cual los escritores reformularon su manera de representar la tradición oral popular e indígena de los sectores rurales. Los transculturadores, entre los que se encuentran Juan Rulfo, José María Arguedas, João Guimarães Rosa, entre otros, crearon voces populares desde la que se narran las historias. La cosmovisión indígena, presente en los mitos de las culturas originarias y en las fuentes vivas de creación oral y popular, a su vez, nutren los argumentos y las estructuras textuales de estos relatos (15-64).

En su artículo "El substrato arcaico en Pedro Páramo: Quetzacóatl y Tláloc", Martín Lienhard encuentra elementos míticos y cosmogónicos de origen indígena, tolteca-azteca específicamente, que aún perviven entre los nahuas actuales, y que subyacen en la novela *Pedro Páramo* (1955) de Juan Rulfo. A partir de este substrato arcaico, se puede interpretar el viaje que realiza Juan Preciado a Comala como una referencia al trayecto del dios Quetzalcóatl al Mictlán, o lugar de los muertos. Además, el tiempo de la narrativa alterna entre uno mítico y uno histórico. A pesar de que la novela está escrita en castellano y adscribe al género novela, heredado de la tradición literaria occidental, Lienhard prefiere pensarlo como un texto *mestizo*, puesto que también se construye sobre una base oral, ajena al mundo occidental moderno. Este análisis surge, el propio autor lo insinúa al comienzo del artículo, como una manera de refutar la lectura hecha por el escritor Carlos Fuentes, quien vinculó *Pedro Páramo* a la *Odisea*, y Juan Preciado a Telémaco (842-851).

---

[5] Para profundizar en el concepto de Heterogeneidad que se opone al de Transculturación, ver Cornejo Polar. Cornejo critica la búsqueda de armonía y fusión entre el mundo indígena y el occidental, y prefiere dar énfasis al conflicto y la tensión existente en sociedades que sufrieron un proceso de colonización.

Señales que precederán al fin del mundo rinde homenaje a *Pedro Páramo* al recuperar su legado y reescribir ese viaje al Mictlán desde una perspectiva contemporánea. El mito mexica del camino, repleto de dificultades, que los muertos deben transitar hasta llegar al lugar final se evoca a través del cruce de los migrantes mexicanos hacia Estados Unidos. Herrera es un transculturador de siglo XXI, retoma esta tradición, pero le imprime un signo nuevo: el trayecto lo realiza una joven mujer y esta no va en busca de su padre, como Juan Preciado. De hecho, el padre es un personaje totalmente ausente y apagado en la novela de Herrera.

Si en los años sesenta y setenta el boom de la literatura latinoamericana fue una gesta liderada por hombres comprometidos, en su gran mayoría, con el pensamiento revolucionario de izquierda, que buscaba el cambio social, pero que se abstuvo de interpelar las desigualdades de género, el nuevo milenio trajo aires de renovación (Sierra). La política de género desestabiliza los roles tradicionales del sistema patriarcal y las mujeres se vuelven protagonistas de la Historia. Sus vidas dejan de transcurrir en el espacio de lo doméstico y sus destinos dejan de estar sujeto a las figuras masculinas.

El personaje principal es una migrante que se aventura sola a la travesía y no se trata de cualquier mujer. Makina, que domina tres lenguas: el castellano, el inglés y una lengua indígena (que no se especifica), es la reactualización de la Malinche, Malintzin o Marina. La protagonista encarna al mito de la Malinche construido por las escritoras feministas chicanas. Makina es también como su nombre lo insinúa, "una mujer-maquina", un cyborg, un híbrido de máquina y organismo, en los términos de Donna Haraway. Este calificativo piensa, entre muchas cosas, en los cambios que se han producido en el mercado mundial desde finales del siglo XX, y que siguen vigentes hoy en día: una masiva entrada de mujeres a los puestos de trabajo, y al mismo tiempo una fragilización y precarización de las condiciones laborales. En Makina podemos ver también los rostros femeninos de las migrantes que se convierten en mano de obra barata, para empresas estadounidenses, a ambos lados de la frontera (65-108). Makina es un personaje en el que confluyen la Malinche de los tiempos de la Conquista y la mujer trabajadora mexicana moderna.

Hay una deconstrucción del discurso patriarcal que erigió el mito de la Malinche como una mujer traidora y barragana y ha invisibilizado y menospreciado a la mujer mexicana en la arena pública y privada desde siempre. Con una enfática postura feminista, Makina condensa un nuevo mito de la Malinche que substituye al anterior: la mujer letrada que cruza fronteras lingüísticas y físicas. En resumen, la novela trata sobre una joven (Malinche/migrante/muerta/cyborg) que cruza al otro lado y en este recorrido conecta/transcultura en una misma historia grandes fuentes de conocimiento y saberes, orales y escritos, que nutren la historia y la literatura mexicana.

Las migrantes rumbo al Mictlán

Si Lienhard rastrea en Rulfo ese substrato arcaico desde el cual se puede leer Pedro Páramo como el viaje mítico de Quetzalcóalt al Mictlán, Herrera no deja lugar a dudas de que está usando el mito para estructurar su relato. El libro se divide en nueve capítulos y nueve son los niveles que los muertos deben descender, atravesando pruebas en cada etapa, para finalmente descansar. Si bien no hay una correspondencia directa, ya que el primer nivel del mito aparece en el segundo capítulo de la novela, a partir de allí encontraremos bastantes coincidencias entre ambos.[6]

En su artículo "México nómada: *Señales que precederán al fin del mundo* de Yuri Herrera y *Efectos secundarios* de Rosa Beltrán", Ivonne Sánchez Becerril señala que Herrera se basa en el Codex Vaticanus 3738 e introduce algunos elementos que Fray Bernardino de Sahagún describe en su *Historia General de las cosas de la Nueva España*. A su vez establece una analogía entre los tres hombres poderosos del pueblo, que ayudan a Makina en su viaje, con deidades indígenas: el señor Dobleú representa a Tláloc, el señor Hache a Huitzilopochtli y el señor Q a Quetzalcóalt (109-111).

En este apartado analizaremos determinados aspectos del mito del Mictlán que dialogan con el género de la migración, así como la renovación que ambos temas experimentaron bajo la perspectiva de género. Haremos algunas modificaciones al esquema de Sánchez Becerril en la interpretación de los dioses aztecas que encarnan a los tres duros, facilitadores del cruce de Makina. El señor Hache es una mezcla entre Huitzilopochtli y Quetzalcóalt, el señor Q es Tezcatlipoca y la Cora, madre de Makina, ausente del análisis de Sánchez Becerril, es la diosa madre tierra: la deidad Coatlicue.

Las referencias mitológicas mexicas enriquecen la descripción de los personajes. El señor Dobleú, Tláloc, dios de la lluvia, estará asociado a imágenes líquidas, acuosas. Su lugar de trabajo es una: "sala de calor húmedo" (Herrera 14), durante el encuentro con Makina beben una cerveza y ambos "disfrutaron en silencio la escaramuza entre el agua de fuera y la de dentro" (14), al final del encuentro la muchacha se queda en silencio y "le parecía que podía escuchar toda el agua del cuerpo trepándole la piel de adentro hacia la superficie" (14). Es justamente el señor Dobleú el que se encargará de que Makina cruce el río. El nombre del personaje nos remite a la imagen del Chac-

---

[6] Un excelente análisis comparativo sobre los niveles del Mictlán y los capítulos de la novela está en Rioseco.

mool azteca, asociado a Tláloc, encontrado en el Tempo Mayor de la Ciudad de México. La escultura es de un hombre recostado, con el tronco inclinado a 45 grados, con las rodillas en alto y con una vasija en el abdomen, a la que sostiene con sus dos manos y los codos apoyados en el suelo, formando la figura de W.

El señor Hache es Huitzilopochtli, el dios sol y dios de la guerra, cuyo nombre significa colibrí azul a la izquierda, y se nos presenta como un hombre "relumbrón de oro y camisa estampada de pájaros" (17). Asimismo es Quetzalcóal, una serpiente: "sonrió de un modo siniestro, con la misma naturalidad con que entrelazaría las piernas una serpiente disfrazada de hombre" (17); "no dejaba de ser un reptil en pantalones" (18). Quetzalcóal es el dios dual, espíritu guerrero/destructivo y germinativo/regenerador (Guida Navarro 165). Esta combinación de Huitzilopochtli y Quetzalcóal hace referencia a la violencia eterna, la que se regenera constantemente, exactamente igual a la violencia narco con la que se asocia al señor Hache.

Según la leyenda, Coatlicue quedó embarazada de una pluma que cayó del cielo. Su hija Coyolxauhqui y sus 400 hermanos, los Centzonhuitznahua, vieron este hecho como una deshonra familiar y se organizaron para matarla. Huitzilopochtli, el niño que estaba en el vientre de Coatlicue, nació y defendió a su madre con su poderosa arma, Xiuhcoatl, la serpiente de fuego. Descuartizó a Coyolxauhqui y asesinó a sus hermanos. Huitzilopochtli y Coyolxauhqui simbolizan al sol y a la luna, respectivamente. Huitzilopochtli será contantemente reverenciado por los aztecas con sacrificios humanos. Esta deidad fue, a su vez, una figura clave en la fundación mítica de Tenochtitlan. Ejerció como guía del pueblo mexica en la peregrinación desde Aztlán y eligió el lugar de la nueva ciudad cuando vio que un águila devoraba una serpiente sobre un nopal.

Huitzilopochtli es una figura central en el artículo de June Nasch "The Aztecs and The Ideology of Male Dominance", en el que analiza la transición de una sociedad azteca basada en relaciones de parentesco con una mínima diferenciación de estatus al imperio estructurado en clases que devendría después. El crecimiento de una cultura guerrera y conquistadora con un estado burocrático organizado por una nobleza patriarcal explica esta transformación. Cuanto más poderosos se volvían los aztecas, las mujeres perdían más espacios de decisión dentro de la estructura de poder institucional y religioso. Las ofrendas de los corazones de los prisioneros de guerra a Huitzilopochtli fueron, al mismo tiempo, celebraciones de la ideología de dominación masculina. En el mito de fundación de Tenochtitlan, Huitzilopochtli abandona a su hermana Malinalxoch durante la peregrinación. Esta ruptura familiar escenifica la expulsión la mujer de la estructura de poder mexica (351-362).

La relación madre-hijo entre Huitzilopochtli y Coatlicue/señor Hache y la Cora aparece de manera muy sutil: "Quién sabe cuál era la relación del duro éste con su madre. Sabía que no se hablaban, pero lo atribuía a la soberbia del poderoso. Alguien le había chismeado que la Cora y él eran parientes, alguien más que tenían un disgusto atorado, sin embargo ella nunca había preguntado" (Herrera 18).

El señor Hache también puede pensarse como una personificación de su propia Xiuhcóalt: la serpiente de fuego. De la misma forma que sus hombres son llamados de esbirros .38 y .45, nombres que aluden al tipo de armas que llevan consigo, Huitzilopochtli está representado, metonímicamente, por su arma mítica. Estas asociaciones entre las personas y sus armas se adecúan al contexto del narcotráfico, en el que se mueve el señor Hache y sus hombres, que siempre está vinculado al crimen organizado, a la violencia, en general y a la violencia de género, en particular. Antes de entrar a la "Pulquería Raskolnikova",[7] Makina recuerda que un guardia que estaba en la puerta "había entambado al lado de una carretera a una mujer por órdenes del señor Hache" (16). Entambar es una acción violenta vinculada a los capos del narcotráfico y alude a dejar un cadáver dentro de barriles cubiertos con cemento, en áreas públicas. Al ser interrogado por Makina acerca de este hecho, el guardia, quien durante un tiempo la había cortejado, esquiva su responsabilidad del asesinato, pero admite la violación de la mujer: "Que más da si lo hice o no, lo que importa es que a ninguna le niego el placer. Lo dijo como una gracia" (16).

El señor Q, Tezcatlipoca negro, espejo de obsidiana humeante, que hace visible o torna brillante las cosas, les hace conocer a los hombres las leyes del destino (León Portilla 148) es quien todo lo sabe y todo lo ve. Makina llega a él atravesando un pasillo de espejos y entrando en una bóveda en la cual prima todo lo que hace referencia a lo oscuro y lo sombrío: "El señor estaba Q estaba, como de costumbre, vestido de negro de pies a cuello" (Herrera 22), en el segundo piso de su restorán llamado Casino "que sólo abría por las noches" (20). Ni bien Makina explica su objetivo de cruzar al Gran Chilango, el señor Q le vaticina su futuro: "Vas a cruzar y vas a mojarte y vas a rifártela con gente cabrona; te despertarás, cómo no, verás maravillas y al final encontrarás a tu hermano, y aunque estés triste llegarás a donde debes llegar. Una vez que estés ahí, habrá gente que se encargará de lo que necesites" (23).

Guilhem Olivier se refiere a la naturaleza gemela de la pareja divina: Quetzalcóatl y Tezcatlipoca que se complementan y se ayudan entre sí en la primera parte de su existencia mítica y luego terminan enfrentándose

---

[7] Nombre del personaje de la madre de Rodión Románovich Raskólnikov en la novela *Crimen y Castigo* (1866) de Fiódor Dostoyevski.

violentamente (156). De la misma forma ocurre en la novela. El señor Hache y el señor Q se desentienden por cuestiones políticas y es Makina quien se encarga de mediar entre ambos, llevando y trayendo mensajes: "por su vía los duros repartieron resignación o huesos y así todo se resolvió con discreta efectividad" (Herrera 21)

En el diccionario de la Real Academia española de la lengua, la palabra "cora" viene del árabe kūrah, y este del griego χώρα chóra que significa "territorio". Cora, desde la etimología de la palabra, refuerza la simbología de Coatlicue, es la madre tierra. Al salir de casa, Makina se aleja de su madre/de la tierra y peregrina por el camino de los migrantes/el mundo de los muertos. La relación de afecto y unión entre madre e hija en la novela, es el reverso de la que tiene lugar en el mito, entre Coatlicue y Coyolxauhqui. La hermana tampoco busca eliminar al hermano, como sí sucede en el mito, sino devolverlo al ambiente familiar/restituirlo a la tierra. Hay una autoridad y un poder femenino ejercido plenamente por la madre, en una casa sin padre.

Según June Nash, a medida que aumentaba la dominación masculina azteca y estos se organizaron como un estado militar, sacerdotal y burocrático, las diosas femeninas o andróginas de la fertilidad, como Coatlicue, fueron desplazadas del panteón religioso principal. La existencia de este lugar destacado para las diosas, corrobora que hubo un momento en que existió un poder de tipo matriarcal (361). La novela, de cierta manera, nos lleva a esos tiempos. El pedido de la Cora va a acompañado de una sentida desconfianza en los hombres, aunque necesite de la intervención masculina para concretizar el proyecto del viaje le dice a su hija: "Vaya, lleve este papel a su hermano, no me gusta mandarla, muchacha, pero a quién se lo voy a confiar ¿a un hombre?" (Herrera 12).

La genialidad de Herrera está en haber advertido ciertas correlaciones, innegables, entre el mito indígena y algunos motivos recurrentes de la literatura fronteriza. Entre las más obvias mencionamos las siguientes: en la organización espacial del universo indígena, el lugar de los muertos, el Mictlampa, se encuentra en dirección norte, el viaje es penoso porque el muerto debe atravesar muchas pruebas en el camino hasta desencarnar, y una de ellas es, casualmente, cruzar un río. Concuerdo con la idea de Mario Jiménez Chacón de que en la novela dialogan un tiempo mítico y un tiempo histórico del México contemporáneo (37).

Es esta dualidad muerte/vida que permea toda la novela, la que nos remite constantemente al mito. La frase de inicio de *Señales que precederán el fin del mundo*, pronunciada por la protagonista cuando el suelo se abrió bajo sus pies, es: "Estoy muerta" (Herrera 11), y esta sensación de muerte acompaña al personaje a lo largo del texto: "Sentía la tierra hasta debajo de las uñas como si ella se hubiera ido por el hoyo" (13); después de recibir un balazo que perforó sus costillas, su actitud sorprende: "Podía ver el canal de su trayectoria, pero no le dolía y apenas si sangraba" (58); el encuentro entre los hermanos es descripto de la siguiente forma: "Ninguno de los dos reconoció al espectro que tenía enfrente" (98); en la etapa final de su viaje: "recordó que hacía mucho que no se había bañado, y sin embargo no estaba sucia ni olía mal —no olía a nada" (122), y, finalmente, cuando asume el cambio de identidad, se dice a sí misma: "Me han desollado" (123). La ambigüedad rulfiana y su mundo de muertos resuena como un eco constante que invoca a ese substrato arcaico del que ambas novelas se nutren.

Las palabras finales de Makina "Estoy lista" (123) actualizan otro mito del inframundo: el origen de la vida humana. En su artículo "La fecundación del hombre en el Mictlán y el origen de la vida breve" Patrick Johansson K. explica que el ciclo vital indígena se da inicio en el lugar de los muertos. Es la muerte la que antecede a la vida y allí donde se genera la existencia (69). En el mito del origen, Quetzalcóatl creó al hombre tras verter su semen en los huesos-jade recogidos en el Mictlán. Makina, al final de su recorrido, nace de nuevo, se vuelve otra persona para comenzar una nueva vida. La transformación que experimentan los migrantes, al intentar adaptarse e insertarse en espacios socio-culturales ajenos a sus costumbres, es un tópico clásico en la literatura de frontera.

En lo que se refiere a la narrativa fronteriza, ya sea en su versión literaria, musical o cinematográfica, existe un guion muy preciso sobre los momentos claves que marcan la experiencia migratoria. Este patrón puede modificarse, pero, por lo general, respeta esta línea argumental: hay una referencia a las causas que empujan a la persona al abandono de los suyos y de su terruño, la pobreza es el motivo más citado;[8] la despedida de la familia y los seres queridos; las dificultades que conllevan cruzar el río, entre las que se incluye la negociación con el coyote; la explotación, los abusos y el racismo sufridos del otro lado; los problemas con la migra; la nostalgia de los suyos; los problemas de adaptación a la nueva realidad y el regreso.

Señales que precederán al fin del mundo construye un personaje femenino desde una postura feminista y esto les cambiará el signo a muchos de los pasos que, si bien se cumplen, lo hacen bajo una luz diferente. La protagonista no debe salir de su pueblo forzada por las circunstancias económicas. Su hermano, a quien debe llevar el mensaje de su madre, tampoco cruzó al otro lado acuciado por cuestiones financieras, sino para recuperar unas tierras que eran de la familia, aludiendo, de cierta manera, a una restitución de los

---

[8] La estrecha relación entre una situación económica precaria y la construcción del sueño americano está analizada en cuatro novelas mexicanas sobre la migración a Estados Unidos en Mora Ordoñez.

territorios perdidos por México en el siglo XIX, como muy bien lo señala Edith Mora Ordóñez (285). Esa dosis de vulnerabilidad o ingenuidad que caracteriza a ciertos/as migrantes, que se ven obligados a abandonar su lugar de origen, víctimas de la miseria o la ilusión del sueño americano, está totalmente ausente en Makina. Ella se muestra una mujer desenvuelta, independiente y decidida: sabe lidiar con los "duros" del pueblo, pone en su lugar a un joven acosador, que intenta sobrepasarse con ella, durante el trayecto al Norte, y en tierra "gabacha" no se amedrenta ante el abuso policial, al que replica por escrito, y frena la intimidación.

La partida del terruño y la separación de los familiares carecen de cualquier tipo de dramatismo. El viaje es fruto del deseo materno/femenino de reintegrar a la única figura masculina de la familia, que es el hermano. El móvil es afectivo, no económico. El viaje de Makina va en contra de la dinámica típica de los procesos migratorios: busca repatriar al migrante. Es difícil ubicar históricamente al texto, ya que no hay referencias temporales, pero hay un dato que es importante: la madre estaba esperando el regreso de su hijo, en su mensaje le pedía: "Ya devuélvase, no esperamos nada de usted" (Herrera 107). Esta expectativa de retorno era más común antes del año 1986, en que se aprobó la ley de Reforma Migratoria IRCA. A partir de esta ley, la migración que era de tipo circular, masculina y regional se volvió una migración establecida, familiar y de dimensiones nacionales. Debido a las dificultades que implicaba volver, el incremento en los costos y los riesgos en el cruce, los migrantes comenzaron a establecerse de manera definida en Estados Unidos. Después de los atentados del 11 de septiembre del 2001, la frontera se militarizó y se hizo mucho más difícil el regreso a la comunidad de origen (Massey et al. 102).

El pueblo en el que vive Makina está atravesado por una cultura de la migración. Esta cultura surge cuando la migración crece exponencialmente en un lugar y este crecimiento afecta los valores y la percepción cultural de la propia comunidad, aumentando el deseo de muchos de los habitantes por migrar. Vivir en un país con una economía desarrollada cambia los gustos y las expectativas personales de quien migra, y por ello, es muy común que el cruce se repita más de una vez y estimule a otros a hacer lo mismo. Las redes de contención que se tejen entre los migrantes pioneros ayudan y facilitan enormemente la migración futura (Douglas et al. 452).

El trabajo que realiza Makina de operadora en una central telefónica está estrechamente vinculado a la migración y a sus impactos: ella es trilingüe y puede comprender a quienes introducen vocablos o frases completas en inglés cuando hablan: "A veces, cada vez más, llamaban del gabacho; éstos frecuentemente ya se habían olvidado de las hablas de acá y ella les respondía en la suya nueva" (Herrera 20). El novio de la protagonista tiene la intención de formalizar la relación a su regreso de los Estados Unidos: "Después de eso el hombre se había ido a trabajar al Gran Chilango, y cuando regresó meses más tarde se presentó en la centralita a decirle algo, e iba tan bien plantado y tan cierto de mirada que ella supo qué quería decirle" (30). Intuimos, ya que en la novela esta información no aparece de forma explícita, que esta decisión de proyectar la relación a largo plazo está vinculada una mayor estabilidad económica adquirida a su vuelta del norte. Las novedades y modernidades del otro lado llegan al Pueblo de Makina juntos con los migrantes, y esta parte de la narración nos trae reminiscencias de la llegada de los gitanos a Macondo en *Cien años de soledad* de Gabriel García Márquez: "Uno de los primeros que la hizo gacha después de largarse volvió al Pueblo muy acá, muy uy uy uy, cargado de ropa y de relojes y de palabras nuevas que iba a saber decir en su teléfono nuevo" (50).

La Malinche letrada

No hay una Malinche, hay muchas. Este ícono, múltiple y versátil, ha atravesado la historia mexicana desde la conquista hasta el presente. La lectura atenta de Margo Glantz de los códices y las cartas de relación revela una gran admiración al personaje histórico, tanto por indígenas como por españoles. Fue equiparada a una diosa por los naturales, ya que era capaz de hablar y entender una lengua ininteligible para el común. Para los españoles, fue Doña Marina, la secretaria y faraute de Cortés, personaje clave en la toma de Tenochtitlan. Como por regla general, el sexo de los traductores era masculino, Glantz destaca la personalidad entrometida, desenvuelta y bulliciosa de la Malinche que se hizo protagonista en ese mundo de hombres (167-182).

Para Carlos Monsiváis, el mito de la Malinche se gestó en el siglo XIX como parte de la estrategia liberal para construir una idea de nación mexicana desespañolizada. La reforma liberal reconstruyó metas colectivas, le dio a la patria un carácter sagrado, reordenó las funciones de los símbolos y creó un repertorio de personajes alegóricos. En el discurso de Ignacio Ramírez, el gran ideólogo de la Nación, encontramos una identificación entre el "nosotros, los mexicanos" con los indígenas, específicamente, "los aztecas". Por ello, el "nosotros" se podía leer como: "los conquistados, diezmados, saqueados, y colonizados". La Malinche fue el símbolo que representó a Eva, la culpable de la pérdida del paraíso, y quien contribuyó a la derrota y a la humillación de los mexicanos. Asimismo, fue la barragana de Cortés. Una doble traidora que hirió a su pueblo y a su sexo casto. El mito persistió en el siglo XX. La Revolución Mexicana alimentó más el nacionalismo vigente y a partir de la década de los treinta se difundió el término "malinchismo" para hablar de quienes preferían a los extranjeros y los consideraban superiores a su propia gente (s/p).

Según la opinión de Carlos Monsiváis, la inculpación de la Malinche, que representaba a todos los aliados indígenas de los conquistadores, se hizo contra una mujer por prejuicios comunes a la época, compartidos por una mayoría. Entre condenar a los Tlaxcaltecas o a la Malinche, la estructura patriarcal decidió por esta última. A la conocida definición de nación de Benedict Anderson, entendida como una comunidad política imaginada, en la cual no todos los miembros se conocen ni viven en igualdad de condiciones, pero en la que prevalece una profunda y horizontal camaradería entre todos los integrantes (6-8), debería agregársele en el caso mexicano, y seguramente no sea el único, que la nación se gestó como una fraternidad entre hombres, predominantemente.

El cuento "La intrusa" de Jorge Luis Borges, que forma parte del libro *El informe de Brodie* (1970), nos sirve para ilustrar el nacimiento del mito de la Malinche. La cordialidad y amistad de los hermanos Nilsen, Cristian y Eduardo, dos criollos católicos de las pampas argentinas, se interrumpe con la llegada de Juliana. El mayor de los Nilsen, Cristian, decide compartir con su hermano menor la mujer que había traído a la casa de ambos y de la que Eduardo también estaba enamorado. La rivalidad llega a tal punto entre los dos hermanos que deciden vender a Juliana a un prostíbulo. La pasión de los Nilsen crece, sus visitas continuas a Juliana provocan su vuelta a la casa. Ante tal conflicto y para evitar una guerra fratricida, Cristian asesina a Juliana. El final del cuento podría leerse como el pacto masculino entre los vencidos y los aliados de los conquistadores para poder formar la nación: "Se abrazaron, casi llorando. Ahora los ataba otro vínculo: la mujer tristemente sacrificada y la obligación de olvidarla" (9). En México, a la Malinche no se la olvida porque su recuerdo reafirma el pacto patriarcal.

En su libro *Las estructuras de la violencia. Ensayos sobre género entre antropología, el psicoanálisis y los derechos humanos,* Rita Segato habla sobre el régimen de estatus, característico de la estructura jerárquica de género, que rige en las sociedades contemporáneas. Aun cuando desde el ámbito legal y jurídico las sociedades modernas hayan declarado la igualdad de derechos y deberes entre sus ciudadanos, en la realidad, encontramos dos sistemas que se superponen: uno que le otorga a la mujer derechos iguales al hombre, y otro, que la mantiene bajo su tutela. El poder patriarcal impone un orden jerárquico en el cual la mujer tiene un lugar subordinado, y para mantenerlo, se hace uso constante de la violencia. Segato distingue entre la violencia física y la moral. Para ella, la violencia moral es la más eficiente en el control, la opresión social y la reproducción de desigualdades. Esta violencia se materializa en los gestos, las actitudes, las miradas, y las palabras que naturalizan la dominación masculina en ámbitos públicos y privados, familiares e íntimos. De esta forma, la normalidad es, siempre, una normalidad violenta (29-120).

La violencia machista de la que habla Segato tiene un papel fundamental en la construcción de la identidad nacional mexicana. Cuánto más vilipendiada y repudiada fue la Malinche, cuánto más se reactualizó su mito, más se fortaleció el sentimiento de lo nacional. Comparto la visión de Norma Alarcón quien ve en la Malinche a la víctima sacrificada, al chivo expiatorio y al doble monstruoso de la Virgen de Guadalupe (21-22). Roger Bartra señala que el nacionalismo se encargó de desplazar a Malinche, caracterizada como la madre india, traidora y prostituta y la substituyó por la Virgen de Guadalupe, la madre mestiza, virginal y casta (s/p).

En *El laberinto de la soledad* (1950) Octavio Paz dedicó uno de sus ensayos a la Malinche. En "Los hijos de la Malinche", Paz se propuso describir la idiosincrasia del hombre mexicano. El ensayo es una indagación, de exacerbado tinte esencialista, sobre lo que significa ser mexicano. Paz buscó interpelar la mexicanidad de los mexicanos, autodefiniéndose/definiéndolos como seres "herméticos, insondables, recelosos, reservados, ambiguos" (88). La extrañeza también la sienten los propios mexicanos ante otros mexicanos y Paz pone como ejemplo la fascinación del mexicano citadino frente a los campesinos arcaicos y antiguos. La mujer es otro ser "que vive aparte" (89). La mujer es el otro. La definición del nosotros hace explícita la posición de la mujer: está fuera del centro desde el que se enuncia el discurso: "la mujer ¿esconde la muerte o la vida?, ¿en qué piensa? ¿piensa acaso?, ¿siente de veras?, ¿es igual a nosotros?" (89).

Paz devela la estructura patriarcal a través de un lúcido análisis semántico del verbo "chingar" que significa hacer violencia sobre otro. El hombre es quien chinga, es decir, es un agente activo, agresivo, cruel, cerrado que abre, desgarra, humilla y viola. Lo chingado es lo pasivo, lo inerte, lo abierto, desgarrado, herido y violado. El chingón es el macho y la chingada es la hembra. La relación entre ambos es siempre un vínculo violento. En su libro *Las conspiradoras. La representación de la mujer en México*, Jean Franco señala cómo Paz describe, de manera gráfica, la ideología del macho (206). El problema con este ensayo es que Paz reprodujo a mediados de siglo XX, el discurso de la dominación masculina que le sirviera de base fundacional al nacionalismo del siglo XIX al reactualizar el mito de la Malinche.

La expresión "hijos de la chingada" define a los mexicanos como hijos de la madre violada. Esta madre es, para el autor, la Conquista y su símbolo, por excelencia, la Malinche. Ella representa a "a las indias fascinadas, violadas o seducidas por los españoles" (Paz 110). La sentencia de Paz es contundente: "El pueblo mexicano no perdona la traición a la Malinche" (110). Desde una lectura feminista, la antropóloga mexicana Marta Lamas objeta que Paz al caracterizar todo contacto sexual como violación, no toma en cuenta el deseo femenino. Malinche es una mujer que desea. En el encuentro con Cortés ella interactúa poniendo en juego su cuerpo, su sexo y también su inteligencia. La visión sexista de Paz, que no entiende la sexualidad femenina, divide a las mujeres en decentes y en prostitutas (Lamas). Claudia Leitner resalta el lenguaje sexualizado del ensayo de Paz que vincula "lo abierto" con el vientre y el sexo de la Malinche y no con su lengua y su capacidad de comunicar, capacidades valoradas por todos en el momento de la Conquista (s/p).

La influencia del *Laberinto de la Soledad* atravesó las fronteras mexicanas y llegó a la comunidad chicana en Estados Unidos. Tuvo un enorme impacto entre las escritoras chicanas[9] que se apropiaron de Malintzin para hablar de sus propias experiencias personales y lingüísticas y autodefinirse (Alarcón 32). Esta inmediata identificación tuvo lugar porque el nacionalismo chicano, surgido a partir de la huelga de 1965 a mando de César Chávez, también se construyó en base a la dominación masculina (Pratt 861). El discurso patriarcal chicano condenó a las mujeres que se integraban a la cultura estadounidense o adoptaban actitudes liberales/feministas. Estas mujeres fueron consideradas traidoras a la Raza y llamadas de "Malinches". Es por esta razón que la Malinche se volvió un símbolo fundamental y fundacional en el empoderamiento femenino de las escritoras chicanas.

En su libro *La Malinche in Mexican Literature From History to Myth*, Sandra Messinger Cypess explica que las escritoras chicanas se ven a sí mismas como hijas simbólicas de la Malinche. Ella es una fuente de inspiración y no de condena. Se trata de una Malintzin opuesta al mito nacionalista/patriarcal: representa una mujer excepcional, con una personalidad fuerte y decidida que supo poner en contacto a dos culturas diferentes. Es la intermediaria, el puente entre dos culturas, el símbolo del mestizaje por excelencia. El uso de inglés y español en los poemas de la literatura chicana rinden un homenaje a las habilidades lingüísticas de la madre espiritual (s/p versión Kindle). Este cambio de signo se enmarca en un contexto de mucha agitación dentro del movimiento feminista. Las intelectuales "de color", como se llamaron a sí mismas las feministas negras y chicanas, se unieron para hacer escuchar su voz. Su crítica a la segunda ola feminista apuntó a la falta de diversidad existente en la agenda política, que priorizaba el punto de vista de las mujeres blancas.

La publicación del libro *Esta puente, mi espalda. Voces de mujeres tercermundistas en los Estados Unidos* (1981), editado por Cherríe Moraga y Gloria Anzaldúa, es una antología que reunió el trabajo de intelectuales negras, chicanas, indígenas-norteamericanas y asiáticas. El artículo de Norma Alarcón "La literatura feminista de la chicana: Una revisión a través de

---

[9] Alarcón incluye en este grupo a: Adelaida R. del Castillo, Adaljiza Sosa Ridel y Carmen Tafolla, Cordelia Candelaria, Silvia González, Alma Villanueva, Lucha Corpi, Cherrie Moraga y Lorna D. Cervantes.

Malintzin o Malintzin: devolver la carne al objeto" dio a conocer una serie de poemas mexicanos y chicanos que tenían como figura central a la Malinche. Los pocos datos que tenemos de la Malintzin histórica, la mayoría recogidos de la crónica de Bernal Díaz del Castillo, cuentan la historia de una niña, con ascendencia noble, que fue vendida por su madre y su padrastro como esclava para garantizar la herencia del hijo varón de ambos. Fue en calidad de esclava y como un obsequio maya que Malintzin llegó a Hernán Cortés, junto a otras diecinueve mujeres. Alarcón resalta que la literatura chicana y mexicana, estimulada por la historia de Malintzin, exploró las tensiones entre madres e hijas, como el poema "Bloodroots" de Alma Villanueva y "Malinche" de Rosario Castellanos. El sentimiento de rechazo y desprecio de las madres hacia las hijas genera en estas últimas rencor hacia sí mismas. De esta forma, la desvalorización femenina, que contribuye al patriarcado y es consecuencia de este, se gesta en la intimidad del círculo familiar y entre los vínculos más cercanos (231-237).

Margo Glantz analizó la distante relación madre-hija en las escritoras mexicanas a las que bautizó como las hijas de la Malinche: Rosario Castellanos, Elena Garro y Elena Poniatowska. En *Balún Canán* (1957), el cuento "La culpa es de los Tlaxcaltecas" incluido en el libro *La semana de colores* (1964) y *La flor de lis* (1988) se establecen vínculos de amor filial entre las protagonistas y la nana indígena que se ocupa de cuidarlas, atenderlas y darles contención emocional. La figura materna está desdibujada o ausente. La cuidadora indígena reemplaza a la madre biológica en el mundo afectivo de la infancia. En el cuento "Never Marry a Mexican" que se encuentra en el libro *Women Hollering Creek and Other Stories* (1991) de Sandra Cisneros la relación de Clemencia, el personaje principal, con su madre se interrumpe cuando esta se casa por segunda vez y tiene un hijo varón. Cisneros traza un paralelo obvio entre su protagonista y la Malinche histórica (s/p). En su novela *Malinche* (2006), Laura Esquivel explora el vínculo maternal que se crea entre Malinztin y su abuela, quien substituye totalmente a la madre.

En su artículo "'Yo soy La Malinche': Chicana Writers and the Poetics of Ethnonationalism" Mary Louise Pratt analiza las poesías de Adaljiza Sosa Ridell, Helen Silvas, Naomi Quiñonez y Carmen Tafolla (862-879) y destaca aspectos importantes. La traición es una temática muy presente que les permite a las escritoras dar cuenta de la conflictividad que generan en sus comunidades de origen los procesos de integración de las mujeres chicanas a la cultura norteamericana. Nos referimos, específicamente, a los casamientos o vínculos afectivos con hombres blancos. La mujer ocupa el papel de la traidora y también el de la traicionada. Esta apropiación de una categoría utilizada por la cultura machista chicana para desprestigiarlas es parte de una política identitaria para afirmarse como sujetos. La voz lírica no se posiciona en el rol de la víctima, sino en el lugar de una agente activa y empoderada. La sexualidad es un instrumento del poder femenino. Para Jean Franco y Gloria Elena Bernal, es justamente este aspecto, la agencia de la mujer, lo que el ensayo de Paz oculta. Hacer de la Malinche una chingada, no toma en cuenta que ella fue una participante activa, que hubo, de hecho, una transición desde una situación opresiva, en la que Malinche era esclava, hacia una situación de mayor autonomía y bienestar económico, a partir del contrato sexual con Cortés (268).

Señales que precederán al fin del mundo adscribe a esta tradición feminista iniciada por las escritoras chicanas a partir de la década de los sesenta. Es heredera y continuadora, en cierto sentido, de dicha tradición. Si bien, este feminismo ha sido sometido a profundas transformaciones, que están en concordancia con el nuevo contexto en el cual se produce la novela y puede interpretarse como una etapa superadora. La trama novelesca no se apega a la biografía de la Malinche histórica en absoluto. No cabe la posibilidad de una mala relación o de una relación distante entre madre e hija. No existe el binomio traidora-traicionada en la vida de la protagonista y tampoco hay ningún tipo de referencia a la religión católica a lo largo del texto ni cualquier alusión a la Virgen de Guadalupe. La novela deconstruye el mito patriarcal del discurso nacionalista, ya que no hay una división entre mujeres decentes y prostitutas, sino mujeres sexualmente activas que gozan de su sexualidad con plenitud.

La relación entre Makina y su madre es extremadamente amorosa ". . . eso es lo que hacía la Cora: aunque uno estuviera a dos pasos de ella era siempre como estar en su regazo, entre sus tetas morenas, a la sombra de su cuello ancho y gordo, bastaba que a uno le dirigiera la palabra para sentirse guarecido" (Herrera 12). Este vínculo afectuoso se reproduce en las relaciones entre Makina y las otras mujeres con las que interactúa. Hay sororidad. Durante su viaje, mientras Makina se bañaba, una mujer de mediana edad le saca el lápiz labial de la mochila sin permiso y lo usa sin pedírselo. La reacción de la protagonista es amigable y solidaria: "Estas muy guapa, dijo Makina, te va a ir muy bien, ya verás" (39). La dueña del restaurante que la ayuda a encontrar a su hermano le hace acordar a su madre: "Era blanca y delgada y tenía una cara extremadamente dulce, pero a Makina se le figuró que se parecía a la Cora, tal vez por el modo en que trabajaba, como si desvistiera a sus nietos para la ducha, o porque de inmediato, como con la Cora, sintió que podía confiar en ella" (85). Esta mujer es la misma que tiempo antes había ayudado a su hermano, dándole techo y comida, y también le había pasado un contacto para conseguir trabajo. Es el alter-ego de la Cora.

Con su hermana, la protagonista tiene una relación maternal, muy común de la hermana mayor. Siente la obligación de prepararla para el mundo patriarcal, pasarle los conocimientos básicos y evitarle sufrimiento en su vida adulta: "No paraba de crecer, y en un mundo de hombres, Makina quería enseñarle lo de urgencia, cómo tantearlos y cómo soportarlos; cómo gustar de ellos. Que aunque sean malhablados, son frágiles; que aunque sean como niños pueden morderle a una las entrañas" (28). Al otra lado, Makina sufre al pensar en su hermanita, sin su ayuda para para protegerla: "El corazón se le encogía de pensar en su hermanita; sólo se le hinchaba de vuelta al confiar que, como ella, sabría cuidarse" (90)

La traición está asociada a la decisión del hermano de no regresar a México y no a Makina. Este tema es recurrente en el género de la migración, especialmente en corridos y películas. El nacionalismo exacerbado de quien regresa es la contracara de quienes deciden quedarse en Estados Unidos. Hay una actitud moralista. La justificativa del hermano es tan absurda que realza más su total identificación con la cultura americana: "Ya peleé por esta gente. Debe de haber algo por lo que pelean tanto. Por eso me quedé en el ejército, mientras averiguo de qué se trata" (106). El hermano se despide ofreciendo más dinero que afecto. La clásica asociación entre la figura de la Malinche y la pérfida está totalmente ausente en *Señales que precederán al fin del mundo*. Esto significa un corte radical con obras mexicanas y chicanas que siempre han evocado a la Malinche como la mujer desleal.

En "La culpa es de los Tlaxcaltecas" (1964) de Elena Garro, Laura, que es también la Malinche, le es infiel a su marido Pablo con su primo. Se produce un cambio de signo, el amante es indio y no blanco. La traición es siempre femenina. En la obra de teatro *Todos los gatos son pardos* (1970), Carlos Fuentes representa un triángulo de poder dividido entre Moctezuma, Cortés y la Malinche. A pesar de que la mujer aparece enaltecida con una conciencia crítica que cuestiona los actos de ambos líderes, porque es a través del discurso femenino que se filtra el discurso de Fuentes, en la descripción de la Malinche se evoca al mito patriarcal: "Malintzin, dijeron tus padres: hechicera, diosa de la mala suerte y de la reyerta de sangre . . . Marina, dijo tu hombre, recordando el océano por donde vino hasta estas tierras . . . Malinche, dijo tu pueblo: traidora, lengua y guía del hombre blanco. Diosa, amante y madre" (13-14). En la novela de Fuentes *El naranjo, o los círculos del tiempo* (1993), en el capítulo "Las dos orillas", la traición secreta que prepara Jerónimo de Aguilar a los españoles es la contracara de la de la Malinche a los aztecas. En *La frontera de cristal. Una novela en nueve cuentos* (1995), también de Fuentes, el cuento "Malintzin de las maquilas" tiene como protagonista a Marina, una bella e ingenua jovencita que trabaja en Ciudad Juárez y cruza hacia El Paso todos los jueves para encontrarse con su novio Rolando. En este texto, Fuentes opta por una Marina engañada por un mujeriego seductor, que sale con mujeres estadounidenses.

Makina no es diosa, ni amante ni madre. Ella es, por encima de todo, una mujer que desea. La protagonista vive su sexualidad con libertad, plenitud y sin remordimientos o sentimientos de culpa. El sexo está ligado a un placer que no exige compromisos y se vive con total naturalidad. La vida sexual de la protagonista es un aspecto importante a ser caracterizado, como por ejemplo cuando visita al señor Dobleú y reencuentra un joven con quien "la había desgranado en una ocasión" (Herrera 13).

La protagonista tiene un pretendiente con intenciones serias al que llama de "novio", aunque en su interior sabe que no está enamorada de él y no quiere compromisos a largo plazo. Para ella, es un amor más carnal que romántico. Los roles tradicionales adjudicados al hombre y la mujer, heredados de la tradición europea del amor cortés de la Edad Media, pero que de cierta forma, sobreviven en el imaginario social, no tienen cabida en el siglo XXI. La protagonista se concibe como un ser sexual y busca por sí misma compañeros, únicamente para el goce: "El día que terminó todo Makina estaba como con ganas de borrachera pero no en verdad con ganas de alcohol, nomás con la comezón de sacudirse el cuerpo, y había cometido la imprudencia de ir y desgranarla con él como lo había hecho con otros en un par de viajes a la Ciudadcita; por encima, de puro capricho olvidable" (29).

En este amor no correspondido, la pasión y el sentimentalismo se viven como emociones masculinas, más que femeninas: "El hombre hacía el amor con una entrega fervorosa, le remodelaba los pezones a labiadas y a la hora del orgasmo se consumía en un temblor jubiloso y triste (30).

Con Chucho, el coyote que guía a la protagonista en el cruce al otro lado y que en el último capítulo la conduce hasta el paraje final, se reenciende el deseo femenino. En el mito azteca, los muertos cruzaban el río auxiliados por un perro. Con nombre de canino, Chucho es la representación del animal del mito. Por ello, nunca tiene dificultad en encontrar a Makina. La atracción de la protagonista hacia Chucho es inmediata. Quiere sentirse cortejada por el joven y se vuelve sensible a los pequeños detalles: "percibió que se le acercaba y le olía el cabello y alcanzó a alegrarse por haber tenido la oportunidad de darse una ducha" (43).

El episodio del acoso en el camión y el maltrato policial en el Gran Chilando dejan claro que Makina no se comporta como una víctima. Su actitud en los dos episodios no es pasiva. Los abusos del joven hacia Makina son tan sútiles, que sólo los percibe la víctima. Son esos "descuidos" que parecen azarosos, pero no lo son, contra los cuales reacciona la protagonista. Al comienzo decide ignorarlo: "uno le acercó la boca al pasar y dijo Me apellido ¡Merezco! No la rozó pero la palpó con su aliento, el hijo de puta. Makina no estaba acostumbrada a esas cosas. No que no las hubiera padecido, es que no había permitido acostumbrarse" (33). En el camión usa la fuerza para poner límite, le tuerce el dedo al joven, y también la elocuencia: "No me gusta que me manoseen pinches desconocidos ¿puedes creerlo?" (34). Cuando es detenida junto con otros inmigrantes ilegales, Makina utiliza el lenguaje escrito. Redacta en primera persona del plural "nosotros" un texto irónico para inhibir la acción policial, y lo logra. En esta escena las palabras que el señor Q/Tezcatliploca le dice a Makina, antes de que emprendiera el viaje, resuenan en la cabeza del lector: "Luego de tomarle la mano a la joven y encerrársela en un puño le explica que ese es su corazón" (23).

La figura de la mujer letrada está estrechamente vinculada al papel de la intermediaria. En vez de quedar relegada a una posición marginal o invisibilizada, la mujer y su capacidad de arbitrar conflictos ocupan un lugar central en la narrativa. La identificación inmediata que siente Makina al escuchar el Spanglish de los chicanos nos ayuda a comprender, a través de sus propias palabras, su rol de mediadora: "Hablan una lengua intermedia con la que Makina simpatiza de inmediato porque es como ella: maleable, deleble, permeable, un gozne entre dos semejantes distantes y luego entre otros dos" (75). En tono sarcástico y cómico, Rosario Castellanos construyó una Malinche inteligente y sagaz en su obra de teatro *El eterno femenino* (1975), pero con un pesado rastro de sujeción y dependencia al macho, ausente en Herrera.

Gloria Anzaldúa destaca a la Virgen de Guadalupe, a la Malinche y a la llorona como madres mediadoras. Ellas conectan el mundo divino con el humano, a los españoles con los indígenas, y a los chicanos con los blancos estadounidenses (74). La malinche de Herrera no es ni la diosa madre ni la prostituta traidora. No hay sacralización ni demonización. Es una joven indígena humilde, común y corriente, que sobresale por su destreza lingüística y social, en un medio rural atravesado y modificado por la migración a Estados Unidos. El movimiento se realiza en dos planos simultáneos: el espacial y el lingüístico.

Makina actuó como emisaria de urgencias entre el señor Q y el señor Hache "Makina ni se hacía ilusiones ni perdía el sueño culpándose por haber inventado la política; llevar mensaje era su manera de terciar en el mundo" (Herrera 21); ayudó a los dos jovencitos, que había conocido en el camión, recién llegados a la frontera y sin conocimiento de inglés, a no caer en los engaños de dos coyotes (40), y reconcilió a los jóvenes novios (92). Su manejo y dominio de tres lenguas y el don de saber lidiar con conflictos le confieren un poder a la protagonista que no está asociado a su sexualidad, su belleza o su capacidad reproductiva. Makina se destaca por sus habilidades lingüísticas, su inteligencia y sagacidad en el campo de la comunicación. Es la Malinche letrada, ignorada desde hace siglos, por la cultura machista.

Herrera maneja con maestría el habla coloquial mexicana. Una oralidad estratégicamente utilizada para narrar sin nombrar, como muy bien lo señala Marcelo Rioseco. Las palabras narcotráfico, Estados Unidos, cártel, México, migración, migrante o frontera están ausentes del texto y, de esta forma, se evita el desgastado vocabulario de las novelas de frontera y la narco-literatura (s/p). La subversión de los signos de puntuación, como la escritura con mayúscula después de coma, la inexistencia de los dos puntos, de las comillas y de los signos de diálogo, sumado a las expresiones dialectales, que tienen mucha fuerza y presencia en toda la obra, hacen de la lectura una experiencia de traducción. Leer es un continuo ir y venir, de la lengua de la novela a la norma gramatical del castellano estándar y viceversa. Pero, sin lugar a dudas, lo más desconcertante es la aparición del verbo "jarchar", un verbo inventado que se menciona en cuarenta ocasiones y que significa "salir".

Las jarchas son las estrofas finales de composiciones cultas de la lírica peninsular, de origen árabe o hebreo, llamadas de moaxajas. Las jarchas están escritas en castellano, árabe vulgar o una mezcla de ambos y son fragmentos de canciones femeninas de amor. Las moaxajas surgieron a comienzos del siglo X en una España que era multilingüe y multirracial. Para Eugenio Santangelo, la narrativa de Herrera recrea zonas de contacto y este verbo nos remite al espacio de diálogo entre el hebreo, el árabe culto y el mozárabe (modalidad del castellano primitivo hablado en zonas árabes de la península). Jarchar, que en la novela de Herrera se refiere a "marcharse", es también una referencia al tema de la migración, ya que las comunidades judías y moriscas fueron expulsadas de España durante los siglos XV y XVII, respectivamente (40). Para Jiménez Chacón, el verbo jarchar evoca la unión entre la alta y baja cultura que conformó una poética única (48).

En su artículo "Amores tristes y amores gozosos en la antigua lírica popular", Margit Frenk compara las jarchas descubiertas en 1948 por Samuel M. Stern en moaxajas hebreas, que eran canciones tristes de doncellas enamoradas, con las que fueron descubiertas en 1952 por Emilio García Gómez en moaxajas árabes, canciones que expresaban sensualidad, atrevimiento y erotismo por parte de la mujer enamorada. El amor físico, la malicia y la picardía estaban presentes en estas últimas (378). La importancia que posee la voz femenina como sujeto de deseo en las jarchas ha sido un motivo, sino el gran motivo, que ha llevado al autor a incorporar tal neologismo. Se refuerza a lo largo del todo el libro el protagonismo femenino y su libre expresión en el terreno sexual. El sentido literal de "jarchar" es el de salir, es la salida de Makina del mundo de los vivos, es la salida de su lugar de origen y es también una salida de los roles de género convencionales.

El título

En la cultura azteca, el futuro del individuo está determinado por el pasado. El tiempo se repite, es cíclico. El conocimiento del pasado es el conocimiento del futuro. El porvenir no se construye, se revela a través presagios (Todorov

75). El título del libro, *Señales que precederán al fin del mundo*, escrito en futuro simple del indicativo, reproduce la lógica de los augurios y se refiere literalmente al tema. La novela es, al mismo tiempo, una premonición anunciada y cumplida. El plano mítico anticipa el plano histórico. El viaje de los muertos al inframundo del mito del Mictlán anuncia el recorrido de los migrantes a Estados Unidos del siglo XX y XXI. El tiempo mítico absorbe al tiempo histórico. Lo reduce y lo somete a su dinámica circular. Entonces, y para concluir, podemos pensar que la novela interpela directamente a sus lectoras, ya que siguiendo este razonamiento, la Malinche profetiza a la mujer del porvenir, que es la mujer contemporánea.

Obras Citadas

Alarcón, Norma. "La literatura feminista de la chicana: Una revisión a través de Malintzin o Malintzin: Devolver la carne al objeto". Moraga, Cherríe y Castillo, Ana (Eds). *Esta puente, mi espalda. Voces de mujeres tercermundista en los Estados Unidos.*Trad. Norma Alarcón y Ana Castillo. Ism Press, 1988. 231-241.

Alarcón, Norma y Olivares, Cecilia. "Traddutora, traditora: una figura paradigmática del feminismo de las chicanas". *Debate Feminista*, no. 8, 1993, pp. 19-48. *JSTOR.* www.jstor.org. Consultado el 12 de febrero de 2022.

Anderson, Benedict. *Imagined Communities.* Verso, 1983.

Anzaldúa, Gloria. *Borderlands/La frontera: La nueva mestiza.* Capitán Swing Libros, 2016.

Bartra, Roger. "Los hijos de la Malinche". Glantz s/p.

Borges, Jorge Luis. *El informe de Brodie.* Emecé, 1970.

Bourdieu, Pierre. *La dominación masculina.*Trad. Joaquín Jordá. Editorial Anagrama, 2000.

Castellanos, Rosario. *El eterno femenino.* Fondo de Cultura Económica, 1975.

—. *Balún Canán.* Fondo de Cultura Económica, 1968.

Cisneros, Sandra. *Woman Hollering Creek and Other Stories.* Vintage Books, 1991.

Cornejo Polar, Antonio. *Literatura y sociedad en el Perú: la novela indigenista.* Ed. Lasontay, 1980.

De Beauvoir, Simone. *El segundo sexo.* Trad. Alicia Martorell. Ediciones Cátedra, 2005.

Díaz del Castillo, Bernal. *Historia verdadera de la conquista de la Nueva España.* Ediciones de la Universidad de Castilla-La Mancha, 2002.

Díaz Guerra, Alirio. *Lucas Guevara.* Arte Público Press, 2003. Edición Kindle.

Esquivel, Laura. *Malinche.* Suma de letras, 2006.

Franco, Jean. *Las conspiradoras. La representación de la mujer en México.* Fondo de cultura económica, 2004.

Franco, Jean y Bernal, Gloria Elena. "La Malinche: del don al contrato sexual." *Debate feminista*, vol. 11, 1995, pp. 251-270. *JSTOR.* www.jstor.org. Consultado el 03 de febrero de 2022.

Frenk, Margit. "Amores tristes y amores gozosos en la antigua lírica popular". *Revista Canadiense de Estudios Hispánicos*, vol. 15, no. 3, 1991, pp. 377-384. *JSTOR*. www.jstor.org. Consultado el 04 de junio de 2022.

Fuentes, Carlos. *Todos los gatos son pardos*. Siglo Veintiuno, 1970.

—. *El Naranjo*. Alfaguara, 1993.

—. *La frontera de cristal*. Santillana Ediciones Generales, 1995.

Gamio, Manuel. *The Mexican Immigrant. His Life-Story*. University of Chicago, 1931.

García Márquez, Gabriel. *Cien años de soledad*. Editorial Sudamericana, 1994.

Garro, Elena. *La semana de colores*. Universidad Veracruzana, 1964.

Glantz, Margo. "La Malinche: la lengua en la mano". Glantz s/p.

—. "Las hijas de la Malinche". Glantz s/p.

—. coord. *La Malinche, sus padres y sus hijos*. Taurus, 2013, s/p. Versión Kindle.

Guida Navarro, Alexandre. "Armas, templos e guerra. A natureza bélica do culto a Quetzalcóatl na Mesoamérica". *Revista do Museu de Arqueologia e Etnologia*, vol. 72, 2002, 165-176.

Haraway, Donna. "Manifesto ciborge: ciência, tecnologia e feminismo-socialista no final do século XX". Trad. Tomaz Tadeu. *Pensamento feminista. Conceitos fundamentais*. Ed. Eloisa Buarque de Hollanda. Bazar do tempo, 2019, pp. 157-210.

Herrera, Yuri. *Señales que precederán al final del mundo*. Editorial Periférica, 2009.

—. *Trabajos del reino*. Editorial Periférica, 2004.

—. *La transmigración de los cuerpos*. Editorial Periférica, 2013.

Johansson, K., Patrick. "La fecundación del hombre en el Mictlán y el origen de la vida breve." *Estudios de Cultura Náhuatl*, vol. 27, 1997, pp. 69-88.

Jiménez Chacón, Mario. "Traslado mítico-histórico y traslado lingüístico en *Señales que precederán al fin de mundo*". *Ciberletras. Revista de crítica literaria y de cultura*, vol. 42, 2019, s/p. https://www.lehman.cuny.edu/ciberletras/. Consultado el 10 de enero de 2022.

Kanellos, Nicolás. "*Las aventuras de Don Chipote*, obra precursora de la novela chicana". *Hispania*, vol. 67, no. 3, 1984, pp. 358-363. *JSTOR*. www.jstor.org. Consultado el 15 de diciembre de 2021.

Kanellos, Nicolás y Hernández, Imara Liz. "Lucas Guevara: La primera novela de inmigración hispana a los Estados Unidos". *Hispania*, vol. 85, no. 4, 2002, pp. 795-803. *JSTOR*. www.jstor.org. Consultado el 20 de febrero de 2022.

Lamas, Marta. "Las nietas de la Malinche. Una lectura feminista de *El laberinto de la soledad*". *Zona Paz*, http://www.zonaoctaviopaz.com. Consultado el 4 de junio de 2022.

Leitner, Claudia. "El complejo de la Malinche". Glantz s/p.

Lienhard, Martin. "El substrato arcaico en Pedro Páramo: Quetzacóatl y Tláloc". *Juan Rulfo. Toda la obra*. Coord. Claude Fell. Colección de Archivos, 1992, pp. 842-850.

León Portilla, Miguel. "Ometeotl, el supremo dios dual y Tezcatlipoca 'dios principal'". *Estudios de cultura Náhualt*, vol. 30, 1999, pp. 132-152.

López Castro, Gustavo. *El río bravo es charco: Cancionero del migrante*. El colegio de Michoacán, 1995.

Massey et al. "Nuevos escenarios de la Migración México-Estados Unidos: Las consecuencias de la guerra antiinmigrante". *Papeles de Población*, vol. 15, no. 61, 2009, pp. 101-128.

—. "Theories of international migration: A review and appraisal". *Population and Development Review*, vol. 19, no. 3, 1993, pp. 431-466.

Messinger Cypes, Sandra. *La Malinche in Mexican Literature. From History to Myth*. University of Texas Press, 1991.

Monsiváis, Carlos. "La Malinche y el malinchismo". Glantz s/p.

Mora Ordoñez, Edith. "Del sueño americano a la utopía desmoronada: cuatro novelas sobre la inmigración de México a Estados Unidos". *Revista de Estudios Latinoamericanos* LIV, 2012, pp. 269-295.

Moraga, Cherríe y Castillo, Ana (Eds). *Esta puente, mi espalda. Voces de mujeres tercermundista en los Estados Unidos*. Trad. Norma Alarcón y Ana Castillo. Ism Press, 1988.

Navarro, Alexandre Guida. "Armas, templos e guerra: a natureza bélica do culto a Quetzalcóatl na Mesoamérica." *Revista do Museu de Arqueologia e Etnologia*, vol. 12, 2001, pp. 165-176.

Nash, June. "The Aztecs and The Ideology of Male Dominance". *Signs* vol. 2, no. 2, 1978, pp. 349-362. *JSTOR*. www.jstor.org. Consultado el 26 de marzo de 2022.

Olivier Durand, Guilhem. "Gemelidad e historia cíclica. El 'dualismo inestable de los amerindios', de Claude Lévi-Strauss, en el espejo de los mitos mesoamericanos". *Lévi-Strauss: Un siglo de reflexión*. Orgs. Maria Eugenia Olavarría, Saúl Millán y Carlo Bonfiglioli. Universidad Autónoma de México Unidad Iztapalapa, División de Ciencias Sociales, 2011, pp. 139-178.

Ortiz, Fernando. *Contrapunteo cubano del tabaco y el azúcar*. Biblioteca Ayacucho, 1987.

Paz, Octavio. *El laberinto de la soledad*. Penguin Book, 1997.

Poniatowska, Elena. *La flor de lis*. Ediciones Era, 1997.

Pratt, Mary Louise. "'Yo soy la Malinche': Chicana Writers and the Poetics of Ethnonationalism". *Callaloo*, vol. 16, no. 4, 1993, pp. 859-873. *JSTOR*. www.jstor.org. Consultado el 19 de mayo de 2022.

Rama, Ángel. *Transculturación narrativa en América Latina*. Ediciones El Andariego, 2008.

Rioseco, Marcelo. "Mito, Literatura y frontera en Señales que precederán al fin del mundo de Yuri Herrera." *Latin American Literature Today*. www.latinamericanliteraturetoday.org. Consultado el 1 de octubre 2020.

Rivero, Giovanna. "*Señales que precederán al fin del mundo* de Yuri Herrera: Una propuesta para un novum ontológico latinoamericano". *Revista Iberoamericana* vol. LXXXIII no. 259-260, 2017, pp. 501-516.

Sánchez Becerril, Ivonne. "México nómada: *Señales que precederán al fin del mundo* de Yuri Herrera y *Efectos secundarios* de Rosa Beltrán". *Escrituras plurales: migraciones en espacios y tiempos literarios*. Ed. Silvana Serafin. Ediciones La Toletta, 2014, pp. 107-121.

Santangelo, Eugenio. "Comunidades que jarchan: políticas de la lengua y el habitar en tres novelas de Yuri Herrera". *De la alegoría a la palabra: El reino de Yuri Herrera.* Coord. Ivonne Sánchez Becerril. Universidad Nacional Autónoma de México, 2019, pp. 23-52.

Segato, Rita. *Las estructuras de la violencia. Ensayos sobre género entre antropología, el psicoanálisis y los derechos humanos.* Prometeo libros, 2010.

Sierra, Ana Luisa Ed. *Me gusta cuando callas. Los escritores del "Boom" y el género sexual.* Editorial de la Universidad de Puerto Rico, 2002.

Todorov, Tzvetan. *La conquista de América: la cuestión del otro.* Siglo Veintiuno Editores, 1987.

Venegas, Daniel. *Las Aventuras de Don Chipote o cuando los pericos mamen.* Arte Público Press, 1999. Edición Kindle.

Capítulo 12

Transculturación de la frontera norte de México: la lengua como rearticulación comunitaria en *Estrella de la calle Sexta*

Blanca Judith Martínez Díaz

Missouri State University

Resumen: Tijuana ha sido marcada por su lugar geopolítico entre Estados Unidos y México. Ciudad conocida y particularmente analizada desde distintos lentes por sus constantes procesos de modernización, influencia turística, narco tráfico e impactos de migraciones forzadas. Es imposible pasar por alto en medio de estas circunstancias la marginación y desarraigo que enfrentan como forma de vida los habitantes temporales o permanentes de la ciudad fronteriza. Bajo esta temática, el texto que se pretende analizar se centra en la novela corta *Estrella de la Calle Sexta* (2000) de Luis Humberto Crosthwaite. Este trabajo se enfoca en el contexto de los procesos de transculturación violenta de una cultura sobre otra en la era del capitalismo tardío; así como el análisis de los movimientos contra hegemónicos que surgen en estos contextos anti-comunitarios mediante la reconfiguración de la lengua. El autor nos demuestra estos potenciales espacios que se generan para la reconstrucción y formación de lazos comunitarios por medio de un agenciamiento de identidades basadas en la re-creación del habla fronteriza. Este trabajo propone que Crossthwaite construye una comunidad que traspasa el tiempo mediante la construcción de tres narrativas que al parecer no tienen un arco que las unifica además de la nostalgia. Sin embargo, este es precisamente el acto anti-hegemónico del escritor, puesto que este aparente anacronismo y pesimismo por una parte exhiben el fracaso de la comunidad contemporánea cuyos cimientos están en el sacrificio de la comunidad que prioriza políticas neoliberales; y a su vez Crosthwaite muestra la capacidad de sus personajes fronterizos de reclamar su espacio, habla e identidad en busca de una pertenencia a una nueva comunidad física y literaria como forma de resistencia.

Palabras clave: Transculturación, frontera norte, Estrella de la Calle Sexta, narcotráfico, identidad

***

Tijuana ha sido marcada por su lugar geopolítico entre Estados Unidos y México. Ciudad conocida y particularmente analizada desde distintos lentes por sus constantes procesos de modernización, influencia turística, narco tráfico e impactos de migraciones forzadas. Es imposible pasar por alto en medio de estas circunstancias la marginación y desarraigo que enfrentan como forma de vida los habitantes temporales o permanentes de la ciudad fronteriza. Bajo esta temática, el texto que se pretende analizar se centra en la novela corta *Estrella de la calle Sexta* (2000) de Luis Humberto Crosthwaite. Este trabajo se enfoca en el contexto de los procesos de transculturación violenta de una cultura sobre otra en la era del capitalismo tardío; así como el análisis de los movimientos contra hegémonicos que surgen en estos contextos anti comunitarios mediante la reconfiguración de la lengua. El autor nos demuestra estos potenciales espacios que se generan para la recontrucción y formación de lazos comunitarios por medio de un agenciamiento de identidad basada en la re-creación del habla fronteriza. Este trabajo propone que Crosthwaite construye una comunidad que traspasa el tiempo mediante la construcción de tres narrativas que al parecer no tienen un arco que las unifique además de la nostalgia. Sin embargo, este es precisamente el acto anti-hegemónico del escritor, puesto que este aparente anacronismo y pesimismo por una parte exhiben el fracaso de la comunidad contemporánea cuyos cimientos están en el sacrificio de la comunidad que prioriza políticas neoliberales; y a su vez Crosthwaite muestra la capacidad de sus personajes fronterizos de reclamar su espacio, habla e identidad en busca de una pertenencia a una nueva comunidad física y literaria como forma de resistencia.

Del contexto fronterizo

El libro se compone de tres partes, "Sábado en la noche", "Todos los barcos", y "El gran pretender". Es importante señalar que fue publicado como novela corta antes de convertirse en el tercer capítulo de *Estrella de la calle Sexta* en 1992. El escenario del libro tiene lugar en Tijuana, en la esquina de la Estrella de la calle Sexta bar conocido de la famosa calle. Existe como sentimiento en común la nostalgia de los personajes que nos presenta el escritor en sus tres distintas narrativas. Otra característica en común es el proceso de transculturación del que son víctimas o testigos sus personajes, y al que tratan de hacer frente junto con el escritor con distintos agenciamientos de los que nos hace parte como lectores y críticos mediante la recodificación de un lenguaje extraoficial que incluye como el idioma mismo de esta novela. Es así, mediante estos agenciamientos en los que el autor es capaz de construir un proyecto comunitario, con categorías propias y ruidos alternos al lenguaje oficial como estrategia subversiva para desafiar al sistema y proponer un espacio de refugio.

Específicamente al enfocarnos en el tema de la frontera, hay que dejar en claro que como ya lo externó Tabuena Córdoba, "[s]abemos que a la frontera, como sujeto colonial o como repetición constante, no podremos ni abarcarla, ni representarla en su totalidad" (Tabuenca Córdoba 404). Sin embargo, Tijuana representa una parte geográfica que refleja la forma de vida contemporánea, y que de acuerdo con Liliana López deben de tomarse en cuenta los procesos de consumo, así como el miedo al analizar esta ciudad. Además de esto López incluye, "…la postura de los gobiernos y con las imágenes que se promueven de la ciudad, para conformar un territorio cuya esencia es la separación, la desarticulación y el aislamiento" (122), la ciudad es representada de manera mediada y es importante mantener un lente objetivo y crítico. Tijuana ha sido afectada de diferentes formas por su cercanía con los Estados Unidos. La llegada de las empresas transnacionales que sin duda alguna han incrementado las oportunidades de trabajo, han también traído diferentes procesos de construcción o desconstrucción de comunidades, puesto que se encuentran más alineadas a la teoría de Roberto Esposito sobre todo en cuanto a los sistemas de poder puesto que según el crítico "…un poder soberano [como el que influye en México] … incluye la vida excluyéndola" (*Immunitas* 197), y así la comunidad en lugar de fortalecer sus lazos de solidaridad y su tejido social, sacrifica de manera constante las bases de la misma. Estos procesos que se muestran inherentes sobre todo frente a ciudades urbanas como Tijuana, que han sido escenarios de modernizaciones rápidas por la llegada de maquiladoras, por ejemplo, y la compra de mano de obra barata; y se rigen por estos procesos que Sassen denomina de expulsión (84) puesto que terminan expulsando a la gente de sus comunidades para desplazarlos de forzosamente con la única certidumbre de lo incierto. La frontera, Tijuana, en el que los límites de un lado y del otro definen un territorio de legalidad e ilegalidad, de cultura, de formas de vida y sobre todo de poder, se evidencia la teoría de Esposito en la que se exhibe al "… hombre [que] está fuera de su "adentro" y dentro de su "afuera", en el interior de su propia exterioridad y en el exterior de su propia interioridad" (*Immunitas* 136). En *Estrella de la calle Sexta*, Crosthwaite nos presenta tres narrativas que parecen no tener en sí una conexión alguna entre ellas. Sin embargo, es ésta una de las alegorías de la fractura del cuerpo de la comunidad que enfrenta la sociedad mexicana o en todo caso, la sociedad global en tiempos de capitalismo tardío, en los que el espacio, el tiempo y la lengua se ven fragmentados, limitados, y contenidos simultáneamente. No obstante, sin dejar de recalcar que nos encontramos en el lado mexicano, es relevante entender la frontera en las palabras de Anzaldúa en el sentido de que

> [b]orders are set up to define the places that are safe and unsafe, to distinguish *us* from *them*. A border is a dividing line, a narrow strip along a steep edge. A borderland is a vague and undetermined place created by the emotional residue of an unnatural boundary. It is in a constant state of transition. (25)

De la nostalgia por lo común

En los tres capítulos del libro se puede percibir el sentimiento de nostalgia de los personajes. Este sentimiento de añoranza por otro espacio por otro tiempo determinado que no es el que se vive o en donde se está. Este deseo radica en el sujeto transnacional fragmentado que habita en constante ambivalencia, siempre añorando, no necesariamente por algo mejor, pero sí por una comunidad. En este tiempo de urbanización compulsiva en los que los procesos de desplazamientos forzados y de urbanizaciones compulsivas destruyen la comunidad como la conocemos queda más en claro la teoría de Esposito en cuanto a que habitamos en los márgenes, en la siguiente cita el teórico italiano lo explica de así,

> [w]e inhabit the margin between what we owe and what we can do. So much so that when we do attempt to construct, realize, or effect community, we inevitably end up turning it into its exact opposite –a community of death and the death of community– . . . we need community. (Esposito 15)

En la primera parte del libro la nostalgia se presenta especialmente mediante tres formas. Por una parte, el narrador habla consigo mismo, en un trance de reflexión de su vida en ambos países. Asimismo, habita en sus recuerdos de la vida familiar que tenía en el norte, habiendo de alguna manera alcanzado y perdido el sueño americano. Por otra parte, en esta sección el narrador hace diferentes alusiones al cine mexicano de la época de oro, con figuras y canciones populares de Pedro Infante y Jorge Negrete, por ejemplo, pero también al cine americano. Por lo tanto, el lector debe de conocer ambas culturas populares para ser capaz de entender el contexto o se quedara sin entender, independientemente de entender los dos idiomas. O sea, que el escritor utiliza desde el principio del libro referencias culturales de ambos países para contextualizar o des contextualizar al lector. Crosthwaite, siguiendo lo que Hebdige propone utiliza estos símbolos de subculturas como estilo, los reapropia, y la carga de significados (15) para mandar un mensaje intertextual. La novela no solamente es bilingüe, sino bicultural, multicultural, multirregional en la medida necesaria para traspasar los límites de las fronteras; y para poder entenderla profundamente y sobre todo para poder apreciar su estética se necesita de múltiples niveles referenciales más allá de los límites impuestos por las normas gramaticales.

El autor apela no solamente a una audiencia bilingüe sino a un contexto bicultural que solo cierto grupo de lectores podría comprender. En este capítulo el autor también incluye la nostalgia de su personaje al citar y recordar la poesía, que, aunque trata de olvidar, no puede. Sin embargo, tampoco le sirve para entender los procesos de vida de la frontera norte de México. El autor deja entre ver la tensión que existe entre el arte y la imposibilidad de dar cuenta de los procesos de modernización compulsiva a los que se somete el nuevo sujeto transnacional. Sergio Villalobos-Ruminott sugiere que "…no es que la literatura sea incapaz de describir los sufrimientos de los subalternos, sino que el lenguaje ya no alcanza para describir las condiciones brutales de una historia sin redención" (2). No es en vano que el Crosthwaite elige como personaje de su primera parte a un exprofesor de literatura cuya característica principal es la introspección sin poder responder a los cuestionamientos básicos de la vida misma. Se deduce entonces que las letras están limitadas para explicar los procesos transnacionales.

En el segundo capítulo que es la sección más corta se presenta al personaje americano que viaja al sur para gozar de las indulgencias que Tijuana ofrece, vicios, sexo, y cualquier extremo. El autor se enfoca en la nostalgia del personaje central, Ken, quien se encuentra pensando en su exnovia Carol. "Carol circula en sus pensamientos. Y vueltas y vueltas" (Crosthwaite 73). El autor también utiliza la palabra "regresan" al burlesque, como si intentaran regresar y regresar a un mundo ficticio creado solo para el uso y disfrute de estos personajes americanos. Hay una cierta implicación del pasado en la palabra regresar, de retraso, suspendiendo a Tijuana en una dimensión en algún pasado de tiempo y espacio constante entre dos países. Es importante notar que es en este capítulo que se encuentra en la mitad de los dos en el que ingresa un americano al territorio mexicano. Aquí, en esta sección entre o penetra al cuerpo nacional esta cultura en busca de lo exótico y subjetivo que ha escuchado de Tijuana. De aquí, la necesidad de algunos negocios, vendedores de hacer, vender, recrear su performance para a la audiencia americana que ciertamente influye en ese "…cross-pollinate…" de lenguajes y culturas al que se refiere Anzaldúa (21), fenómeno que por cuestiones geopolíticas no se da en otras regiones más que en las zonas fronterizas. Sin embargo, el autor está consciente de la necesidad de un performance para el cliente americano, no hay una pérdida de identidad sino un entendimiento de mercado.

En la tercera sección, "El Great Pretender" es inevitable pasar por alto sentimiento de los personajes a un pasado en el que su liderazgo como barrio, como cholos, como raza, como grupo proveía un orden jerárquico. Esta referencia no es en base a la añoranza a un cierto tipo de poder o de capacidad de ejercer violencia hacia otros en la sociedad; de alguna forma su frase "oldies but goodies" (Crosthwaite 84) se refiere a ellos mismos. No son malos, solo viejos. Así que su nostalgia más que cualquier forma de poder va más enfocado a la nostalgia a un sentido de lo que conocieron como comunidad y pertenencia a esta. De nueva cuenta, como en la primera sección, se encuentran referencias a música popular de los años 60 y 70. En este capítulo se añora el pasado jerárquico que tenía este grupo en la comunidad y se exhibe el sentido de segregación y constante impotencia, no solo ante los órganos gubernamentales que muestran corrupción y predilección hacia los "gringos" sino hacia la cultura americana en general:

> Así es el pedo pedo: si se muere un cholo nadie la hace de tos. Si se muere otro bato, un yúnior, un influyente; entonces sí, ¿verdad? Entonces chínguense a los cholos, los cholos son los culpables, acaben con los cholos. (Crosthwaite 110)

"Nada es lo mismo" (Crosthwaite 86). Es el momento de la invasión. Es en esta única sección en la que se menciona la llegada de las maquilas, en la que nuevamente estamos en la esquina, en la esquina del mundo. México no como el ombligo del mundo, sino como la esquina del mundo, ciudad asimétrica de San Diego. Y esta invasión a la soberanía mexicana mediante la llegada de las maquilas transaccionales el autor la describe también de manera alegórica mediante la historia de la China. Este personaje, la China, representa el cuerpo en el que se inscribe la violencia y nuevas formas de invasión que sufre la ciudad fronteriza (Crosthwaite 106-107), penetrada por las fabricas para consumir mano de obra barata, pudiera ser casualidad el apodo de La China, o puediera ser un recordatorio claro de la constante competencia de con China por la venta de mano de obra barata y falta de derechos a los trabajadores en los gobiernos neoliberales independientemente del ala política.

De la lengua como instancia contra hegemónica comunitaria

En *Estrella de la calle Sexta* el autor utiliza la literatura como movimiento contrahegemónico puesto que busca interrumpir el sistema. Crosthwaite utiliza la lengua, rearticulando los logos, sonidos y habla para crear un lenguaje que refleja no solamente el habla fronteriza, sino la literatura fronteriza. La creación de esta nueva categoría implica la presunción de que las previas no podrían dar cuenta de manera certera a las experiencias del sujeto transculturado que busca reclamar su identidad en el espacio y tiempo dentro del contexto del capitalismo tardío.

Los personajes de la novela poseen un habla particular. El uso del *Spanglish* es una de las temáticas que sobresalen en la novela no tan solo como característica o recurso literario para resaltar la veracidad de los personajes del norte de México; sino que estresa el concepto del habla y cultura de la región fronteriza. Es importante centrarse en esta parte puesto que ha existido una connotación negativa que implica lo incompleto, fracturado, o lo impuro. La percepción del *spanglish* no implica necesariamente el reconocimiento a la habilidad de hablar o manejar dos idiomas. Sino que ha sido estigmatizada con adjetivos como "Pochos". Para argumentar esta declaración se puede hacer referencia a la definición de *Spanglish* por la Real Academia Española, que, aunque ya se han quitado la palabra "deformar", hasta el 2014 mantenía una connotación negativa, "(Del ingl. Spanglish, fusión de Span-ish y En-glish) Modalidad del habla de algunos grupos hispanos de los Estados Unidos, en la que se mezclan, deformándose, elementos léxicos y gramaticales del español y del inglés" (2014). Aparicio en su investigación establece que efectivamente algunos lingüistas catalogan como un "déficit" el uso del Spanglish, a pesar de que éste puede ser innovador y contribuir a estilos literarios o nuevas posibilidades (794). En otras palabras, no se toma en cuenta el conocimiento de dos idiomas o dos culturas, sino la impureza al mezclar ambas, expulsando de manera extraoficial hacia un tercer espacio, a este sujeto híbrido que habita en la frontera; arrojándolo precisamente a un "*in-betweenness*", a un limbo lingüístico y cultural por transgredir los límites de la lengua y la cultura de manera constante. Aunque en este caso estamos refiriéndonos al lado mexicano de la frontera, Tijuana, es relevante el concepto de ilegimitimidad que Anzaldúa presenta en cuanto al uso del *Spanglish*.

> Until I am free to write bilingually and to switch codes having always to translate, while I still have to speak English or Spanish when I would rather speak Spanglish, and as long as I have to accommodate the English speakers rather than having them accommodate me, my tongue will be illegitimate. (Anzaldúa 81)

Es ilegitimo puesto que hay una transgresión o quebrantamiento de reglas o normas impuestas previamente por el sistema, en este caso lingüísticas. Ed Morales también coincide y escribe al respecto:

> Spanglish is the ultimate space where the in-betweenness of being neither Latin American nor North American is negotiated. When we speak in Spanglish we are expressing not ambivalence, but a new region of discourse that has the possibility of redefining ourselves

and the mainstream, as well as negating the conventional wisdom of assimilation and American-ness. (95)

El *Spanglish* es una forma de constante negociación de lo que se reafirma, lo que se es, lo que, y o que no se es, un verdadero devenir. Sin embargo, es precisamente en esta área, desde este espacio que ha sido concebido como ilegítimo o impuro desde donde Crosthwaite resurge y recrea su posición contra hegemónico, concibiendo la hibridez, no como la mezcla, sino como la posibilidad de lo nuevo como lo potencializa y lo teoriza Homi Bhabha puesto que la importancia yace en la posibilidad de la creación y negociación de significados distintos irreconocibles en cuanto a su representación (211). El autor desafía la percepción negativa que se ha percibido como falta o como deficiencia debido a la mezcla de dos lenguas y culturas; la reconfigura para la recreación de símbolos y alegorías dentro de sus tres narrativas mediante el habla de sus personajes y los logos de la escritura de su novela y genera un lenguaje por sí mismo que puede únicamente ser decodificado por una audiencia multilingüe. Así que como lo estipula Villa,

[l]os prestamos lingüísticos del inglés y su reformulación...son elementos tensivos de la lengua que constituyen el habla fronteriza con la que se ha elaborado un símbolo estético...por donde se fuga la hegemonía de la lengua para expandir sus propias fronteras. (79)

El autor no solamente incorpora el habla coloquial de los habitantes fronterizos, sino que de manera particular utiliza los logos para representar los sonidos del inglés leídos en español. En otras palabras, el autor rearticula el lenguaje apelando a una audiencia especifica que necesita entender las nuevas categorías reformuladas para darle una experiencia más concreta a las formas de vida indescriptibles a las que se enfrenta el sujeto transculturado, que generalmente se encuentra marginalizado por los procesos de modernización. Hay una serie de fenómenos que ocurren en la frontera que no pueden ser entendidos sin el contexto global y local que se vive en la región. Parra lo expresa de la siguiente manera, se necesita un "...léxico para saber interpretar fenómenos regionales, como el narcotráfico, los indocumentados, la "fronterización" de México y la vida en las grandes urbes globalizadas, vecinas del desierto y de los Estados Unidos" (77). Crosthwaite toma esa "falta" de pureza que se ha estigmatizado como déficit y lo inscribe en la literatura, pero además propone una percepción distinta, no de resta, sino de suma y empoderamiento necesario para sobresalir en este contexto global a pesar de todo, añadiendo una serie de referentes locales y globales para comprender la novela, y la lengua y el habla inscrita en el lenguaje Estrella de la calle Sexta. Siguiendo con la investigación de Villa "...el habla fronteriza al ser incorporada a la escritura creativa contribuye a la renovación de los procedimientos con que se elabora la literatura en México" (75). Este es el trabajo político que el autor propone de manera subversiva y por medio de su arte traspasar los límites impuestos por el sistema al lenguaje y la cultura. Y utiliza las limitaciones pre impuestas que implica habitar en la frontera y se desborda mediante la incorporación de la creación de un lenguaje extraoficial traspasando los límites de las fronteras lingüísticas, culturales y logo céntricas que hayan sido estipuladas de manera convencional o consuetudinaria. Crosthwaite renueva y se renueva ante un sistema que limita no solo el espacio geográfico sino la identidad cultural y lingüística, el orden jerárquico y hegemónico de lo puro e impuro, y reclama esta nueva hibridez en el sentido que Bhabha propone, como algo nuevo, y reclama una identidad que ha sido arrancada por los procesos transnacionales. Sin embargo, el autor reconfigura las categorías otorgadas epistemológicamente y se escapa de las líneas ontológicas para recrear una identidad que refleje el verdadero agenciamiento que refleja el constante proceso de crecimiento, adaptación, readaptación y negociaciones de la vida de sus personajes fronterizos. Por medio de la obra el autor es capaz de crear una comunidad no solo entre los personajes quienes la buscan y añoran el pasado, sino que encuentran un común con el lector en el presente que puede decodificar la nueva reconfiguración de códigos creados por la estética del escritor, es esto a lo que se refiere Rancière en cuanto a

> [l]a estética relacional [puesto que] rechaza las pretensiones a la autosuficiencia del arte como si fueran sueños de transformación de la vida por el arte, pero reafirma una idea esencial: el arte consiste en construir espacios y relaciones para reconfigurar material y simbólicamente el territorio común (13).

Crosthwaite utiliza el habla para representar no solo lo colectivo de la cultura del norte, generalmente marginada, sino los lazos de comunidad que se regeneran a través de nuevas reconfiguraciones y categorías de la lengua que el autor incluye en la literatura en el presente. Este trabajo es esencial puesto que provee un espacio de agenciamiento dentro del contexto actual fronterizo. Los personajes reclaman a través de la lengua su espacio y su identidad empoderada mediante la lengua de la frontera. En otras palabras, el habla fronteriza que permanece en movimiento se convierte en un modo de agenciamiento. La lengua y sus reconfiguraciones, por los habitantes y por el autor actúan como devenir que activa movimientos contra hegemónicos ante la imposibilidad de los lazos comunitarios en la sociedad contemporánea. Ante este efecto de transculturación que se genera por la pérdida de identidad, por el sentimiento de destierro, de desplazamientos forzados, de pobreza, de nostalgia que son inherentes a los procesos del neoliberalismo que enfrenta el país y que se exacerba en ciudades como Tijuana se encuentran a su vez posibilidades de resistencias culturales en las que resurgen posibilidades de recrear espacios en los que el arte provea territorios de posibles áreas donde surjan movimientos en común para fortalecer los tejidos sociales y de solidaridad. Retomando la teoría de Rancière en cuanto al arte y lo político:

> [e]sta distribución une y esta redistribución de lugares y de identidades, esta partición esta repartición de espacios y de tiempos, de lo visible y de lo invisible, del ruido y del lenguaje constituyen eso que yo llamo la 'división de los sensible'. La política consiste en reconfigurar la división de lo sensible, en introducir sujetos y objetos nuevos, en hacer visible aquello que no lo era, en escuchar como a seres dotados de la palabra a aquellos que no eran considerados más que como animales ruidosos. (15)

Es en esto en donde el autor toma el arte para crear un movimiento de resistencia contrahegemónico con rearticulaciones lingüísticas que apelan a devenires y agenciamientos que empoderan los habitantes en su búsqueda de comunidades en la frontera. El autor manda un mensaje recodificado para un sujeto que necesita más que solamente elementos lingüísticos y logográficos para comprender la novela en todo su contexto.

Crosthwaite crea estos recursos lingüísticos que reúnen estas características únicas que solo pueden ser comprendidas con diferentes referentes. Desde el principio del libro con frases que intercala mediante la voz de su narrador, quien recordemos es profesor de literatura en los estados unidos exclama "guachando a las beibis"; "its tu mach"; "laik brand niu"; entre otras. Es decir, no estamos refiriéndonos solo al uso de dos idiomas, sino al uso de la pronunciación del inglés para inscribirla "correctamente" en el sentido prosódico en español, por ejemplo "yúnior" como palabra grave con acento en la u. No solamente es interesante lo que crea Crosthwaite en la narrativa en las tres secciones, sino que es capaz de comunicarse con lector a un nivel más afectivo y efectivo según el grado de conocimiento de los referentes regionales, lingüísticos y extra sistémicos que el lector posee. Esta hibridez lingüística que usa el autor toma una forma de lenguaje único, de voz única que traspasa todos los límites del lenguaje (Spilioti 8).[1]

---

[1] "Linguistic hybridity... [i]nstead, [takes the form of a] language resources [that] merge[s] into a unique voice that appears to transgress language boundaries" (Spilioti 8).

Esta es la aportación política y contrahegemónica que ofrece Crosthwaite con *Estrella de la calle Sexta*, más que el pesimismo de la destrucción de una comunidad ante la llegada de un capitalismo tardío, ofrece la creación de un ruido innovador que incorpora al cuerpo literario, que promete una comunidad entre los personajes a través del habla, pero también de los lectores con sus personajes y de los lectores entre sí. El escritor nos ofrece un espacio en el que reconfigura un territorio en el que la hibridez es una posibilidad de creación, de novedad y de agenciamiento para fortalecer movimientos contrahegemónicos ante los procesos de transculturación, fortaleciendo identidades y devenires físicos y literarios.

Obras citadas

Anzaldúa, Gloria. *Borderlands. La Frontera*. Capitán Swing, 2016.

Aparicio, Frances R. "On Subversive Signifiers: US Latina/o Writers Tropicalize English." *American Literature*, vol. 66, no. 4, 1994, pp. 795-805.

Bhabha, Homi K. 1990. "Interview with Homi Bhabha: The Third Space." *Identity: Community, Culture, and Difference*, editado por Jonathan Rutherford, 207-221. Lawrence and Wishart.

Crosthwaite, Luis Humberto. *Estrella de La Calle Sexta*. Planeta, 2016.

Esposito, Roberto, and Rhiannon Noel. Welch. *Terms of the Political: Community, Immunity, Biopolitics*. Fordham University Press, 2013.

—. *Immunitas: The Protection and Negation of Life*. 1st ed., Polity, 2011.

Hebdige, Dick. *Subculture: The Meaning of Style*. Methuen, 1979.

López Levi, Liliana. "Tijuana: Imaginarios Globlales, Fortificaciones Locales." *Sociológica*, vol. 23, no. 66, 2008, pp. 121–53.

Morales, Ed. *Living in Spanglish: The Search for a Latino Identity in America*. St. Martin's Griffin, 2003.

Parra, Eduardo Antonio. "El Lenguaje de La Narrativa Del Norte de México." *Revista de Crítica Literaria Latinoamericana*, vol. 30, no. 59, 2004, p. 71. *Crossref*, doi: 10.2307/4531305.

Rancière, Jaques. Sobre políticas estéticas. Museu d'Art Contemporani de Barcelona. Universitat Autónoma de Barcelona. Bellaterra. 2005.

Sassen, Saskia. *Expulsions: Brutality and Complexity in the Global Economy*. The Belknap Press of Harvard University, 2014.

Spilioti, Tereza. "The Weirding of English, Trans-scripting, and Humour in Digital Communication." *World Englishes,* vol. 39, no. 1, 2019, pp. 106-18.

Tabuena Córdoba, Maria Socorro. "Las Literaturas de Las Fronteras." *Por Las Fronteras Del Norte*, EFE, 2003, pp. 393–427.

Villa Pérez, Josefina Elizabeth. "El Habla Fronteriza En Estrella de La Calle Sexta de Luis Humberto Crosthwaite." *CONNOTAS. REVISTA DE CRÍTICA Y TEORÍA LITERARIAS*, no. 16, 2016, pp. 63–81. *Crossref,* doi:10.36798/critlit.v0i16.63.

Villalobos-Ruminott, Sergio. *Ontología y vida: notas sobre el corpus literario*. University of Arkansas, Fayetteville. 2009.

Apartado VI.
El México y su norte imaginado

Capítulo 13

La geografía y transculturalidad de Roberto Bolaño: efímera, desplazada, y espacios imaginarios

Sam Orndorff

San Diego State University

Resumen: En los escritos de Roberto Bolaño se encuentra una poderosa ilustración de la experiencia del sujeto pan-Latine desplazado de los siglos XX y XXI. México, representado en lugares ficticios como Santa Teresa en *2666*, es contradictorio, tanto real como imaginado, aquí y lejos. El fallecimiento del autor en 2003 no ha disminuido su importancia ni su profundo impacto que continúa póstumamente. Al leer la propia biografía del autor, encima de lugares reales e imaginarios, llegamos a una comprensión poética del mundo y la condición humana. Leemos migraciones personales dentro de la periferia (Chile a México), al centro (España). Leemos momentos fugaces de amor, pasión, ámbitos adolescentes. Y a través de su obra maestra final *2666* (localizado principalmente en México), Bolaño visualiza el desplazamiento masivo, el feminicidio, la violencia, la nostalgia y la ansiedad predominante. Este ensayo analiza cómo Bolaño en esta mega-novela, junto con sus otras historias y escritos intertextuales, encuentra una geografía que está a la vez empapada de verdades transculturales y de verosimilitud literaria. Bolaño crea una geografía real e imaginaria donde América Latina es *el manicomio*: lo que reprime a los pueblos indígenas, a los jornaleros, a las mujeres y a todos los que resisten al terror de derecha. Roberto Bolaño ha sido visto con razón como un enigma, iconoclasta y virtuoso antifascista. Su idea de México tiene raíces históricas, es compleja y profética; sin embargo, pocos han considerado la comprensión de Bolaño de los espacios transculturales allí. El autor yuxtapuso el confinamiento, como el baño en medio de la Masacre de Tlatelolco de 1968, con los desiertos grandísimos. Los personajes que crea Bolaño siempre están ya desplazados. Sufren la falta de sentido, el dolor y el estrés postraumático mientras navegan por un mundo interconectado. En este paisaje volátil, Bolaño personifica las transformaciones del siglo XX y XXI: fascismo, globalización, violencia masiva y desplazamiento.

Palabras clave: Roberto Bolaño, desplazamiento, geografías imaginarias, México, subjetividad, mundialización

***

Introducción

En el relato "Muerte de Ulises" por Roberto Bolaño, cuando el protagonista Roberto Belano se vuelve a México, Distrito Federal, después de vivir afuera, toma un taxi y habla con el conductor quien le pregunta "Es usted mexicano?" Belano le contesta "Más o menos" (*Cuentos Completos* 564). Tras este intercambio Roberto Bolaño nos muestra una identidad transcultural en un gesto profundo. Al mismo tiempo, Belano (ligeramente velado como Bolaño mismo) *es* y *no es* mexicano. ¿Cómo es posible?

Cabe destacar que Bolaño nació en Los Ángeles, Chile, en 1953, donde creció, a la edad de 17 años, se mudó a México D.F. con su familia. En sus últimos años vivió en. En sus últimos años vivió en España, donde falleció en 2003. Sin embargo, sus escritos continúan siendo publicados y a través de la obra se pueden observar como temas: lo efímero, el desplazamiento, y las geografías imaginarias como el alma de la experiencia subjetivo pan-Latino transcultural de finales del siglo XX y comienzos del siglo XI. Lugares como Santa Teresa que tendría su doble en la verdadera Ciudad Juárez; son lugares contradictorios, algunas veces reales y otras imaginadas. En este capítulo trato de contestar cómo el escritor Roberto Bolaño se encuentra ante una experiencia transcultural como una geografía verdadera. Según la repuesta de Bolaño vivimos en una geografía donde hay personajes que ya están desplazados, ya han sufrido traumas. En la obra maestra póstuma de *2666*, Bolaño representa distintos lugares en México como sitios de transculturación. Sitios sincréticos, intercomunitarios de diversos pueblos. Las maquiladoras son los cuerpos del capitalismo global, y los pueblos organismos buscando tierra firme para sobrevivir. En este libro y en sus otras varias historias, vemos que Roberto Bolaño tenía mucho que decir: se habla del despojo y desplazamiento como experiencias universales.

Así, nuestra línea de cuestionamiento busca ¿cómo en este autor se encuentra la transculturalidad? ¿cómo es representado históricamente por fuerzas más allá de sí mismo por los críticos que lo involucran? y lo más importante, *¿cómo produce una geografía imaginaria perdurable que encapsula la pérdida de un sentido de lugar?*, un destrucción de lugar, un mundo batido en el vacío. En otras palabras, ¿Cómo crea Bolaño múltiples formas de conocer y la pérdida del sentido del mismo?

Para poder responder es necesario que veamos que los mundos del Bolaño están poblados con personajes que siempre están ya desplazados. Resulta que todos viven con dolor, trastorno de estrés postraumático, sin sentido, y esto sin mencionar las estructuras de violencia incluso la guerra y pobreza. En su viaje literario a través del espacio-tiempo, estos personajes luchan por encontrar una conexión intercomunitaria, un proceso que se lleva a cabo mediante la transculturación: adoptando diversos modos de ser y llevando las preguntas de su propia posicionalidad interrumpida al centro de sus vidas. La importancia de Roberto Bolaño no es solo que sea uno de los escritores más profundos del siglo pasado (yo diría que *sí lo es*), sino que su obra es quizás el retrato más fiel de la devastación de la aldea global--así que es un escritor de lo transcultural. Lo que quiero decir es que Bolaño había entendido las fuerzas aceleradas de la mundialización en México y pudo capturar la experiencia individual de sobrevivir al desplazamiento, un fenómeno que actualmente 100 millones de personas sufren en todo el mundo (La Agencia de la ONU para los Refugiados). Aunque la Guerra contra las Drogas comenzó en México en 2006, Bolaño escribía años antes sobre la dinámica interna y externa que, como predijo, conduciría al aterrador aumento de los homicidios en México. Los pilares de la comunidad se han desgastado, "pudriéndose en las cárceles" (*2666* 317) como lo expone Bolaño, por la producción económica transnacional desencadenada, la teatralidad política y el colapso social, todo sentido a través de la búsqueda del sentido de lugar.

Al volver a Chile después de 25 años, Bolaño dijo: es extraño, pero "es extraño volver a cualquier parte" (Bolaño, "El pasillo sin salida aparente"). En su visión de geografía, todo el mundo está conectado, por el desplazamiento, la pérdida, búsquedas sin sentido, como las de *Los Detectives Salvajes* y *2666*. Impregnando los viajes con sentido, mientras que los peores conflictos de la historia se repiten cíclicamente. Como siempre lo hace, el sentido de la literatura de Bolaño es meta-ficción: los personajes de cuyas historias cuentan sus historias directamente, atrás otras historias dentro de las historias. Además, sus textos alcanza la verdad sobre una época geológica profunda y nos ayudan a comprender el medioambiente: construido, natural o ficticio. En la parte final de *2666*, la mega-novela pasa por la novela que recoge Lotte Reiter en una librería del aeropuerto, escrita por Hans Reitero o "Archimboldi", su hermano de mito, llamado *El Rey de la Selva*

> El estilo era extraño, la escritura era clara y en ocasiones incluso transparente pero la manera en que se sucedían las historias no llevaba a ninguna parte: sólo quedaban los niños, sus padres, los animales, algunos vecinos y al final, en realidad, lo único que quedaba era la naturaleza, una naturaleza que poco a poco se iba deshaciendo en un caldero hirviendo hasta desaparecer del todo. (*2666* 1111)

Aquí presto atención a la intersección de la literatura y la geografía, para analizar el significado perdurable de Bolaño y responder qué significa tener un sentido de lugar en medio de la destrucción del paisaje "hirviendo hasta desaparecer todo." Primero, examino la literatura sobre Bolaño, segundo analizo lo que han dicho los geógrafos sobre las geografías imaginarias, y luego examinaré los experimentos de este escritor con diferentes sitios transculturales transitorios en México y más allá: efímeros, desplazados e imaginarios. Entonces "¿este personaje recurrente Arturo Belano es mexicano?" no es la pregunta correcta. ¿En qué sentido es alguien puramente de una nación, una cultura? En cambio, tenemos que entender la forma en que las representaciones literarias del desplazamiento o exilio se materializan a través de su transculturación, se hace un hogar cambiante a partir de un área extranjera, en contra la disolución de un sentido de lugar.

Revisión literaria

La visión de Bolaño es total, es macro, entonces sería difícil elegir un tema que *no* aplica dentro de su obra. A lo largo de todas estas narrativas de aventuras, "la paradoja" está siempre presente (Ríos). Esta presencia ocurre entre "los juegos de desplazamiento y de la disolución de los límites" (Casini 150). También hay cuestiones de lugar, nacionalidad y temas de exilio (Figueroa). Said Soto propone una nación imaginada para leer a Bolaño (Said). Este eje de lo real/irreal será un motivo principal que se puede utilizar para enmarcar su postura hacia la nacionalidad, la cultura y geografía. En "Muerte de Ulises" encontramos al autor apenas velado, se identifica como mexicano *más o menos*. Esta ambivalencia se acerca al rechazo a aclarar su nacionalidad, porque la nación sólo es en uno refugio entre muchos. Bajo este esquema, la existencia es precaria y en movimiento constante, metabolizándose (así como Bolaño se movió tres veces en su vida, los cambios de carácter de Bolaño). Por parte de Medina, el desplazamiento de Bolaño es un "way of life" (Medina, Arts of Homelessness: Roberto Bolaño or the Commodification of Exile 547). Entonces su trabajo tiene su propia geografía, crea su propia red de lugares ficticios que podrían ser reales, ya que su proximidad al espacio-tiempo real está cerca, demasiado cerca para la comodidad. Podría desear que no hubiera lugares semejantes en el norte de México como Santa Teresa, donde la violencia contra las mujeres sea una perniciosa crisis social. Bolaño era consciente de la violencia en contra de las mujeres y propone una forma de violencia que comenzó a principios del siglo XXI.

Como muchos han demostrado, el vacío/abismo se cierne sobre/abajo todas las historias y novelas de Bolaño. Bengert señala que el archivo Bolaño de *2666* llevó diagramas y mapas arreglados desde dicho vacío (259, 261). Por mucho que insinúe un centro para la novela, también desarrolla un no centro, o un no-lugar: el vacío o el sinsentido. Nguyen es más venturoso, diciendo que *2666* es un diario de viaje compuesto por "displacements and hostilities of travel" (24). Estas geografías cósmicas parecen hablar desde un sentido del tiempo geológico profundamente arraigado en el que todo vuelve al final, al polvo; el mismo polvo de estrellas que le da color a la Vía Láctea. En ese sentido, Bolaño tenía una cosmovisión, era una mosca en la pared, un aspirante a detective que detalló desapasionadamente las escenas de los crímenes contra los humanos y el medio ambiente. Criticó la fuerza homogeneizadora del capitalismo (igual que la forma en que todos los desiertos pueden convertirse iguales (Bolaño, *2666* 562). Todo este rumbo no significa, sin embargo, que Bolaño fuera apolítico, a-geográfico, o apático como algunos han sugerido (Clark). Más bien, los lectores vuelven a él porque se oponía firmemente a la injusticia y debería ser considerado entre el gremio de escritores antifascistas de Latinoamérica que incluiría a personas como Rodolfo Walsh, Jacobo Timerman, y Rigoberta Menchú.

Bolaño expresó poderosas declaraciones sobre el mundo de la escritura como nuestras coordenadas que sustentan toda la estructura, sus novelas son como mapas que guían hacia una geografía humana--es decir honesta. Mathew señala que los exiliados formula nueva manera de vivir o "fictional worlds" (413). Pero estos mundos ficticios están mapeados directamente sobre el nuestro, usando medios culturales. Mientras que la tarea del lector es seguir el camino que trazan en una trayectoria alejada de su hogar, para ver qué es estar en un paisaje roto, país transcultural. Esto implica más que simplemente comer tacos en Barcelona o un exilio a México para escapar del fascismo pinochetista. Más bien, la transculturación se convierte en un proceso de reconstrucción de una geografía imaginada para darle sentido al caos. Las personas/seres no-humanas y también el medio ambiente frecuentemente juegan un papel importante en todo esto, pero ahora nos focalizamos a la geografía humana.

Geografías

Se ha desarrollado un cuerpo de trabajo se trata de Roberto Bolaño, sin embargo, pocos se han centrado explícitamente en sus textos como geográficos. Para comprender la transculturación particular de Roberto Bolaño, abordo a un cuerpo diverso de académicos que han analizado directamente el contenido de su obra, es decir sus posibles significados heurísticos, epistemológicos y ontológicos. Propongo el tema de la transculturación de manera más amplia leyendo geógrafos y otros teóricos sociales que examinan geografías imaginarias y geografías de desplazamiento en general, para articular una visión del desplazamiento. Edward Said explica que "imaginative geographies" sirve como conocimiento que escolares orientalistas usaron para oprimir, para entender "barbarian" extranjeros y sus realidades--para Said "there is no real analogy for taking a fixed, more or less total geographical position towards a wide variety of social, linguistic, political, and historical realities" (50, 55). Podemos ver la disciplina de Bolaño como resultado de esta analogía absurda que Said afirma que los orientalistas querían pero nunca pudieron tener: una escritura que encapsula completamente *una posición geográfica total*. Bolaño escribe desde una posicionalidad irónica, cómicamente totalizadora, macrocósmica y siempre con buen sentido del humor--porque recrear el mundo es un error, intento de farsa hercúleo. Mientras que los autores orientalistas querían escribir el paisaje desconocido para dominar a la gente/medioambiente de allí, Bolaño solo busca mistificar para demostrar el desplazamiento más grande.

Aunque escribió más ficción que la no ficción sobre el tema, según Roberto Bolaño, la crisis social se base en los chovinistas individuales, del estado policial, de la extracción transnacional de ganancias. En esta interpretación, México tiene transculturación que se materializa en la producción cotidiana de riqueza a partir del trabajador, enfrentada como secuela de una conquista. El país se marcha a la inercia histórica que lo configura actualmente (Janoschka). La plaza de la capital, el Zócalo, está construida sobre ruinas aztecas

> los yacimientos aztecas que surgían como lilas en una tierra baldía, según expresión del Cerdo, flores de piedra en medio de otras flores de piedra, un desorden que seguro no iba a llevar a ninguna parte, sólo a más desorden. (*2666* 140)

Estas estructuras se quedan abajo de la infraestructura de la Ciudad de México, también en el mundo. El hecho de desplazamiento se hace a sus personajes una naturaleza extraña, según Casini se forma un código "los juegos de desplazamiento y de la disolución de los límites" (150). Estados nacionales, escritores, políticos, y sociedad por lo general se permite existir solamente para ser satirizado amargamente (*Entre paréntesis: ensayos, artículos y discursos*). En varios puntos de *2666* los narradores políticos se forman en un crítico mezclado con los pensamientos del texto, voz de la región

> La parte más increíble de la historia (y me da lo mismo que sea la historia de nuestro triste México o de nuestra triste Latinoamérica). Aquí viene la parte in-cre-í-ble. Cuando uno comete errores desde adentro, los errores pierden su significado. Los errores dejan de ser errores. Los errores, los cabezazos en el muro, se convierten en virtudes políticas, en contingencias políticas, en presencia política, en puntos mediáticos a tu favor. (761)

En el realismo de Bolaño, tenemos un observador externo que se niega tomar un puesto sencillo dentro de las fronteras (que son *procesos*), ni en las guerras culturales, ni las guerras en general. Al hacerlo, el autor construye una geografía imaginaria decididamente humana, una cultura de conexión plagada de contingencia, contradicción pero también fidelidad geográfica. En este inter-texto, la solidaridad se transmite indirectamente a través de la celebración de la literatura, que viene con el costo de ridiculizar la literatura-- "la literatura en México es como un jardín de infancia, una guardería, un kindergarten, un parvulario [...]" (*2666* 161).

Pocos geógrafos han tomado a Bolaño como un estudioso del lugar, o las relaciones que unen puntos reales e imaginarios del mundo. Los geógrafos generalmente propone lugares "imaginarios" para incluir fantasías tecnocráticas, nuevos "hot spots" realizados en el desarrollo urbano, por ejemplo (hoteles de lujo gigantes que están orientados al futuro como se ve en otro libro póstumo *El Tercer Reich*). En otros relatos, la geografía imaginada se compone de nociones idealizadas de la ciudad que aún no existen (la otra está encerrada en un pasado alternativo o atrasado o alternativo, como en *Amuleto, Nocturno de Chile*). Otras geografías imaginarias son míticas, sagradas o distintas a las humanas. Las geografías imaginarias, cuando las habla en las bocas de los capitalistas poderosos, la falta de mucha imaginación: los poderosos están equipados para ver cómo su imaginación toma forma (como en las maquiladoras). De esta manera, los viejos caminos de acumulación y despojo simplemente se repiten a los caprichos del comercio internacional en un patrón que llamamos desarrollo geográfico desigual (Harvey).

La geografía se enfoca entre las relacionales de los seres humanos y sus medios ambientes y siempre cuestiona la naturaleza/yo/otro. Bolaño se enfrenta precisamente a esta trifecta atormentada. Su imaginación podría deconstruir las contradicciones culturales que convierten ciertos lugares en escenarios de crispación que permiten al lector cuestionarse su relación con el medioambiente. Algunos definen esa interpretación del México de Bolaño como un "acontecimiento" (Ríos 119). México tiene raíces históricas, es cierto, pero reducirlos solo al tiempo sería acta determinista. Cuando se trata de historia o geografía, Bolaño frecuentemente se retira a generalizar y al hacerlo, vincula a personas de distintas culturas. En el cuento "El Ojo Silva" podemos ver lo que para él es definir la experiencia Latinoamérica

> Lo que son las cosas, Mauricio Silva, llamado el Ojo, siempre intento escapar de la violencia aun a riesgo de ser considerado un cobarde, pero de la violencia, de la verdadera violencia, no se puede escapar, al menos nosotros, los nacidos en Latinoamérica en la década de los cincuenta, los que rondábamos los veinte años cuando murió Salvador Allende. (*Cuentos Completos* 213)

El mundo en el siglo XXI ya era violento hasta la médula — la idea de "the normalization of atrocity in the midst of formal politics" (Rodríguez 13-14). Que México es un "microcosmo" (14) de la región Latinoamérica, no se pueda escapar de la violencia como latinoamericanos, diría Bolaño. La regresión al vacío es un hecho cotidiano, pero personajes enloquecedores dicen la verdad al poder o a la absurdez. Si son sabios (Oscar Amalfitano en *2666*), los personajes se aferran al sinsentido, la homofobia o la paranoia. El profesor chileno Amalfitano cuelga libros para que se sequen en las fuerzas eólicas del desierto norte de México: un desierto que se oscurece por Bolaño (la biodiversidad de todos desiertos--de "Santa Teresa o en cualquier desierto" se combina [*2666* 562]). Si son valientes (Hans Reiter; Benno Von Archimboldi) ni siquiera se dan cuenta y corren el riesgo de ser usados para convertirse en soldados del fascismo en Alemania. El caso es que Roberto Bolaño es testigo de las mayores luchas del siglo XXI: la migración masiva en un contexto de explotación económica, daños medio ambientales, y sobre todo violencia. Nuestro autor considera los mayores trastornos del época con tan precisión geográfica que la guerra puede parecer una marcha de adolescentes. La guerra es mucho más irracional y no es sólo un evento, sino una realidad que los individuos promulgan a través de sus decisiones (recordemos al nazi a quien Reiter asfixia después de su larga diatriba sobre la ejecución del pueblo judío).

Siempre hay una dosis de sarcasmo en este medio. Los personajes se meten en lugares difíciles y abyectos en donde tendrán que resolver situaciones al viajar. Bolaño burla directamente esas dificultades de estos personajes. El autor estaba acostumbrado a usar la nacionalidad como una herramienta — o una broma. En el cuento llamado "Naipaul" –un relato sobre un relato– el narrador se hace *la noción de una nación* de sodomía. Otro ejemplo se trata de lo absurdo, en la póstuma novela *Sepulcros de Vaqueros* (2017), los personajes descubren un texto de poesía donde se lee "Las hijas de Walt Whitman tienen las pelotas peludas" (Bolaño 60). Héroes literarios y de la nación ambos satirizan. Fernández Díaz explica que esa tendencia viene de "precedentes novelísticos" (31). En el titular *Gaucho Insoportable*, lo percibimos cuando el protagonista burgués dice "Argentina es una novela" (*Cuentos Completos* 419). De esta manera, no hay que visitar un lugar para conocerlo. Se corre el riesgo de mitificar los paisajes cuando se convierten en lugares reales se mitifican los paisajes reales al volverlos literarios (Álvarez). Volver a la pampa, un espacio que no se conoce, ni reconoce sino que se ha leído en la literatura y que, como veremos, posee las características de un pasado literario muy particular. Conocemos el lugar, o reconocemos la imagen del lugar por la lectura, cuando los personajes absurdos se identifican con él. Esta imagen puede parecer una broma o dar terror.

En *2666* hay pueblos desaparecidos, secuestrados en autos, asimismo en Argentina y también en Chile y toda Latinoamérica. Como dice Naomi Klein "disappearances turned out to be an even more effective means of spreading terror than open massacres" (110). Hay tantas semejanzas entre el mundo de *2666* y nuestro mundo que los lectores se acercan más a una cercana geografía complicada y completa. El personaje se consume por el vacío por fuerzas superiores de uno mismo—funciona como un método mayor a Bolaño. Otro marco discursivo sería el movimiento en el escenario. Bolaño escribe un proceso parecido al crecimiento desde el nacimiento hasta la infancia, donde la sintaxis comienza de forma sencilla y evoluciona. Jugamos en el mundo del libro como bio-mimetismo. También hay otros seres vivos, organismos políticos, y un confundido campo de geografías verdaderas y ficticias.

La Geografía Bolañesca

La cultura, pese a las desapariciones y a la culpa, seguía viva, en permanente transformación [...] (2666 180)

En la obra de Roberto Bolaño, uno de los únicos sentidos reales es la conexión con la tierra--el sentido del lugar, sea ilusorio y alucinógeno. En la página 8 de *2666*, viajamos a tomar Peyote con Liz Norton y corremos en la lluvia. Los paisajes se pueblan en la obra bolañesca, sitios como el desierto de Sonora, la trama urbana de D.F., el paisaje marino mediterráneo de Blanes, España de *Amberes*, o las llanuras de Polonia. Se podía sentir el dolor que debió sentir Roberto Bolaño estando en dos continentes. En *Amberes*, ese dolor penetraba en todo su cuerpo sólo se trataba a través del horizonte, ya sea ondulado o sea "la línea recta producía calma" (*Amberes* 53).

Espacios en *2666* son como Leviatán, la horda invadiendo el horizonte. Los lugares son inestables pero actúan directamente en la gente. En las ciudades como Santa Teresa se representa al obrero Latinoamérica urbano. En Santa Teresa, los críticos encuentren "La ciudad, como toda ciudad, era inagotable [...]" La ciudad "crecía a cada segundo" y extienda a los cerros y hondonadas (*2666* 171). El campo se presenta como denso tapiz de seres humanos y no humanos. En las imágenes del geofísico es fácil imaginarla, cuyos vertederos están muy visibles, aunque relegado a los límites del ciudad, por ejemplo el vertedero llamado "El Chile." Es claro vislumbrar cómo las relaciones sociales capitalistas comienzan a rehacer la naturaleza, a consumir nuestros hábitats, esa ruptura entre el medioambiente y sociedad es muy claro para Bolaño. Los vertederos se revuelven frecuentemente, no solo porque la basura resulta por la negligencia sino por una orden, una sistema correlato con la Tierra actualmente, lo que Amalfitano se llama "basurales del vacío" (*2666* 291).

Temprano en la novela en el parte cuarto el jefe de policía, Pedro Negrete, visita El Chile y ve plástico desperdigado recordó que su hijo, que estudiaba en Phoenix, una vez le había contado que las bolsas de plástico tardaban cientos, tal vez miles de años en consumirse. Estas de aquí no, pensó al ver el grado de descomposición a lo que todo estaba abocado (*2666* 452).

Luego, Negrete mira alrededor y nota techos de Zinc, dispara a unos perros. Líder inepto, así como otras autoridades en la obra de Bolaño, vemos la naturaleza como brutal. Lugares como basurales le parecían marginales, de hecho, los paisajes desiertos de las personas son muy centrales. Los intercambios tenso recrean lo efímero, la dislocación de cuerpos y hogares forman una monólogo interno, casi de perspectiva de la misma relación tirante entre humanos y el medioambiente. En el contexto de *2666*, el sistema político sólo sirve para negar la destrucción causada por el capitalismo global. Cerrar el vertedero El Chile, por el ayuntamiento, es admitir su existencia--nos recuerda a sitios de *Superfund*, de Beirut (*2666* 581). Esta reflexión crítica de políticos mexicanos tiene relevancia después de Ayotzinapa (Rodríguez) y otras masacres que gobiernos sucesivos han tratado de ignorar. De nuevo, Bolaño pone puntos de partida en territorios familiares, lo hizo para perdurar el sentido de lugar.

Trato de entender cómo la literatura de Bolaño conecta México con Latinoamérica en experiencias subjetivas pero universales. Los escritos de Bolaño no son únicos, realizan la condición de desplazamiento por terror derechista, y otras fuerzas de estructuras. Bolaño pertenecía a un línea larga de antifascistas, aunque se ha considerado ligeramente anti partidista, Medina (traduciendo a Lina Meruane) dice que Bolaño "did not belong to any faction" (553). Sus actividades activistas han sido probadas por Clark (*An Oasis of Horror in a Desert of Boredom: Roberto Bolaño's 2666*) si le dura tiempo como preso político o no. Entonces su planteamiento es heterogéneo y por eso se refleja un mundo transcultural.

Violencia paramilitar en contra de pueblos indígenas, obreros, periodistas, y mujeres continúa, así como en Santa Teresa. Bolaño funciona como activista-escritor, poco distante de periodista pero investigador de la verdad, de lo ético, de la justicia. Bolaño es un cronista de esta violencia, quizás es también problemático por la homofobia o la misoginia. Sin embargo, el trabajo que hizo para informarnos sobre la violencia es muy claro. Escribió sobre violencia porque el mundo se constituye de esa misma violencia. La pregunta es ¿cómo *2666* responde a esa violencia desde la literatura?

Se produce una máxima real porque no hay extranjeros barbaros (a lo que se refiere a Said), los crimines existen dondequiera, sea quien sea. Narra crímenes, articula una postura al borde del abismo o del vacío. La geografía de Bolaño se adentra en laberintos y sitios de represalias como *asilo/manicomio* (*Cuentos*

Completos 513). En varios lugares anidamos al vacío. Apartamentos de México, D.F. apenas tenían comida pero están llenos de geografías personales e historias. La línea de preguntas para los geógrafos es cómo se encuentra con el otro, con el mundo. Las voces criminales que crea Bolaño van desde simples pandilleros hasta soldados de infantería nazis y belicistas a gran escala, lo que sugiere que las distinciones entre nosotros y ellos son, en última instancia, inútiles frente a los diferentes regímenes éticos. Bolaño utiliza el envés bárbaro de la modernidad, dejando de lado los límites geográficos, no sólo para deconstruir esta realidad sino posibles alternativas y en esto fue verdaderamente vanguardista. En *2666* y en casi todos los escritos de Bolaño, los espacios son tanto reales como ficticios. Los contextos solo sirven para enriquecer la ficción de Bolaño. Se puede leer como dador de la verdad.

Desde la primera oración de *2666*, nos lleva a un camino "La primera vez que Jean-Claude Pelletier leyó a Benno von Archimboldi fue en la Navidad de 1980, en París, en donde cursaba estudios universitarios de literatura alemana, a la edad de diecinueve años" (1). Leímos un nombre posible Francesca, un hombre que se supone Italiano-Alemana cuya presencia se comienza a hacer presente. Conectamos con la literatura. Los críticos hacen sentido del mundo, visitar lugares nuevos, hablar lenguajes diversos. Esta vanguardia se supone explica el mundo, de hecho Bolaño yuxtapone el caos de la matanza con estudios académicos, intenta comprender pero quedando afuera del terror. Al escuchar de la violencia, Liz Norton se da cuenta de que su trabajo no sirve de nada para comprenderla. Solo la ciudad desierta podía hacer eso:

> Santa Teresa, esa horrible ciudad, decía Norton, la había hecho pensar. Pensar en un sentido estricto, por primera vez desde hacía años. Es decir: se había puesto a pensar en cosas prácticas, reales, tangibles, y también se había puesto a recordar. Pensaba en su familia, en los amigos y en el trabajo, y casi al mismo tiempo recordaba escenas familiares o laborales, escenas en donde los amigos levantaban las copas y brindaban por algo, tal vez por ella, tal vez por alguien que ella había olvidado. (*2666* 187)

Este capítulo llega en un momento de incertidumbre (pandemia de COVID-19), cuando los expertos se han puesto en duda; nos hacen dudar como Norton. ¿Qué sabemos? ¿Qué significa para nosotros? Si bien consideramos el mundo como transcultural, nadie puede saber nada, todo puede ser posible y paradójico, el sentido de lugar se abruma. Todo eso sería demasiado, entonces es necesario tener un noción básica, muy elemental—el agua.

Huir al Agua

Un motivo mayor que sirve de ancla a principios de *2666* es la presencia del agua: la lluvia (*2666* 20), los mares (33), la humedad (33), fuentes (38), los lagos (85), los ríos (127), mundo submarino (172), la piscina (191) piscina "excavada en la roca viva" (262), y playas (316). Todos son cobijos, salidas de la narrativa, ni siquiera escenarios, sino imágenes del agua pensandos por los personajes. Las playas especialmente son "zonas indefinidas" –según Ríos Baeza– efímeros (Ríos 197). También el tiempo solo hace la precipitación en la primera parte de novela. Sitios como Santa Teresa, incluso otros sitios, forma una atmosfera acuática para que Bolaño entierre el mundo. Igual que las aguas se evaporan por el ciclo hidrológico, así también el tema de agua acaba seco en la novela. Después de muchos páginas de asesinatos en el desierto al llegar a la mitad del texto los lectores tienen sed, finalmente en la última parte empiezan a zambullirse con la introducción de Hans Reiter nadando y sobreviviéndole, al torpísimo paso de historia en mares europeos.

Como con otras historias escritas por Bolaño, la sintaxis (el ritmo, las palabras) se refleja la edad del narrador. El joven Archimboldi (Reiter) es "más parecido a un alga que a un ser humano […]" (*2666* 898). Hay una incomodidad con la tierra, por eso Reiter huye al mar. Pero ahí también hay relaciones complejas, porque es *otra tierra* -- "Lo que le gustaba era el fondo del mar, esa otra tierra, llena de planicies que no eran planicies y valles que no eran valles y precipicios que no eran precipicios" (797).

Otra vez, toda la geografía no es lo que parece. Al final, le zambulle como renacimiento de texto en bio-mimetismo, otra vez. Su ciclo de vida a lo largo de las grandes rupturas de siglo XX conectan al México contemporáneo-- donde Reiter aparece--con el mundo. Las geografías efímeras entonces existen cuando los personajes trazan su trayectoria por encima del espacio tiempo real, imaginario pero vivido. Bolaño establece polaridades rigorosas y macro escalas, creando un equilibrio entre los límites reales de los límites y las geografías imaginarias. Sus mundos de ficción son declaraciones verdaderas sobre la sociedad humana tal como lo es. Se pueden observar las presuntas escalas de la atmósfera y el océano, la territorialidad de los estados nacionales, la interacción entre ciudades, pueblos rurales, confinamiento-- como en el cubículo del baño durante Tlatelolco 1968—y la libertad (Domingo Amestoy). En cambio, estoy optando completamente por lo ficticio: sitios efímeros, identidades desplazadas por lo humano o no humano.

La perspectiva de lo ecológico se repite en sus cuentos y se fija una tierra, se acercar a lo histórico por diversas áreas geografías. Otra historia "Prefiguración de Lalo Cura" juega con la forma maximalista con la falta de párrafos separados, que realizaría en *2666*. En este cuento, Lalo Cura se describe creciendo con una mamá que es actriz pornográfica. Tomando vacaciones reales e imaginadas, Lalo dice "Jovenes mestizos, negros, blancos, indios, hijos de Latinoamérica [...]" se relaciona atreves de Bittrich, "cuarteado por las intemperies o milagrosamente Rosado quien sabe porque extraños vericuetos de la naturaleza [...] vastedad y desolación de este continente" (*Cuentos Completos* 294).

Podría ser otro medio, pero es a través de la pornografía que los hombres de América del Sur se encuentran en sitios con montañas, ríos, cañones. Al final, la ciudad subterránea se queda. Por ridículo o por salaz que sea, se encuentra la ironía del cuento por el medio de narrar lo biofísico. Incluso aquí, hablamos de gansos, frambuesas y tierra baldía. El compromiso con lo no humano se convierte en otro elemento integral que el autor utiliza para establecer una geografía humana que es a la vez ridícula, juguetonamente erótica, pero aguda.

La impureza cultural

La asimilación de México actualmente forma una supuesta lógica de la llanura social, la gente de otras raíces debe ser una ciudadanía unida. Además de sociedad inter-cultural, una cultura *pura* nunca ha sido posible, Bolaño parece decir, porque no es posible en términos de historia o geografía. Una vez que vemos que las fronteras son procesos, todo se reduce a interacciones sociales *en lugar*. Domingo Amestoy muestra como Bolaño crea una voz de resistencia cuyo poder se queda en el reconocer del vencimiento de 1968.

Además de una visión-trance importante transmitida por el profesor Amalfitano en *2666* (visiones de cuentas son las arboles del bosque bolaniano), no vamos a ver mucho de las perspectivas de los pueblos indígenas por Bolaño. Sin embargo, mirando el descenso de Amalfitano a la ilusión (su voz interna), integramos con una historia alternativa del origen de Chile, en el libro *O'Higgins es Araucano* (dentro de *2666*). Desde pruebas, notas, citaciones, se hacen conexiones entre el cono sur, Europa y Asia "Germania para bajar después al Peloponeso, de donde viajaban hacia Chile, por el camino tradicional hacia la India y a través del Océano Pacífico" (*2666* 283).

El profesor cae por un agujero de conejo que socava la soberanía indígena. En el relato, la voz de Amalfitano se difumina en la voz de fondo del narrador (esta mezcla, cambia entre primera, segunda y tercera persona, es universal en el trabajo de Bolaño) recuerda cómo los pueblos indígenas de Chile usaron la telepatía para resistir la colonización. Un hijo nacido de una sacerdotisa ayudó a convertirse en el libertador de Chile. Esta ambivalencia sobre la historia nacional socava las concepciones indígenas no solo de la geografía (quizás porque Amalfitano está cuestionando la veracidad del texto, quizás porque enfrenta una enfermedad mental), sino también de la autonomía, aquí como siempre leemos verdades brutales:

> en Chile los militares se comportaban como escritores y los escritores, para no ser menos, se comportaban como militares, y los políticos (de todas las tendencias) se comportaban como escritores y como militares, y los diplomáticos se comportaban como querubines cretinos. (*2666* 286)

El autor "bien podía ser un nom de plume de Pinochet" (268). Entonces, las políticas indígenas son otra vez de la transculturación.La nación se crea por azar así como la revolución. Medina ve que Bolaño no le promete nada en la literatura

> Si a nivel identitario, Bolaño ejerce un ético nomadismo que le aleje de filiaciones nacionales indeseadas y antinaturales para ese escritor cuidada no tan sólo de su biblioteca, a nivel literario, desarrolla un repertorio simbólico que le permite simultáneamente la filiación y la distancia frente a la gran tradición de la literatura de vanguardia latinoamericana. (149)

La ficción está destinada a negar los supuestos de la no ficción. Al leer a Bolaño como un escritor activista, se encuentra con una historia alternativa y una geografía donde los supuestos básicos se ven frustrados por la historia real. La realidad visceral de los personajes frente a sus medioambientes se ve agravada por su lectura del mundo de la literatura/literatura sobre el mundo. Si no fuera por la poderosa crítica de Bolaño al status quo, estos serían esfuerzos infructuosos. En cambio, descubrimos una geografía razonablemente imaginada, lo que necesitamos para hacer cualquier estudio.

Recuerda que Cristóbal Colón no descubrió América. No solo fue un descubridor de mundos, sino que muchos pueblos indígenas cruzaron el Atlántico e incluso el Pacífico. Evidente en la batata, evidente en el acervo genético de ascendencia de pueblo indígena en el aislado país de Islandia. La transculturación precolombina, imaginada fue de solitario en algunos casos, individuos fueron maltratados y envalentonados para llevar barcos estabilizadores a través del Pacífico o canoas en el mar Caribe. Tal vez *O'Higgins es Araucano*. Dejamos dar una respuesta sobre estas cuestiones políticas con respeto a la resistencia de narrativas hegemónicas.

Movimientos sociales

Bolaño explora el tema de la acción política local en diferentes formas en *2666*. En un momento, Chuco Flores le dice al reportero extranjero afroamericano Fate que los asesinatos de mujeres "florecen" y se acumulan, solo para ser bola de nieve que "se derrite"–olvidado para que todos vuelven al trabajo (quizás una referencia al cambio climático, también a las nociones apáticas). Chuco luego dice "Los jodidos asesinatos son como una huelga, amigo, una jodida huelga salvaje" (*2666* 362).

Cuando Fate pide al lugareño clarificarla, mira de manera más profunda las maquinas del capitalismo.

> –Ésta es una ciudad completa, redonda –dijo Chucho Flores–. Tenemos de todo. Fábricas, maquiladoras, un índice de desempleo muy bajo, uno de los más bajos de México, un cártel de cocaína, un flujo constante de trabajadores que vienen de otros pueblos, emigrantes centroamericanos, un proyecto urbanístico incapaz de soportar la tasa de crecimiento demográfico, tenemos dinero y también hay mucha pobreza, tenemos imaginación y burocracia, violencia y ganas de trabajar en paz.

> . . . –Tiempo –dijo Chucho Flores–. Falta el jodido tiempo. ¿Tiempo para qué?, pensó Fate. ¿Tiempo para que esta mierda, a mitad de camino entre un cementerio olvidado y un basurero, se convierta en una especie de Detroit? (362)

Naturalmente la metáfora le parece un poco raro, pero no supone nada, quizás los lectores se despistan por la metáfora, aunque esta situación de confusión cultural podemos verla en los movimientos sociales en crisis. Más temprano cuando las organizaciones hacen huelga, la manera en que los obreros son reprimidos parece como la descripción de Flores. Mujeres que se manifestaron en las calles, dan un paro, una activista se encuentra muerta – una escena muy familiar para los defensores de la tierra y derechos humanos alrededor de américa latina–.

Cuando Sergio González (investigador en la realidad: Sergio González Rodríguez), los líderes de Santa Teresa no dicen nada. La jefa del departamento de crimines sexuales le asegura que la ciudad tiene el "desempleo femenino más bajo de México." Sergio la cuestiona y la oficial aclara que ellos si tienen trabajo:

> Un trabajo mal pagado y explotado, con horarios de miedo y sin garantías sindicales, pero trabajo al fin y al cabo, lo que para muchas mujeres llegadas de Oaxaca o de Zacatecas es una bendición. (*2666* 710)

Trabajo horrible, pero empleo no obstante. En México es común que se explote al trabajador, esta forma de violencia que viola los valores y también la huelga es un sitio de violencia. La vida posindustrial es nuestra base y actúa para enviar a la gente lejos. El desplazamiento de personajes en sus obras principales es tan natural que casi pasa desapercibido. Sin embargo, todos los signos y síntomas están ahí, incluso para aquellos cuyos antecedentes no se reubican de un lugar a otro. Esto se debe a la fuerza acelerada de la globalización, la acumulación de capital en cada vez en menos manos. El refugio de la necesidad en el mundo, fue para Roberto Bolaño y sus personajes el libro.[1]

Quizás al contrario del consenso crítico, en los mundos de Roberto Bolaño, el caos y el sinsentido no reina sobre todo. De hecho, el significado se hace posible y solo se logra mediante la transculturación, la cual se torna en geografía. Al final, Bolaño fue mucho menos misterioso, sus obras más comprensibles y completas de lo que a menudo se les lee. La profundidad de la obra de Bolaño va más allá, y no a pesar de las incertidumbres, ambigüedades, y pérdida del sentido del lugar que (des)escribió, *sino precisamente por causa de estas características*. Su compromiso con un mundo desordenado es lo que hace que su trabajo sea radicalmente realista y vital. De hecho, el sinsentido no es formidable para el proceso de transculturación el cual abordamos a través de los espacios cotidianos.

Obras citadas

Alvarez, Moira. "El Espacio Acorralado: Un Estudio De La Virgen De Los Sicarios De Fernando Vallejo Y 'El Gaucho Insufrible' De Roberto Bolaño." *Chasqui*, vol. 42, no. 2, 2013, pp. 15-30.

Bengert, Martina. "A Question of Reference, Construction, and Composition: The City of Santa Teresa in Roberto Bolaño's '2666'." *Santa Teresa Critical Insights, Filiations, Responses* 2019, pp. 245-268. Rorbis Romanicvs (10).

Bolaño, Roberto. *2666*. Anagrama, 2004.

—. *Amberes*. Anagrama, 2002.

—. *Cuentos Completos*. Vintage Español, 2018.

—. "El pasillo sin salida aparente." *Ajoblanco 116* (1999): 54-57.

—. *Entre paréntesis: ensayos, artículos y discursos (1998-2003)*. Editorial Anagrama, 2004.

—. *Sepulcros de Vaqueros*. Vintage Español, 2017.

Casini, Silvia. "Narrar La Violencia. Espacio Y Estrategias Discursivas En Estrella Distante De Bolaño." *Alpha (Osorno)*, núm. 30, 2010, pp. 147-155.

---

[1] Leí *2666* con la luz de las velas en el verano de 2012 durante un apagón de luces en mi hogar estado Ohio, después de una nueva forma de tormenta: "derecho" o huracán.

Clark, Jonathan Russell. *An Oasis of Horror in a Desert of Boredom: Roberto Bolaño's 2666*. Fiction Advocate, 2018.

Domingo Amestoy, Susana. "'We Are Taking You to Attend the Birth of History': Tlatelolco in Carlos Fuente's Los 68: Paris, Praga, Mexico and Roberto Bolaño's Amuleto." *Perífrasis*, vol. 3, no. 6, 2012, pp. 42-54.

Fernández Díaz, José Javier. "Lugares Más Mentales Que Físicos: La Invención De México Y Otros Paisajes Literarios De Roberto Bolaño A Partir De La Literatura Norteamericana." *Cartaphilus (Murcia)*, vol. 13, no. 30, 2015.

Figueroa, Julio Sebastián. "Exilio Interior Y Subjetividad Pos-Estatal: 'El Gaucho Insufrible' De Roberto Bolaño." *Revista Chilena De Literatura Abril 2008*, núm. 72, 2008, pp. 149–161.

Harvey, David. *The Limits to Capital* (2nd ed). Verso, 2018.

Janoschka, Michael. "Gentrificación, Desplazamiento, Desposesión: Procesos Urbanos Claves En América Latina." *Revista INVI*, vol. 31, no. 88, 2016.

Klein, Naomi. *The Shock Doctrine: The Rise of Disaster Capitalism*. Picador, 2007.

La Agencia de la ONU para los Refugiados. *ACNUR: Ucrania y otros conflictos impulsan el desplazamiento forzado, que supera los 100 millones por primera vez*. Consultado 23 de mayo de 2022. https://www.acnur.org/noticias/press/2022/5/6286d6ae4/acnur-ucrania-y-otros-conflictos-impulsan-el-desplazamiento-forzado-que.html#_ga=2.231733977.759488032.1653501317-1068118358.1599675766.

Mathew, Shaj. "Ciudad Juárez in Roberto Bolaño's 2666: Mexico's Violent Cradle of Modernity." *Critique: Studies in Contemporary Fiction*, vol. 57, no. 4, 2016, pp. 402-416.

Medina, Alberto. "Arts of Homelessness: Roberto Bolaño or the Commodification of Exile." *NOVEL: A Forum on Fiction, FALL 2009*, vol. 42, núm. 3, *Theories of the Novel*, 2009, pp. 546-554.

Nguyen, Tram. "Traveling Sovereignty: Counter-crossing Bolaño with Derrida." *The Comparatist*, vol. 36, no. 1, 2012, pp. 22-42.

Ríos Baeza, Felipe Adrián. "'El México abismal de Roberto Bolaño'." *Literatura: teoría, historia, crítica*, vol. 18, no. 2, 2016, pp. 183-204.

Rodríguez, Sergio Gónzalez. *Iguala 43 The Truth and Challenge of Mexico's Disappeared Students*. Semiotext(e), 2015.

Said Soto, Samir. "Amalfitano O La Rosa Ilimitada De Los Vientos: La Nación Imaginaria En Los Sinsabores Del Verdadero Policía De Roberto Bolaño." *Alpha 44* (n.d.), pp. 105-118.

Said, Edward. *Orientalism*. Random House, 1978.

Capítulo 14
Violencia e identidades: Elmer Mendoza y la creación de una saga detectivesca[1]

Minni Sawhney

University of Delhi

Resumen: En su obra temprana (*Exits from the Labyrinth* 1992), Claudio Lomnitz Adler señalaba la necesidad de estudiar regiones no como miniaturas del centro sino como entidades con su propia ideología que entraban en dialéctica con la ideología de la capital. Este planteamiento parece veraz en el contexto de los novelistas de la frontera norte de México que han librado luchas estilísticas y estratégicas para forjar un espacio independiente de la mitología del distrito federal.

Elmer Mendoza basa las cinco novelas de su saga detectivesa en Culiacán, la capital de Sinaloa. La ciudad se nos revela como cualquier otra de la frontera norte donde la burguesía convive con los grandes narcotraficantes de antaño y los nuevos entrantes en el mundo del crimen organizado. A partir de *La prueba del ácido* (2010) y en sus últimos tres libros, *Nombre de perro*, (2012) *Besar al detective* (2015) y *Asesinato en el Parque Sinaloa* (2017), vemos fuertes discrepancias y encuentros violentos entre las fuerzas federales de México D.F. y los detectives de Sinaloa. El trasfondo de estas obras es la política federal hacia el norte y la guerra contra la droga desencadenada por Felipe Calderón. Estas desavenencias tienen su eco en el mundo literario donde hay un temor de que la periferia (la literatura fronteriza) terminará desplazando la producción cultural del Centro. La ambivalencia del detective Edgar Mendieta

---

[1] Ciertas porciones de los análisis sobre las novelas tempranas de Elmer Mendoza: *Balas de plata* y *La prueba del ácido* que aparecen en este capítulo han sido publicados en "Mexican U.S. Border Literature and the Narco Novel" in Raab, Josef. Hertlein, Saskia. eds. *Spaces-Communities-Discourses, Charting Identity and Belonging in the Americas,* Tempe, AZ: Bilingual Press, 2016, 51-65 y "El narco mundo en las novelas transnacionales de Elmer Mendoza y Don Winslow" in *Periferias de la Narcocracia, Ensayos sobre Narrativas Contemporáneas.* ed. Cecilia López Bádano, Buenos Aires: Corregidor, 2014 93-105.

frente al narco es una característica de la gente sinaloense y su hartazgo con la violencia y el crimen como queda retratada en estas obras. Ha dicho la crítica Gabriela Polit Dueñas, que Edgar Mendieta es el *alter ego* del escritor Elmer Mendoza. Por ende, mi empeño en este artículo es demostrar cómo Elmer Mendoza nos atisba el campo de producción cultural en México y su propia posición dentro de este campo mediante su saga detectivesca.

Palabras clave: Elmer Mendoza, Culiacán, narcotraficante, frontera norte

***

"A las ciudades se les reconoce por su comida y por sus delincuentes."
Palabras de Eduardo Mendieta" *Asesinato en el Parque Sinaloa*

Introducción

En un artículo sugerentemente titulado "On Reading About Violence, Drug Dealers and Interpreting a Field of Literary Production Amidst the Din of Gunfire: Culiacan - Sinaloa, 2007", la profesora Gabriela Polit Dueñas de la Universidad de Texas en Austin cuestionó el papel y el valor de los libros y la cultura en una atmósfera de continua violencia. Escrito después de un viaje realizado a las ciudades de Medellín y Culiacán y encuentros con escritores y artistas concluyó diciendo "Sinaloa is then the place of creation and at the same time the place created through the works which deal with a social phenomenon affecting its inhabitants directly" (565).

Las palabras de Polit Dueñas son enigmáticas si las leemos fuera de contexto sin tener en cuenta cuan minuciosamente y con toques realistas, ella describe la vida diaria de Culiacán. Muchos años después y en medio de una espiral creciente de violencia las novelas de Elmer Mendoza siguen siendo un retrato de su querida ciudad de Culiacán con sus ricas tradiciones culinarias y gente que perdura a pesar de los crímenes cotidianos. Sin embargo la vida se ha transformado con la proliferación de "sujetos endriagos", los monstruos narcotraficantes, los vástagos del "capitalismo gore" en las palabras de Sayak Valencia. Como se verá más adelante, la guerra contra las drogas que asola los estados fronterizos en particular y todo México como país, se ha convertido en la más reciente expresión del modelo económico-militar. Esta guerra es el *performance* para el consumo mediático mientras que los traficantes y el estado forman alianzas y acuerdan pactos.

Es evidente que Culiacán es un protagonista más en las chispeantes obras de Elmer Mendoza junto con los detectives, los narcos y los agentes federales de México D.F. Un marcado tono etnocéntrico y el sentido comunitario de este grupo ensalza la singularidad de la capital de Sinaloa con su memoria cultural distintiva en estos libros a pesar de que pertenezcan al género narco *noir* porque hay vislumbres de la violencia que trastoca identidades en un escenario donde la clase media de antaño está siendo eliminada y aparece una nueva clase social de la narco cultura. Estas características se revelan en la obra de Mendoza que contrapone lo bello con lo bestial. Sus textos pueden caber en la categoría de "dolientes" (Cristina Rivera Garza) porque no son mera empatía con las víctimas. Según ella:

> Son, si son algo, un ejercicio de disenso a través del cual tendría que ser posible poner en juego una vez más, y *de otra manera,* "lo que es percibido, pensable y factible". Estos textos, quiero decir, son política. No piden conmiseración; no están sujetos al mercado de la lástima. (17)

No obstante su fama, esta producción arraigada en los estados colindantes con los Estados Unidos ha sido criticada por ser una apología del consumo y comercio de drogas. Se ha alegado que las obras no son pedagógicas y que en ellas se borran las distinciones entre víctimas y victimarios.[2] Felipe Oliver Fuentes resume esta crítica antes citada:

> …Al parecer lo que más inquieta al crítico es la amenaza que el norte representa para el centro. El creciente interés por la "narconorteliteratura" ha desplazado los reflectores creando así la falsa ilusión de "que allá arriba es donde ocurre el país". Lo que antes era margen, el territorio en donde la "identidad verdadera" comenzaba a diluirse puede eventualmente reconfigurar el mapa literario de modo que el centro geográfico del país terminará por ocupar un espacio marginal dentro del campo de producción cultural. El centro geográfico desplazado a periferia cultural y la periferia geográfica ocupando el centro de la cultura". (11)

En *Capitalismo Gore,* Sayak Valencia analiza la evolución de la vida en la sombra del narcotráfico en su ciudad natal de Tijuana. Su obra refiere no solo a la violencia endémica de las ciudades fronterizas, un resultado del crimen organizado pero a todo el tercer mundo que se aferra a seguir las lógicas del capitalismo, cada vez más exigentes. (25) Ella acuña el término "capitalismo

---

[2] En una crítica temprana en 2005 Rafael Lemus señala en *Letras Libres* que en estas obras, "…Se procede como si realidad y literatura fueran una misma cosa. Pocos se cuestionan lo obvio: ¿puede la narrative retratar la realidad? La realidad es un problema no un asidero." Valeria Luiselli observa "El espectro de lo que hoy se denomina "narcoliteratura" aun cuando lo que se escribe no siempre trata directamente sobre el narcotráfico es amplio (…) la peor cara de esta literatura a mi parecer es la que se escribe desde la cómoda posición del turismo de la marginalidad" (Luiselli 2012).

gore", procesos económicos cuya mercancía principal es la droga o el cuerpo y la vida humana que solo se miden por su importancia en el mercado. Estos son los intersticios o las fronteras donde hay "una alegría inquietante ante la sangre" y el Estado mexicano en el centro no queda inmune ante la violencia. Se desaparecen así las diferencias entre centro y periferia a que aludía Oliver Fuentes.

En mi análisis intento dilucidar la manera en que Elmer Mendoza refleja las cismas del mundo literario mexicano, la brecha entre los del Centro y las periferias dentro de su propia obra donde los agentes federales del Centro se oponen a los detectives locales. El lugar real de Elmer Mendoza en el espacio social es su "predisposición" para poder percibir la estructura del mundo político mexicano. Su protagonista principal Edgar Mendieta o El Zurdo trabaja en tres vertientes: contra los homicidas locales y sus aliados narco traficantes y los agentes federales que sospechan a los detectives culiacanenses y les torturan y encarcelan. Los caóticos fuegos cruzados resultan en lo que Rosanna Reguillo llama "la violencia gaseosa y fantasmagórica de la narcomaquinaria" (11) o la narco industria más grande que cosecha muertos donde "el asesinato es concebido como una transacción" y la violencia no es una excepción sino que la norma. Esta industria ha dado nacimiento a los emprendedores de la muerte, que forman las filas del ejército del gobierno que les ha entrenado. La glorificación del narcotraficante y la creación de una cultura pop del crimen organizado se debe al hecho de que el pueblo supuestamente busca una filiación identitaria con ellos. (Valencia 81). En nuestro ejercicio reflexivo sobre estas obras surgen las preguntas ¿qué mueve a estos autores retratar gente que devastan todo lo que encuentran a su paso? ¿Por qué resulta tan ambivalente este retrato?

En el próximo apartado intentaré demostrar cómo la historia de la región se ha enfrentado con la del resto del país en las letras y en la política. En los siguientes apartados analizaré las cinco novelas de Elmer Mendoza como productos de estas historias encontradas agrupándolas en dos apartados según su cronología y el grado de desavenencias entre el norte y el centro que las anécdotas nos revelan. En mi análisis evito explicar las acciones de los protagonistas como resultado de manipulaciones de actores políticos que las financian y usan para desestabilizar al gobierno federal. Espero explayar cómo Sinaloa ha evolucionado a lo largo del tiempo para ser ahora un hervidero de las distintas fuerzas.

El *habitus* fronterizo

El espacio excepcional de la frontera México-Estados Unidos es el *habitus* de Elmer Mendoza y otros escritores que viven en el norte de México o participan en la vida de esta región. Según la definición de Pierre Bourdieu, el *habitus* es un producto de la historia y produce prácticas colectivas o individuales y a su vez genera la historia en conformidad con los esquemas que surgen de ésta.³ Las estructuras que constituyen el entorno (por ejemplo, las condiciones materiales de existentes características de una situación de clase producen el *habitus)*.

Las características materiales del *habitus* sinaloense es la materia prima de nuestro escritor. Según los sociólogos, el opio y la marihuana han sustentado la economía de Sinaloa por casi un siglo. Durante la Segunda Guerra Mundial cuando Adolfo Hitler cortó el acceso a los campos de amapolas en Turquía se buscaban nuevas bases para la manufactura de morfina. Los presidentes Roosevelt y Ávila Camacho hicieron un pacto en 1942 y Badiraguato se volvió la capital del opio con la bendición oficial y Culiacán una ciudad de lujo y violencia. El opio era un comercio normal con el cual se asociaban los políticos. Pero la Operación Cóndor cambió todo en 1975. A los traficantes se les acusó de crímenes contra la salud y se hicieron dos mil arrestos en Culiacán. Ellos huyeron a los estados vecinos o a Tucson Arizona y las "flores de la ira" como las llama Nery Córdova se sembraron en Sinaloa. Son parte del desafío de esta región contra el centro cuando se arrasó el patrimonio de miles de campesinos. ("Las drogas" 11-12).

En las palabras de Nery Córdova "la violencia se transforma y "forma cultura", precisamente cuando ha crecido y rebasado su condición pasajera e incidental, se ha arraigado en el pensamiento y en la vida social y se ha convertido, ya, en "una predisposición" ("La narcocultura" 43). Esa "predisposición" es la condición bajo la cual se vive en Sinaloa, por ende, los productos culturales

---

³ The structures constitutive of a particular type of environment (e.g. the material conditions of existence characteristic of a class condition) produce *habitus*, systems of durable, transposable *dispositions*...(...) Thus, for example, in the interaction between two agents or groups of agents endowed with the same habitus (say A and B), everything takes place as if the actions of each of them (say a1 for A) were organized in relation to the reactions they call forth from any agent possessing the same habitus so that they objectively imply anticipation of the reaction which these reactions in turn call forth.
Por eso, por ejemplo, en la interacción entre dos agentes o grupos de agentes con el mismo habitus (A o B), todo se da como si las acciones de cada uno (por ej. a1 por A) estuvieran organizadas en relación con las reacciones que suscitaran de cualquier otro agente que tuviese el mismo habitus; implican así, objetivamente, la anticipación de la reacción que estas reacciones, a su vez, suscitan.) (Bourdieu,1977:72)

llevan directamente o de manera subliminal, la marca inconfundible de los conflictos y quebrantos sociales.[4]

El género de narco novela o de crimen llena la brecha en un campo donde historiadores y sociólogos tienen inhibiciones o no se atreven a entrar porque pueden ser implicados en sus descripciones y explicaciones de la violencia o de tomar el partido de un cártel contra otro. Según Luis Astorga, "El sociólogo no puede abordar el tema de manera heterodoxa sin despertar sospechas de todos los bandos y bandas en pugna, de ahí la dificultad para explorar la vida de los verdaderos traficantes; en el mejor de los casos corre el riesgo de que se le considere "soplón" en potencia o "cómplice" (Astorga 83). La literatura por otra parte en su búsqueda inconclusa de significados funciona con otra ética. Los novelistas complementan la historia con reconstrucciones intuitivas y no lineales de contextos. Lejos de ser una apología para el consumo y comercio de drogas, nos evidencia los estragos de la guerra contra la droga, y una política que ha causado guerras fratricidas entre el estado federal y las provincias. Mediante las técnicas literarias que refiguran la temporalidad, los lectores acompañan al narrador en su búsqueda de significados entre un caos de eventos e interpretaciones, y se les proporcionan nuevas perspectivas de la realidad.

El campo de producción cultural es el sitio de encuentros y cada escritor libra una batalla para imponer su definición de lo que significa ser un creador. Las predisposiciones e inclinaciones literarias de los autores son representaciones de su contexto donde la violencia se ha arraigado en un estilo de vida o lo que Luis Astorga y Nery Córdova denominan la "diversificada empresa de la desviación." Han comprobado que la cultura existe en situaciones de violencia extrema. Conscientes de las luchas que han tenido que enfrentar para encontrar la puerta de entrada al éxito desde los arrabales donde se hallaban, los escritores del norte elaboraron nuevas pautas y criterios. Esta "predisposición" a la novela de crimen y su consiguiente éxito es la que desafia la hegemonia histórica de la Ciudad de México en el campo de la literatura y las artes.[5]

---

[4] Otros investigadores han calificado esta guerra como "Capitalismo contra si mismo" porque los dos lados tienen las mismas creencias en ganancias y el consumismo (Carlos Restrepo, Luis. 2001:24) Pero, a pesar de esto, se siguen librando batallas falsas y se construyen dicotomías entre los agentes del gobierno y los mercantes de un producto prohibido.

[5] Como nos recuerda Pascale Casanova, "Para acceder a la simple existencia literaria, para luchar contra esta invisibilidad que desde el principio les amenaza, los escritores tienen que crear las condiciones de su "aparición", es decir, de su visibilidad literaria. La libertad creadora de los escritores oriundos de las "periferias" del mundo no les ha sido concedida de entrada: la han conquistado únicamente a fuerza de combates siempre negados como tales en nombre de la universalidad literaria y de la igualdad de todos ante la creación." (Casanova, Pascale. 2001:233)

Los comienzos: *Balas de Plata* y *La prueba del ácido*

En el caso de Elmer Mendoza, la violencia endémica en su Culiacán, el trasfondo de todos sus escritos, lejos de ser un fetiche, es su único tema y contexto.

Sus primeras novelas *Balas de Plata* (2008) y *La prueba del ácido* (2010) versan sobre los crímenes esporádicos pero interconectados que su personaje Edgar Mendieta ("el Zurdo" para sus compañeros), reconstruye en el ejercicio de su actividad relevante como detective profesional en Culiacán. La curva de homicidios no se aplana a lo largo de la serie pero cada asesinato está conectado con el narco porque el hampa es el narco menor o mayor.

El fluir de conciencia, con registros entremezclados de narcotraficantes, políticos, hombres de la calle y detectives policiacos, tiene tanto implicaciones ideológicas como estilísticas. La profesora Gabriela Polit Dueñas, de Austin, señala:

> The plots of his stories and the literary conventions that give life to his characters evoke an archive of classic literary traditions. [...] he is an artisan of vernacular language, of local speech patterns and slang. Incomprehensible at first –for the linguistic twists and turns and for the use of specific colloquialisms– the words of his characters soon flow with rhythm and a great sense of humor. Mendoza´s work with language, however, always makes it clear that the world of narcos he describes is first and foremost a fine *literary* construction. (*Narrting Narcos* 66)

En su obra se retrata a los jefes de cárteles como caciques que distribuyen y beneficencian, por lo tanto, éstos compiten contra el estado federal en su uso legítimo del poder. El control territorial de las organizaciones criminales hace que las economías paralelas prosperen y el estado federal es sólo uno de los bandos contendientes que usa la fuerza, mientras los crímenes siguen irresueltos en una atmósfera de impunidad total. En revancha, la fatiga y la indiferencia asaltan el ánimo de la inmensa mayoría que se resignan a convivir con la violencia cotidiana.

Los lectores comparten la tarea de construir una trama coherente en la vorágine de matanzas y crímenes donde los diálogos son claroscuros que tampoco contribuyen a resarcir en mucho las expectativas del lector cómodo. Los textos responden a una situación generalizada de perplejidad y se presentan como historias reprimidas, entremezcladas y caóticas, que urge contar. Los protagonistas de Elmer Mendoza nos dan información fragmentaria, pero nos ayudan a descubrir el haz de cuestiones al que la obra sugiere una respuesta. El lector se apropia paulatinamente del texto después de muchos tanteos por encontrar su norte y así encuentra los eslabones que perpetúan el crimen. Mendoza nos explica por qué él usa el lenguaje coloquial de Culiacán para explicar la violencia endémica:

> ...como escritor, lo que estoy intentando es dilucidar algunos registros que pudiera tener [la violencia] sobre la realidad y sobre la mitología; más sobre la mitología que ha surgido sobre el caso. Y buscar convertirlo en literatura, sin que haya un sentido moral o un sentido de juzgar a los que no me corresponde. ("Un discurso que suena" s/p)

El narcotráfico se introduce sin pretensiones, como parte del tejido de la vida diaria en la ciudad, y los protagonistas son los mismos en las dos novelas, sus compañeros en la policía o jefes de cárteles, como Marcelo Valdés y su hija Samantha. En un momento determinado, ella se lanza contra Edgar Mendieta por sospechar de su padre en el asesinato de Bruno Cañizales, una figura social travesti. Por las palabras de esta mujer, el lector se forma una idea de las conexiones entre el tráfico de droga y el de influencias:

> Te busqué por dos asuntos, Mendieta, primero: respeta a mi padre, cabrón; es uno de los hombres más importantes de este país; el presidente, sus secretarios y cuanto lambiscón anda con ellos se le cuadran, si no fuera por él millones de gentes estarían desempleadas. (83)

La policía indaga en las razones de Marcelo Valdés para haber entrado en el narcotráfico, y si sus orígenes en Badiraguato, un lugar históricamente asociado con el cultivo de opio, tienen algo que ver. La movilidad social, por la cual los capos de cárteles se convierten en caciques promoviendo un cierto desarrollo económico para ganar la buena voluntad y la sumisión de la gente es una razón de peso. Por las palabras de Marcelo Valdés nos damos una idea de los nexos entre el tráfico entre la droga, del poder y de las influencias:

> Necios, se la pasan criticándonos pero bien que viven de nosotros; hice crecer este lupanar, levanté barrios enteros y creé más fuentes de trabajo que cualquier gobierno; no permitiré que lo olviden; era un rancho polvoriento cuando empecé y miren hasta dónde llega. (178)

Los asesinatos se suceden y quedan irresueltos. La mujer que es la primera en ver el cuerpo de Bruno Cañizales se suicida y el amante de su hermana (el hijo joven, ilegítimo, del jefe de policía –proveniente de su "casa chica"–

también es asesinado en circunstancias misteriosas). Una pasajera, viendo el cuerpo, comenta con desesperación:

> ¿Oiga no piensan acabar con la violencia?; Yo escucho a los políticos, a los policías, a los soldados prometiendo cosas, pero los encobijados no acaban . . . en este país la justicia está en manos de los delincuentes y mientras ustedes, los del gobierno, se hagan de la vista gorda, vamos a seguir igual. (160)

Para la mujer acongojada y cínica que rehúye de la policía porque los cree ineptos, los pone a todos en el mismo saco: para ella la policía es un mero agente de otra institución corrupta, donde se enseñorea la impunidad y la militarización. La impunidad multiplica la repetición de la violencia que acecha y se cierne sobre el público. Uno de los efectos de la violencia es el miedo que deja inerme a la población. La mujer en la cita anterior es la excepción que rehúsa quedarse callada cuando los políticos usan la amenaza de la violencia y se nutren del miedo que se cuaja entre la gente. Cristina Rivera Garza así nos explica el efecto del miedo en la gente agazapada:

> Una sociedad con miedo es una sociedad que baja la vista . . . . El miedo aísla. El miedo nos enseña a desconfiar. El miedo nos vuelve locos. Con las manos dentro de los bolsillos y con la cabeza gacha, el que tiene miedo se transforma así en la herramienta por excelencia del status quo. (46)

En Culiacán la vida es complicada. Bruno Cañizales, el hombre asesinado, tiene amigos en sitios insospechados y el asesino es un conocido. El asesinato aparentemente tiene poco que ver con el narcotráfico, la acumulación ilegal de la riqueza o con los altos poderes, pero las señales de una sociedad que no funciona apropiadamente están por doquier. El detective Mendieta nos revela cómo él mismo había transportado droga en una ocasión, cuando era joven, para entregar luego la mitad del dinero a su madre y poder irse luego a estudiar literatura en la universidad. Sus amores y su carrera en la policía, su ahínco en querer luchar contra los asesinos sin tener en cuenta sus propios antecedentes como narcotraficante, nos dejan entrever no sólo la vida de un policía en Sinaloa, sino también una sociedad que se ha desubicado y desbordado a causa de una guerra artificial y fratricida contra el gobierno federal y los Estados Unidos. También se aprecia en ese personaje, esa transidentidad del policía que pasó de ser un delincuente a un procurador de la justicia mexicana.

La siguiente novela de Mendoza, *La prueba del ácido*, se basa en los tiempos de la presidencia de Felipe Calderón. En las primeras páginas la policía y detectives comentan consternados sobre la guerra del presidente contra la droga: "¿Vieron la declaración del presidente? . . . ¿Está loco o qué? Le está declarando la guerra al narco, ¿sabes cuántos policías pueden morir? Todos". (19)

El caso bajo investigación esta vez es el de una bailarina brasileña de cabaret: Myra Cabral de Mello, con poderosos narco clientes, quien ha sido asesinada y su pecho grotescamente mutilado. Así el asesino adquiere un cariz individual en una sociedad violenta. La entera sociedad de Culiacán se estremece puesto que todos la conocían. La narcoindustria reacciona contra la guerra librada en su contra en un espacio donde, por una parte, llega el padre de George W. Bush a cazar y, por la otra, los agentes de FBI trabajan en misiones secretas. Los detectives de la policía de Sinaloa son cortejados por los narcos que tienen legitimidad entre ciertas secciones de la sociedad. Cuando Samantha Valdés, la hija del narcotraficante, invita a Mendieta para trabajar con ellos, lo hace cínicamente:

> Precisamente por eso me interesas, Zurdo Mendieta, ¿Crees que no necesitamos gente honrada en nuestras filas? Aunque no lo creas o no lo hayas pensado, este negocio no funcionaría sin grandes dosis de fidelidad y honradez; el grupo que se resquebraja, si no aplica correctivos con urgencia, desaparece. (239)

Y la compañera de Mendieta en la policía observa con desilusión porque mengua día con día la esperanza no de resolver casos sino de hacer justicia: "¿Quién puede hacerle la guerra a esos cabrones? Lo tienen todo: armas, relaciones, estrategas, espías, dinero aliados: realmente muy complicado." (78)

Edgar Mendieta pudo haber sido un narcotraficante; Marcelo Valdés, un político. La novela es tan polivalente como la sociedad retratada y la virtud no es algo fijo en la trayectoria de ningún individuo. El estilo indirecto libre mezcla las voces de los protagonistas y la misma desfachatez de los narcotraficantes se nota también en los agentes de FBI. Estas son las zonas de claroscuro de la frontera donde el lenguaje, las jergas populares y las identidades se fusionan y se bastardean.

La frontera es una zona de alto riesgo donde se ponen en contacto el padre de George W. Bush que viene a Sinaloa para la caza y sus equipos de seguridad entran en conflictos con la policía local y los agentes de FBI embarcan en misiones secretas. El gobierno federal en estas primeras novelas de la saga detectivesca parece haberse abdicado y la industria del narcotráfico florece. Detectives de la policía sinaloense están cortejados por los narcos que gozan de una legitimidad porque dan apoyo y son dadores.

Cuando Mendieta quiere traer un pleito contra un ex gobernador, le aconsejan tomar un curso de entrenamiento en Los Ángeles o Madrid. Pero también tiene aliados en los cárteles y está protegido por un grupo de narcos. La virtud no es monopolio de solo un lado en esta guerra. Elmer Mendoza ha descrito a su detective como un hombre que no puede alejarse de los narcos porque tiene que coexistir con ellos y de ahí la solidaridad que el demuestra con Samantha Valdés, una claro tránsito entre su identidad virtuosa y la que se relaciona con el narco, hay un claro ejemplo de transidentidad. Hay múltiples conexiones con el poder: los narcos tienen aliados dentro la estructura estatal y aún con el gobierno federal. Rivera Garza nos da el armazón teórico para responder a la crítica de los que alegan que los autores de la narcoliteratura no toman partido ni responsabilizan los "sujetos endriagos", los culpables de la violencia.

> En su afán por ofrecer la otra versión, la perspectiva alternativa, la mirada que iba de abajo para arriba, muchos de estos análisis transformaron al sufriente en un héroe, incluso a pesar de sí mismo. (27)

El autor Elmer Mendoza no da voz a los demás sino que practica un tipo de escritura "que traen esos zapatos y a esos otros a la materialidad de un texto que es, en este sentido, siempre un texto fraguado relacionalmente, es decir, en comunidad" (5).

Felipe Calderón y la Guerra contra el narco

En *Nombre de Perro* (2012) los compañeros de Mendieta se arremeten contra la guerra de la droga que el presidente Calderón ha reavivado. Para los detectives, esta nueva coyuntura imposibilita solucionar los crímenes porque todo está atribuido a la violencia de los narcotraficantes que matan por venganza o para dar un ejemplo y lo consideran daños colaterales.

> No me digas que estás de acuerdo con esta tonta Guerra que solo cuenta fiambres, el Turco hizo una mueca de burla. Pues yo no, y quiero ayudar para que finalice. . . . A mí la guerra me viene guanga, me importa un pito, dicen que es una bronca del presidente, a quien según mi hijo le falta un tornillo. ¿Se te hace correcto que maten a tanto plebe? . . . En la calle, un convoy militar se entretenía observando a las chicas. (22)

El descontento de los detectives se debe a las políticas arbitrarias e imprácticas del gobierno mexicano y lo consideran como mucho ruido y pocas nueces. El presidente, después de desatar el desangre, convoca reuniones con los jefes de los cárteles como Samantha Valdés pero asisten pocos porque desconfían de los motivos del gobierno. Los detectives maldicen una guerra que causa tan alto índice de muertos al lado mexicano en comparación con el lado americano. Samantha Valdés acude a la reunión convocada por el presidente y esto nos demuestra su convicción que lo suyo es un negocio legítimo. Dice:

> Lo primero que diré es que debemos mantenernos unidos, expresó la jefa que aceptó un Buchanan's con hielo y agua mineral. Lo nuestro es un negocio, no una industria del crimen, si el presidente insiste todos los días en que es una guerra y ya varios mordieron el anzuelo, nosotros no lo haremos. Él es vulnerable, nosotros no. . . . Que los políticos declaren es inevitable, pero que no pase de ahí; en Estados Unidos no van a regular el consumo, aunque su presidente proclame que están en eso (…) tenemos asegurado nuestro mercado y el mercado manda. (67)

Y más tarde dice, "somos traficantes, no asesinos." (128). Se evidencia la evolución de Samantha Valdés desde *Balas de plata* cuando era la mano derecha de su padre hasta este punto cuando su entrada en el capitalismo gore es inminente. Sus socios le advierten que su gente está siendo asesinada por las fuerzas federales y otros narcos, pero ella insiste en que se tiene que explicar a la gente que su causa es justa. Pero, su amante Mariana Kelly es asesinada en su habitación de un hotel mientras Samantha está en una de estas reuniones. Mariana Kelly tenía planes de construir un hospital para niños. Samantha dice al detective, "Pierdes un hombre, Zurdo, y la vas pasando, escuchas canciones melosas y ya, pero perder una mujer es perder un pedazo de uno mismo". (112) Eduardo Mendieta por su parte le advierte que él no puede acelerar la investigación y buscarle el asesino porque trabaja para el Estado y no es un detective privado.

Estas conversaciones nos revelan las interconexiones en la sociedad de Culiacán demediada por la guerra fratricida de la droga. La aseveración de Samantha sobre su amante forma parte de un texto "doliente" en los términos de Cristina Rivera Garza porque a pesar de ser narcotraficante, ella no sabe sobre qué hombro llora ni quién es de su partido. Ella es parte de "multitudes queer", del campo transfeminino de Sayak Valencia que sigue

> Desarrollando categorías y ejecutando prácticas que logren un agenciamiento no estandarizado, ni como verdad absoluta ni como acciones infalibles que puedan ser aplicadas en distintos contextos de forma desterritorializada. (192)

Violencia e identidades

Estos sujetos *queer* juegan un papel fundamental dado sus condiciones de interseccionalidad en "la confrontación de las maneras con las que hoy se fabrica la subjetividad a escala planetaria." Es decir, en esta novela hay claros ejemplos de personajes en los que se pueden percibir las transidentidades.

Por alguna razón Mendoza ha introducido a Samantha como queer. Ella contradice los discursos masculinistas/machistas de los narcos pero es agente activo en un mundo capitalista *gore* que exige cuerpos, violencia y derramamiento de sangre donde la guerra contra el narco ha devuelto una guerra contra la ciudadanía. (Valencia 55) Con su desobediencia de género ella introduce una nueva vertiente en el discurso. Nos hace ver la sociedad sinaloense de otros tiempos cuando asevera que lo suyo era una causa justa porque defendía los derechos del campesino sinaloense. Pero su negocio y su vida están tragados por el capitalismo gore que aplasta todo en su camino. El poder del narcotráfico es demasiado real para resistírsle. Samantha vive atrapada en la disyuntiva radical de comportarse como "sujeto endriago" como de por sí hace o como una mujer doliente.

El estilo indirecto libre que caracteriza la prosa de Elmer Mendoza y la mezcla de las distintas voces: el tono prepotente de los narcos y el tono arrogante de los agentes de FBI tiene visos estructurales e ideológicos. Nadie es inmune a la violencia desencadenada por las autoridades y su Guerra contra la droga. El detective Mendieta sigue luchando sin olvidar los placeres de su querido Culiacán. Tan ambivalente es a veces su actitud hacia el narcotráfico, que el autor se ha visto obligado a explicar las posturas de su detective en una entrevista a Arturo Pérez Reverte. Su estoicismo es inevitable si quiere sobrevivir en esta sociedad.

P. Háblenos de Edgar Mendieta, ese personaje tan peculiar y atractivo que, sin ser un ejemplo de corrupción, se mueve siempre en aguas procelosas, que recurre a la ayuda de los narcos a los que combate si los necesita.

R. El Zurdo sabe muy bien donde trabaja y cuáles son las fuerzas que pueden estar en contra y a favor. Él simplemente las usa. Un policía que hace su trabajo en una corporación como las mexicanas tiene que usar todo si quiere sobrevivir, si no, no lo consigue. Porque ahora están haciendo purgas de policías corruptos, pero antes ha habido muertes de policías que trabajaban relativamente bien que serían los padres de Mendieta. El Zurdo no quiere enfrentar a los narcos, pero tampoco quiere ser gente de ellos, los usa. Mendieta tiene que estar muy consciente de la realidad en la que le toca operar y entonces ahí a veces tiene que haber un contubernio, una convivencia con los mismos malos que no siempre está muy clara.

La Guerra fratrícida

En *Besar al detective*, la trama arranca con balaceras en las calles principales de Culiacán cuando Samantha Valdés es atacada. Un delincuente llamado el Duende ha sido contratado por la policía federal para asesinarle y al final de la obra los cohortes de ella acaban con el Secretario en la capital como venganza. Los políticos, que no se manchan las manos, reciben el castigo redentor de Samantha. La policía de D.F. acecha el hospital donde está ingresada la dueña del cártel del Pacífico, y pregunta a los médicos que protegen a Samantha cuándo le darán de alta. El relato pivota sobre este ataque al retratar la pluralidad de actores involucrados en la violencia que cimbra la ciudad. Abajo leemos unas aserciones de las distintas categorías de personas involucradas en los acontecimientos: El policía federal Bonilla hablando de Samantha dice: "Bonilla manifestó que por ellos no corría prisa y que si se moría de una vez la nación saldría ganando". (25) Cuando El Zurdo cuenta a un periodista amigo "Este país es un tumor a punto de reventar" éste le responde, "Las desapariciones forzadas están aumentando igual que las amenazas a los periodistas". (115)

A cada paso Mendieta niega cualquier conexión o cercanía con Samantha Valdés. En una conversación entre dos detectives de Culiacán recalca este punto:

> Jefe ¿sabe algo de su amiga hospitalizada? No, y ya te dije que no somos amigos. Pues es que siempre está ahí, como parte de nuestra vida y al tanto de lo que hacemos. Los delincuentes son nuestra contraparte, por ellos existimos. . . . (42)

Samantha por su parte quiere huir de la cárcel y en frases extraordinarias asevera que México también es suyo,

> Hay que estar seguros de a quién le vamos a dar en su madre, no quiero que se generalice y amanezcan muertos por todas partes, esos cabrones no se van a olvidar de que este país también es mío y de que si ellos quieren más muertos, yo no. (78-79).

Pero se necesita más de la buena voluntad de un narco para que la violencia se escampe. Para escapar del hospital, ella toma la ayuda del detective Mendieta quien en aquel momento está buscando las pesquisas del asesino de Leopoldo Gámez, un adivino y enfermero que quince años antes había trabajado con un narco Cacarizo Long. Este último fue asesinado por Ignacio Daut (que va a emerger como el salvador de Samantha), a cuya hermana él violó. El nervio narrativo de la obra hace de todos los distintos lazos un drama trepidante. Ignacio Daut, un prófugo de la ley, regresa a México por su propia iniciativa para morir y dice a Mendieta, su amigo de niñez, que tarde o temprano los narcos le iban a buscar (15). Daut es también el padre del hijo de Ger, la colega de Mendieta dentro de la policía. En la escaramuza que sucede con la policía federal cuando Samantha intenta escapar, Daut es la persona clave que hace posible su escape.

La atención de Mendieta es distraída en la mitad de la novela porque a su hijo Jasón lo secuestran en Los Ángeles donde vive con la ex mujer de Zurdo, Susana Luján. El Zurdo va corriendo a Los Ángeles para agilizar las investigaciones y allí es hostigado y descalificado por la policía estadounidense, mientras desentraña otra saga de venganza, esta vez contra sí mismo. Una mujer cuyo padre él había entregado a Samantha Valdés ha secuestrado a su hijo y le ha cortado un dedo. La jefa del cártel le ofrece toda su ayuda y la invita a juntarse con ellos como lo hizo en el primer libro, pero Mendieta lo niega. Dice a sí mismo, "Yo con los narcos, ni a las canicas, son bien cabrones, nomás te ven, te quieren comprar y si no aceptas te matan" (205).

Al final el lector se da cuenta que el Zurdo había hecho un pacto con la policía de Los Ángeles para salvar a su hijo[6] pero al mismo tiempo ellos le complicaban la vida al intentar hacerle entender quién era.

Hay protagonistas de cada categoría social en el libro, una identidad en cada personaje. El narco Gavilán ve películas de Pedro Infante, la estrella de Sinaloa, otro narco Hiena Wong es gay. Samantha Valdés no está retratada de manera tan desangelada como los demás pero nadie es acartonado y la obra nunca flaquea. A cada rato hay un intento del autor de rescatar a Culiacán de la fealdad que la asola pero el contraste que emerge con lo que es y con lo que pudiera ser aumenta la tragedia de la obra. Con libérrimas pinceladas, nos interpone la música que escucha El Zurdo en momentos de desolación o nos menciona los platos de la gloriosa comida de Culiacán. Pero todo se está degradando a los ojos de los protagonistas. Cada protagonista solo piensa en su propia estrategia de supervivencia. Los protagonistas son necrófilos que esquivan la muerte que es lo único seguro que ven en el horizonte.

---

[7] La vulnerabilidad de El Zurdo ante el secuestro de su hijo y su personalidad netamente culichi es el tema de discusión durante una entrevista televisada entre el autor y Elizabeth Moreno Rojas en el Instituto Sinaloense de Cultura el 4 de febrero 2016. Lo que se hace evidente mediante esta conversación con el autor es la fuerte raigambre de El Zurdo en su mundo que le hace reconocible al público de Sinaloa. Consultado el 17 de agosto 2020.

En las primeras páginas de Asesinato en el Parque Sinaloa (2017) encontramos un Zurdo alcoholizado en profundo remordimiento por haber puesto a un inocente en la cárcel. Al haber fijado en la trayectoria de El Zurdo a lo largo de estas obras no nos sorprende que la honestidad de este aficionado de la poesía de José Juan Tablada no ha alcanzado para domar el monstruo del crimen y la violencia. Intenta levantarse de su estupor cuando un amigo, Abel Sánchez, le cuenta angustiadamente del hallazgo del cuerpo de su hijo Pedro en el Parque Sinaloa supuestamente a manos de su amante Larissa que luego se suicida. Ruega a El Zurdo hurgar con tesón porque él no cree en la versión policíaca de los hechos. Los asesinatos de la pareja han sido homicidios dolosos por parte de los narcos menores de Culiacán e intercalado con los capítulos sobre la policía y los detectives hay muchas escenas dedicadas a esto: Perro Laveaga, un fugitivo del Penal de Barranca Plana, el Grano Biz quien salía con Daniela K., una escritora de telenovelas de gran postín. Como dice un personaje: "También en estos tiempos todos se animan a matar. Es verdad, el respeto a la vida está relajado. Y a las leyes, expresó la detective" (39).

No es de sorprender que Samantha Valdés que cree firmemente en que está al lado de bien le llama pare felicitarle en que haya superado el alcohol (61). Aun los narcos "malos" o menores como uno del grupo de Grano Biz dice sin ambages "toda persona que se dedica a este negocio nace con policía gemelo" (188) y "gracias a nosotros la policía mexicana es menos pobre, aunque algunos se vuelven millionarios" (107).

Pero Elmer Mendoza lejos de escribir una obra en que luchan el bien contra el mal, nos enfrenta al horror con horror para que el lector conociese las motivaciones, contrariedades y confusiones de los actores en la violencia. Lo que siembra las dudas sobre el papel del Estado federal es la lucha entre las fuerzas federales y los detectives de Culiacán. Los detectives de la capital torturan a Mendieta mediante insultos y descalificaciones y con alardes de machismo abuchean y maltratan a su colega embarazada Ger. El presidente hace mención de las narco actividades en Sinaloa y se descubre al final que un policía menor era el arquitecto de las matanzas de Pedro y Larissa.

A lo largo de estas dos últimas novelas nos fijamos en la solidez de narcos como Samantha Valdés. Ella se resiste el gobierno federal y se deslinda de los narcos menores como el Gran Biz y sus pequeños núcleos violentos. Hemos visto en *Nombre de Perro*, que ella está dispuesta en dirimir las diferencias con el gobierno federal pero se queda aislada y alienada con el asesinato de su amante y continúa con su actividad destructora y la violencia sigue deslizándose hacia arriba. Sin embargo, su grupo no responde por gratificaciones pecuniarias, la lógica de su grupo más bien es hacer añicos el objeto de su ira.

Elmer Mendoza en estas obras ha puesto en contacto realidades disímbolas. En esta tesitura comulgan todos en que la versión ofrecida por Mendoza no desacredita la versión oficial. Sin embargo, los autores del norte han sido desestimados con argumentos menores.

Conclusión

Ronaldo González Valdés en su libro Sinaloa: una sociedad demediada, atribuye la conflictividad de Sinaloa a una variedad de factores. Uno de estos factores, según Juan Villoro, el prologuista de su libro es "la aceptación paulatina de una cultura de ilegalidad provocada por el contrabando y sus beneficios a corto plazo". Al analizar a continuación las palabras del propio autor no podemos menos de calificar esta "aceptación" como esquizofrénica porque suena a resignación. Dice González Valdés:

> Ya antes se anotó que la narcocultura ha dividido la percepción de la gente en dos: la percepción convencional y la percepción informal. La primera tiene que ver con la pretensión de monopolizar una visión del mundo fundada en el derecho y las reglas "aceptadas", y la segunda (lo que se conoce como narcocultura, pieza fundamental de la subcultura de la violencia en la región), con una híbrida construcción simbólica de la realidad que consagra a los narcotraficantes como los héroes de una significativa franja de la población: como los héroes, vale decir, pero también como los líderes y jefes "deseados" por una parte nada despreciable de la sociedad. (91)

Samantha Valdés con su cuerpo ideológico bien armado es uno de estos 'líderes y jefes "deseados". La burguesía de Sinaloa toma su partido contra las fuerzas federales. Esta simpatía por su paisana es provocado en parte por la fobia y temor que existen tanto en círculos políticos como literarios en el resto de país por la droga y el retrato supuestamente favorable del tráfico de esta sustancia.

Las anécdotas en las diversas obras pueden parecer "más de lo mismo" pero nunca se anestesia su efecto. A cada rato, el protagonista principal Edgar Mendieta, intentando ser un policía objetivo, lidia con sus propias simpatías hacia Sinaloa, con Samantha Valdés y lo que ella representa. Esto no puede considerarse como definitivo porque no pacta con ella. Intenta resolver nudos pero reconoce que la desigualdad y la impunidad enquista el mal, y por eso él y sus colegas en las fuerzas policiacas están maniatados.

En las dos últimas obras de Elmer Mendoza, se ha visto un recrudecimiento de las confrontaciones entre el Centro y Sinaloa. A nuestro modo de ver, en estas novelas El Zurdo tiene el mismo papel ambivalente y controversial que tiene Elmer Mendoza y su obra en el campo de la producción cultural de México. Las críticas aludidas al principio reflejan la lenta aceptación de esta literatura y de protagonistas como El Zurdo que se sienten atrapados en el medio, personajes que transitan entre diferentes culturas, que se transculturalizan, pues a pesar de tener sus propia identidad, sus valores, también se entienden con los de otras culturas (cultura policial-cultura narco). Les caracteriza una esquizofrenia. Por un lado, para ser coherentes con su medio, autor y protagonista tienen que mover pisos en una estructura social que ha conducido a la hecatombe y por otro tienen que compatibilizar con los poderes en su propio estado de Sinaloa. Al final la violencia adquiere otra faz (la del capitalismo gore) a causa de una guerra desencadenada por fuerzas que ya no son reconocibles. Sin embargo las palabras de Rivera Garza ofrecen una redención para protagonistas ficticios como El Zurdo que no se doblegan ante la violencia:

> ¿Dónde se coloca a la persona que, devastada por el sufrimiento, sólo atina a enunciarlo y, aun entonces, entrecortadamente? ... Entre otras cosas, a mí me han hecho pensar en otro tipo de agencia. Sin ser pasivo, pues un acto siempre es un acto, este agente clama por una denominación alternativa: trágico. (29)

El Zurdo es un hombre de pensamiento con convicciones a pesar de los vaivenes de la propia vida que se ve asediada por la violencia del narcotráfico. Se ha analizado antes la trayectoria de Samantha Valdés y su degradación. Con la creación del protagonista El Zurdo, Elmer Mendoza intenta buscar el lado humano no cosificado del capitalismo gore y su descendiente el crimen organizado. En medio del caos y el desfiguramiento social que entrañan ciudades como Culiacán atestiguamos un nuevo tipo de sujeto que no se cede ante el derruir de los valores. En medio del caos, los personajes de Mendoza tienen sus propias identidades pero también se trans-identifican, se transculturalizan.

Obras citadas

Astorga Almanza, Luis A. *Mitología del "narcotraficante" en México*. Plaza y Valdés, 1995.

Bourdieu, Pierre. *The Field of Cultural Production*. Polity Press, 1993.

Carlos Restrepo, Luis. *La fruta prohibida: La droga como espejo de la cultura*. Editorial Panamericana, 2001.

Casanova, Pascale. *La Republica Mundial de las Letras*. Trans. Jaime Zulaika, Ed Anagrama, 2001.

Córdova, Nery. "Las drogas: Las ganancias ideológicas de la prohibición" in *ARENAS Revista Sinaloense de Ciencias Sociales*, no. 17, Universidad Autónoma de Sinaloa. Otoño 2008, pp. 11-12.

—. *La narcocultura: Simbología de la transgresión, el poder y la muerte*, Universidad Autonoma de Sinaloa, 2011.

Fuentes Kraffczyk, y Felipe Oliver. *Apuntes para una poética de la narcoliteratura.* Universidad de Guanajuato, 2013.

Galindo, Juan Carlos. "El Gobierno de Calderón ha llevado México a una pérdida de control y de vidas", Conversación entre Elmer Mendoza y Arturo Pérez Reverte, *El País*, Web. 26 septiembre, 2011. Consultado 1 octubre 2017.

González Valdés, Ronaldo. *Sinaloa, una sociedad demediada* Ayuntamiento de Culiacán-Dirección de Cultura, 2007.

Lemus, Rafael. "Balas de selva. Notas sobre el narco y la narrative Mexicana" en *Letras Libres*, no. 9, 2005. www.letraslibres.com/revista/convivio/balas

Luiselli, Valeria. "Novedad de la narrativa mexicana II: Contra las tentaciones de la nueva crítica", enero 2012, *Nexos en línea*. Consultado 21 junio 2012.

Mendoza, Elmer. "Un discurso que suena": Elmer Mendoza y la literatura mexicana norteña' Interview with Miguel A. Cabañas, Michigan State University, 14 abril 2005, *Espéculo. Revista de Estudios Literarios*. Universidad Complutense de Madrid.

—. *Balas de Plata*. Tusquets, 2008.

—. *La prueba del ácido*. Tusquets, 2010.

—. *Nombre de perro*. Tusquets, 2012.

—. *Besar al detective*. Penguin Random House, 2015.

—. *Asesinato en el Parque Sinaloa*. Penguin Random House, 2017.

—. "Besar al detective" novela de Elmer Mendoza presentada en el TPV. 04-febrero -2016. https://www.youtube.com/watch?v=2fykQrJTGAw Consultado el 17 de agosto 2020.

Moreno Rojas, Elizabeth. Entrevista con Mendoza, Elmer. ASESINATO EN EL PARQUE SINALOA de Elmer Mendoza https://www.youtube.com/watch?v=kUCwt9DYXmI Consultado el 17 de agosto 2020.

Polit Dueñas, Gabriela. "On Reading about Violence, Drug Dealers and Interpreting a Field of Literary Production Amidst the Din of Gunfire: Culiacán – Sinaloa, 2007". *Revista de Estudios Hispánicos* no. 42, 2008, pp. 559-582.

—. *Narrating Narcos* Pittsburgh University Press, 2011.

Reguillo, Rossana. "The Narco-Machine and the Work of Violence: Notes towards its Decodification". E-MISFERICA vol. 8, no. 2 Winter, 2011. http://hemisphericinstitute.org/hemi/en/e-misferica-82/reguillo

Rivera Garza, Cristina. *Dolerse. Textos desde un país herido.* San Felipe del Agua, Surplus Ediciones, 2011.

Valencia, Sayak. *Capitalismo gore, control económico, violencia y narcopoder.* Paidós, 2016.

Apartado VII.
El México no profundo ¿La otra migración?

Capítulo 15

Una sociedad infelizmente transculturada en *Compro, luego existo* y *Debo, luego sufro* de Guadalupe Loaeza

Susana Perea Fox

Oklahoma State University

Resumen: La transculturación, o recepción por un pueblo de formas de cultura procedentes de otro que sustituyen de un modo más o menos completo a las propias, se agilizó y se forzó con la conquista española, y se ha continuado gracias al contacto entre culturas como consecuencia, en gran parte, por los medios de comunicación. Al fenómeno resultante del contacto entre culturas debido a los medios de comunicación se le conoce como globalización. En el comportamiento de los personajes que analizo, se observan ambos fenómenos y se explican con lo que se ha llamado glocal, es decir, mezcla de lo global con lo local. Dicha mezcla es importante para la formación de la identidad porque gracias a lo glocal se han desarrollado nuevas infraestructuras y organizaciones, que han transformado las relaciones sociales como se observa en *Compro, luego existo* (1992) y *Debo, luego sufro* (2000) de Guadalupe Loaeza. En este ensayo analizo la identidad y la transformación cultural de los personajes al absorber e incorporar las costumbres e ideología de otras culturas.

Palabras clave: Glocal, transculturación, global, Loaeza

***

*"... todo lo que se puede comprar tiene un precio,
y todo lo que tiene un precio puede comprarse...
¿Cómo no amar el dinero? Sería como no amar nada,
ya que el dinero lleva a todo."*

André Comte-Sponville. *L'argent*

Introducción

A finales del siglo pasado, en la década de 1990, ya la academia de teoría cultural ponía énfasis en el estudio del impacto de la transculturación en las sociedades y algunos pensaban que los efectos de contactos entre sociedades a gran escala podían ser muy negativos para la identidad personal. También se pensaba que, sin ser enteramente catastróficos, los efectos económicos y culturales del contacto entre sociedades se hacían especialmente en los grupos burgueses, las llamadas clases altas, quienes, por su poder adquisitivo, estaban más expuestos a los medios de comunicación y de consumo de artículos extranjeros que moldeaban su comportamiento y visión de la vida. Dichos efectos se hacen patentes en los "collage corales" incluidos en *Compro, luego existo (1992)* (en adelante *Compro*) y *Debo, luego sufro (2000)* (en adelante *Debo*), de la escritora mexicana Guadalupe Loaeza, quien expone críticamente a la clase burguesa de la ciudad de México, que por su gran poder adquisitivo y por su movilidad, es la clase que consume más artículos e ideas nacionales y extranjeras.

Transfondo teórico

El estudio de la clase burguesa es muy importante, porque como apunta Michel Foucault en su *Historia de la sexualidad 1-La voluntad de saber* (1987), la clase burguesa está más familiarizada con la ideología del poder y ningún cambio social es posible si no se revisan los mecanismos de su funcionamiento (25). Los textos de Loaeza aquí estudiados cuentan la vida de familias burguesas mexicanas que desearían "aculturarse", por así decirlo, por medio de la adquisición compulsiva y uso de objetos materiales extranjeros. Creen que para validar su existencia deben absorber las ideas materialistas y la propaganda no sólo de los Estados Unidos, sino también del mundo. Sin embargo, y como veremos más adelante, solo logran transculturarse, y de allí su profunda infelicidad.

Fernando Ortiz, en su conocido estudio titulado *Contrapunteo cubano del tabaco al azúcar* (1963) adelanta por primera vez el termino *trasculturación* para referirse al proceso de cambio que experimentan los individuos de diferentes culturas cuando se ponen en contacto. Dice que no es un fenómeno en el que un grupo imprime totalmente sus costumbres sobre otro, es un proceso en el cual ambas partes de la ecuación resultan modificadas, un proceso en el cual emerge una nueva realidad. Ortiz explica que:

> Entendemos que el vocablo *transculturación* expresa mejor las diferentes fases del proceso transitivo de una cultura a otra, porque éste no consiste solamente en adquirir una distinta cultura, que es lo que en rigor indica la voz anglo-americana *aculturación*, sino que el

proceso implica también necesariamente la pérdida o desarraigo de una cultura precedente, lo que pudiera decirse una parcial *desculturación*, y, además significa la consiguiente creación de nuevos fenómenos culturales que pudieran denominarse *neoculturación*. Al fin, como bien lo sostiene la escuela de Malinowski, en todo abrazo de culturas sucede lo que en la cópula genética de los individuos: la criatura siempre tiene algo de ambos progenitores, pero también siempre es distinta de cada uno de los dos. En conjunto, el proceso es una *transculturación*, y este vocablo comprende todas las fases de la parábola. (103)

Este fenómeno se ha repetido por todo el mundo, especialmente cuando un grupo llega a dominar y al mismo tiempo a interactuar con otro grupo. En el caso de la América hispanohablante, dicha interacción se agilizó y se forzó después de la conquista española, como lo registran la historia y la literatura. Después de ese primer contacto las culturas siguieron absorbiendo costumbres de otros grupos, transmitiendo las propias y desarrollado nuevas. Es, como bien lo explica Bronislaw Malinowski, en la introducción al texto de Ortiz, "[u]n proceso en el cual emerge una nueva realidad, compuesta y compleja; una realidad que no es una aglomeración mecánica de caracteres, ni siquiera un mosaico, sino un fenómeno nuevo, original e independiente" (XIII).

La difusión e intercambio de ideas y de valores siempre han existido, diría David Held en la introducción a su libro titulado: *A Globilizing World? Culture, Economics, Politics*, ya que los cambios han sido constantes en el mundo. Sin embargo, esos cambios se han acelerado exponencialmente en las últimas décadas gracias las conexiones nacionales e internacionales. Held también asegura que, "from the 'age of discovery' to the new millennium, processes of change have been underway that have altered the relations and connections between peoples and communities – processes which have been capture by the term 'globalization'" (2). Dichas conexiones también eran aparentes para Michel Foulcault, quien en su ensayo "Of Other Spaces: Utopias and Heterotopias", aseguraba que, "[w]e are in the epoch of simultaneity: we are in the epoch of juxtaposition, the epoch of the near and far, of the side-by-side, of the dispersed. We are at a moment, I believe, when our experience of the world is less that of a long life developing through time than that of a network that connects points and intersects with its own skin". Ante la conexión de la red de puntos y el cruzamiento en la madeja, los críticos sociales temían que con la rápida expansión de los medios de comunicación se llegaría a la mcdonaldización o uniformación-globalizada de las culturas. Pero para que ese fenómeno se efectuara se debían reunir ciertos elementos. Joan Oleza en su artículo "Multiculturalismo y globalización: pensando históricamente el presente desde la literatura" explica que: "la globalización solo es operativa cuando ciertas condiciones como la universalización del capitalismo y sus instituciones internacionales siguen la configuración de un capitalismo de consumo e imponen una hegemonía global norteamericana que adopta formas imperialistas y promueve la recolonización del Tercer Mundo" (8). Para él los contactos entre culturas parecen más bien negativos. Sin embargo, otros críticos, y críticas, también aseguran que dicha hegemonía global tiene efectos positivos.

Algunos efectos positivos de dichos contactos incluyen, por ejemplo, el relativamente mejor o más fácil acceso y distribución de ayuda alimentaria a comunidades pobres. Y como asegura un personaje de la misma Guadalupe Loaeza, otro efecto "positivo" sería que, aunque no se viva más feliz sí "se vive mejor y por más tiempo" (*Debo* 19). Por el lado negativo, se piensa que se crea un ideal de vida y consumo occidental entre los países que va en detrimento de las diferencias sociales y culturales.

La total mcdonaldización, sin embargo, no pasó de ser una falacia ya que la concomitancia cultural mundial no implicó la aniquilación de las diferencias culturales sino más bien hubo/hay una convergencia, una mezcla de ellas. Con respecto a este punto, Catalina Quesada en la presentación de *Cultura y globalización en Hispanoamérica*, asegura que frente a los que predecían "la presunta uniformización de la cultura, los abundantes ejemplos de pluralidad y heterogeneidad –que pueden perfectamente coexistir con situaciones de homogeneización o nivelación cultural, modificándolas sustancialmente– vienen a desmentir esa visión catastrófica" (261). Los estudios de dicha pluralidad y heterogeneidad culturales son de vital importancia, y se han hecho desde diferentes puntos de vista dependiendo de la disciplina. Los sociólogos, por ejemplo, ponían énfasis en el estudio macrosociológico para explicarlos, a ellos les interesaban los efectos a nivel nacional e internacional. Sin embargo, esta aproximación desatendía la importancia de la fusión de lo transcultural.

La transculturación entonces es un fenómeno activo y constante que siempre ha existido debido al intercambio de ideas y objetos materiales entre culturas. Los efectos de dicho proceso hoy día ocurren aceleradamente en base en los medios de comunicación, crean una mezcla conformada de diversas costumbres pertenecientes a diferentes comunidades, a través de los cuales las culturas evolucionan/cambian. Dicha evolución se lleva a cabo a todos los niveles y en diferentes escalas. Edward Said estaría de acuerdo en que los procesos de transmisión de ideas y de teorías ya que asegura en su artículo "Traveling Theory" que: "Like people . . . ideas and theories travel, from person to person, from situation to situation, from one period to another" (226). El resultado de ese movimiento puede volver más fuerte una idea o puede debilitarla. Pero, asegura que, "cultural and intellectual life are usually nourished and often sustained by this Circulation of ideas" (226).

En este artículo analizo cómo la trasmisión de ideas, y de objetos y extranjeros se mezclan con ideas y objetos locales, y alimentan la identidad cultural de los personajes de estos textos contribuyendo a la modificación de sus costumbres, de su sociedad. Analizo cómo dicha mezcla (lo local con lo extranjero) contribuye a crear un tipo diferente de burgués, uno consumista y vano. Arguyo también que dependiendo del nivel de consumo y de incorporación de ideas y de objetos materiales motiva que establezcan divisiones sociales, entre ellos mismos, basándose tanto en el origen de su riqueza como en cómo usan esos bienes materiales. Concluyo que los personajes de estos textos lejos de alcanzar la felicidad y estabilidad deseada sufren de angustia, insatisfacción y una profunda soledad.

Análisis

A la escritora Guadalupe Loaeza se le conoce como una de las cronistas de México moderno. Algunas de sus obras más conocidas, pertenecientes a la primera parte de su producción literaria, como son *Las niñas bien* (1985), *Las reinas de Polanco* (1986), *Compro, luego existo* (1992), *Debo, luego sufro* (2000), y *Las niñas bien... 25 años después* (2010), por ejemplo, la descuellan como cronista, observadora y crítica principalmente de la burguesía mexicana post 1985. Quizás por provenir de la misma clase social se puede decir que puede hacer crítica desde adentro y que sus crónicas de las mujeres y de los hombres de la clase alta precisan los dilemas que enfrentan esos personajes en su deseo de pertenencia y en su búsqueda de la felicidad. En efecto, al parecer sus textos crearon polémica y disgustos entre sus amistades burguesas quienes la atacaron. Con motivo de la publicación de su nuevo libro *Oaxaca de mis amores* (2016), en una entrevista con Paco Ignacio Taibo II, Loaeza reafirma que los miembros de la burguesía, clase alta mexicana, "tiene lados muy oscuros . . . es gente sumamente mezquina, sumamente egoísta, sumamente clasista. . . ." Dice que sus amistades la llamaban "descastada, traidora de clase," y que "ya no me saludaban, se cruzaban la calle cuando me veían de lejos". Loaeza también afirma que en sus textos ha sido tolerante, objetiva y que ha tratado de tomar distancia de su propio grupo y sin embargo, los presenta como consumistas y materialistas, en parte gracias a su gran poder adquisitivo y en parte gracias a su acceso a la tecnología, a los medios de comunicación y a los medios de transporte masivos.

Estas personas tienen en sus manos las tarjetas de crédito, y los medios para moverse entre países fácilmente para adquirir lo que "necesitan". Ese acceso marca aún más la segmentación de los grupos sociales en subgrupos, como los que se pueden observar aquí. En estos textos se presentan dos grandes grupos sociales: los pobres, ya sean sirvientes, empleados o la clase media baja que por su falta de dinero también adolece de abolengo (aquí solo me ocuparé de los sirvientes de estas familias), y los burgueses o ricos. Este segundo grupo a su vez se puede subdividir de acuerdo a las siguientes categorías en varios subgrupos dependiendo de la fuente de su riqueza. Francisco Manzo-Robledo en su artículo "La segmentación de los grupos sociales en el espacio urbano", un análisis de la sociedad de la Ciudad de México como la presentan Carlos Fuentes en *La región más transparente* y Guadalupe Loaeza en *Las reinas de Polanco*, los divide de la siguiente manera: "1) los ricos con 'buen apellido', 2) los de 'buen' apellido, aunque no sean ricos, pero siguen practicando las 'buenas' costumbres de la clase alta (estos son los ricos pobres), 3) los ricos extranjeros y 4) los nuevos ricos." Como veremos estas subdivisiones funcionan a la perfección en la sociedad presentada en estos textos y analizada en este trabajo. Estos textos siguen las vidas de varias familias que forman el "grupo": la de Sofía y Fer, ricos viejos o de abolengo; la de Ana Paula y Beto, ricos nuevos; la de Inés y Daniel, ricos medio pobres; la de Alejandra y Antonio, simplemente ricos, y la de otros que no puedo analizar aquí. Cada familia tiene que competir con los otros por aceptación por medio del consumismo. Todos ellos gastan y consumen más que nada con el objeto de impresionar a los otros miembros del "grupo". Para todos ellos tener mucho y más, es tan importante como las marcas de los objetos que obtienen y si vienen del extranjero mejor, aunque y como veremos, también consumen artículos nacionales que se han puesto de moda como, por ejemplo, el buen tequila o los huipiles carísimos de Oaxaca y el arte local, todo con el objeto de impresionar con su buen gusto.

La primera historia que se presenta en ambos textos es la de Sofía y de Fernando, los ricos de abolengo. En *Compro,* Sofía piensa que "consumir por consumir le permitía, cada vez que pagaba con su [tarjeta] Gold, constatar que era rica" (21). Lo que mueve a los consumidores como Sofía no es el valor de uso de las mercancías; a lo que aspira es a la posición, al rango, a la conformidad, a la diferencia social. Ella habitualmente sale de compras a París o a Miami, porque piensa que son ciudades muy superiores en todos los aspectos a la ciudad de México, porque en sus almacenes "tenía la impresión de penetrar en un paraíso terrenal" (25). Gasta desmesuradamente y a veces siente remordimiento y piensa en devolver algunos objetos o por lo menos hacer una "ventita de garaje" para recuperar un poco lo que ha gastado en mercancía inservible, pero una vez que su marido ha pagado las tarjetas se le pasa el arrepentimiento y sigue comparando. Leemos sus emociones cuando una tarde regresa a su hotel en Miami después de un día de compras:

"¡Qué bárbara! Ahora sí que gasté un chorro", pensó entre divertida y preocupada, como si se tratara de una travesura más. Para Sofía comprar significaba vibrar, vivir, disfrutar, sentirse rea-li-za-da. Pero, al mismo tiempo, le provocaba un profundo sentimiento de culpa, angustia e inseguridad. . . . Sofía no sabía que disfrutaba más, si el sentimiento que le provocaba comprar o el que inevitablemente la hacía sufrir. (16)

Ella es una de las que más problemas tiene para cambiar cuando viene la devaluación del peso en 1995 y Fernando, su esposo, tiene que pagar sus gastos y deudas en dólares y casi termina en bancarrota. Son tantos sus problemas económicos que terminan divorciándose en *Debo*. A pesar de no tener el mismo poder adquisitivo, Sofía continúa gastando como antes pero ahora las deudas se le acumulan sin que pueda pagarlas con su propio salario (ahora trabaja) y eso la atormenta. Se siente sola y acorralada porque la mayor parte de llamadas telefónicas que recibe llega de sus acreedores. Leemos los recados que le pasa Lupita, su recamarera:

> Le llamó dos veces Israel Martínez de American Express. Le hablaron de la carnicería para avisarle que les habían rebotado el cheque. . . . Le habló la señora Alejandra Snyder para preguntarle cuándo puede pasar a los tres chales [pashminas]. . . . Le llamó su hermana Antonia para preguntarle cuándo puede pasar por los tres mil pesos que le prestó hace más de quince días. Le hablaron del Palacio de Hierro porque hace dos meses que no paga. (52)

Pero esos no son sus únicos problemas, también tiene una relación pésima con sus hijos, de los que me ocupare más tarde. Sin embargo, no puede dejar de comprar. Irónicamente le debe hasta al psicólogo que está tratando de ayudarla con su adicción a las compras.

En *Compro*, Sofía también pensaba que la apariencia física era de lo más importante y se mantenía en buena forma porque "como te ven te tratan", ¿verdad? Pero ahora Sofía ya no está tan delgada como quisiera. Mientras que en *Compro* era talla "M", en *Debo* usa "XXL". En *Debo* le confiesa a su hermana Antonia que tiene que bajar muchísimo de peso para su próximo matrimonio con un médico rico. Antonia le recuerda el mantra de su madre que decía, y el que debe seguir: "'¡Vieja, pobre y GORDA!' ¡No! Lo único que puede uno controlar es la gordura" (*Debo* 249), y la anima a que siga la dieta al pie de la letra o será una novia fea y obesa. Pero ese no es el único prejuicio de ellas, también son racistas (como todos los otros del "grupo").

Sofía siempre ha hecho menos a las morenas y esa es una de las razones por las que Ana Paula, la rica nueva, no ha podido ser aceptada completamente por el "grupo". Leemos, Ana Paula "no era bonita. Era de tez morena y opaca.

Sus ojos cafés eran chiquitos e inexpresivos. Tenía una nariz anchita y una boca demasiado delgada y alargada. Desafortunadamente, de perfil se le veía una ligera papada. Además, no tenía nada de cuello" (*Compro* 82). Sofía y las otras mujeres del "grupo" piensan que Ana Paula tampoco se sabe maquillar y cuando lo hace los resultados son nefastos: "en lugar de afinarle sus facciones, se las entoscaba aún más, y por si fuera esto poco, el polvo oscuro la hacía parecer todavía más morena. . . . '¡Lárgate prieta horrorosa!', le había gritado una compañera en el colegio [a Ana Paula] . . . ese día comprendió que ser morena en este país de mestizos era peor que ser fea, bizca, pobre o ladrona" (*Compro* 87). Encontramos otro ejemplo del racismo de los miembros del "grupo" en una conversación acerca de la posibilidad de tener compañías y empresas extranjeras en México. El "grupo" muestra sus sentimientos abiertamente, no obstante que está cenando en la casa de Ana Paula cuando dicen seriamente que:

— ¿Saben lo que podría ser un negociazo? Asociarse con una de esas clínicas norteamericanas que te hacen *lifting*, te operan la nariz, las bubies, las piernas, etcétera.

— ¿No ven que en México ya existe el mercado para ese tipo de negocios?

— Oigan, entonces si ya pertenecemos al Primer Mundo, ¿se va a componer la raza?

— Bueno, si vienen a trabajar obreros norteamericanos y canadienses, es posible que muchos formen familias aquí, y entonces sí, la raza se tiene que componer (*Compro* 107, su énfasis).

En la cita anterior también se puede ver otra categoría de burgués, el de los ricos extranjeros o simplemente el extranjero blanco quien, con o sin dinero, fácilmente puede ser incluido en el "grupo". Pero Ana Paula y Beto, su esposo, por ser ricos nuevos, más bien son objetos de burla, y los aguijonean de frente y a sus espaldas, por su falta de clase.

Un caso interesante es el de Inés y Daniel, ricos de abolengo que están medio pobres. Aunque todas las mujeres del "grupo" han asistido a colegios exclusivos y han recibido la mejor educación posible, la única que hizo una carrera fue Inés. Ella es bióloga e investigadora de la UNAM y antes de ponerse a trabajar, y en contraste con las otras del "grupo", Inés tenía que pedirle dinero a su marido para gastar o inclusive recurría al micro-robo mientras Daniel dormía, cuando él se negaba a darle dinero. Gracias a su trabajo se independiza y hasta se consigue un amante. Pero por ningún motivo puede hablar con sus amigas de eso porque su amante solo es un pobre profesor universitario. Para los del "grupo" esa sería la peor trasgresión de Inés, meterse con un pobre, ya que los que lo hacían terminaban siendo descastados y traidores a su clase. Cuando los "escándalos" sucedían entre los del "grupo" eran tolerados, lo que no se podía aceptar era tener relaciones "con alguien (*who in hell is he*?) que no perteneciera al grupo" (*Compro* 123, su énfasis). Inés no puede confiar en sus amigas porque recuerda las conversaciones del "grupo" y sabe que eso es "i-nad-mi-si-ble". Leemos una conversación:

—¿Supiste a quién cacharon en pleno fax (faje) en el coctel de Lourdes? A Nacho y a Casilda.

—¡Hijole! ¿Y se enteró Pepe?

—Sí, pero como él trae onda con Mercedes, no dijo nada. Bueno, pobres, están pasado un mal período. De seguro se les va a pasar.

—¿Sabes, con quién le pinta los cuernos el marido de la chata? Con Marcela.

— ¿Marcela, la que se acaba de divorciar? Ay, pues es guapérrima. Además, se viste super bien. *Anyway*, pobre de la chata, ¿no? (*Compro* 123).

En el espacio creado por el "grupo" se permite la traición porque así lo han visto en las revistas, en las películas de Hollywood y en la televisión. Pero tener mal gusto o no tener lo necesario para vivir súper bien, eso sí lo cuestionan. Quizás esa sea la razón por la que Daniel, esposo de Inés, el llamado "rey del gadget" y quien, por cierto, también tiene una amante, siempre tiene lo más al día en cuestiones de tecnología. En *Compro* nos enteramos que en sus viajes al extranjero no pasea ni vista lugares turísticos, él los utiliza para comprar gadgets (que pasarán de moda tan pronto salgan otros nuevos). Él va a los grandes almacenes a comprar. Daniel siempre pontifica que "[a]cuérdate que lo importante no es tener dinero, sino cómo gastas ese dinero" (121). En Houston, Nueva York o en San Diego compra "los últimos aditamentos para su computadora, para un aparato de música, para su celular, para su microcomputadora de bolsillo. . . ." (118) etcétera, etcétera. Con sus amigos se ostenta orgulloso, "[t]odos estos objetos corresponden al consumidor sofisticado. ¿Saben por qué? Porque son de calidad. No compro porquerías. Sé que no son in-dis-pen-sa-bles, pero . . . una vez descubiertos, uno se pregunta cómo pudo haber vivido tanto tiempo sin ellos" (118-9). Daniel tiene que gastar más que los ricos de abolengo que han heredado además del dinero el apellido porque él no lo tiene. Tiene tantos "juguetes" y gasta tanto para impresionar a los otros que no puede concebir, cuando finalmente se entera, cómo lo pudo engañar su esposa Inés si con él lo tenía todo. En *Debo* leemos que "Daniel no sabía ni qué onda con su mujer, ni qué onda con sus hijos, ni qué onda con su trabajo, ni qué onda con su propia vida. Así como Inés se sentía sola, él también estaba solo" (84). Le tomó tres años de psicoterapia a Daniel para darse cuenta de que era "abandonable" y otros tantos a Inés para comprender que su relación con amante solo había sido un intento de "colorear un poquito su vida pintada en diversos tonos de grises" (84). Después de la caída del peso, ellos también se divorcian. Pero tanto Inés como Daniel siguen comprando, aunque ahora compren más en almacenes nacionales.

Existen varios ejemplos de cómo estos personajes mezclan elementos de la comida, de la bebida y de los atuendos nacionales e internacionales. En las múltiples cenas que organizan para impresionar a sus amigos, por ejemplo, compran un exceso de comida y de bebida y sirven buen tequila y caviar como aperitivo. Se visten con ropa hecha por Chanel, Armani, Prada, etc., o con un huipil o como charro mexicano de gala para deslumbrar a sus amistades. En una de esas cenas Ana Paula (la nueva rica), que no sabe cómo comportarse por no ser rica de abolengo, se esfuerza por tener "la mejor" de comida y bebida italiana, pero se equivoca en no tener tequila como aperitivo. Uno a uno de sus comensales llega pidiéndolo y ella no lo tiene. Todo comienza cuando llegan Alejandra y Antonio y piden:

—A mí, un tequila, por favor—pidió Alejandra.

—A mí también, por favor, pero con hielo—agregó Antonio.

Al escuchar esto, Ana Paula se quiso morir. Había comprado todo tipo de bebidas, salvo tequila. . . .

—No me lo van a creer. Pero tengo de todo menos tequila . . . . ¿No se les antoja un vinito blanco de *importation*? — inquirió. (*Compro* 89-90, su énfasis)

Por este grave error, por supuesto será víctima de las críticas de los del "grupo". Pero la crítica más mordaz viene de la narradora que dice, "(¡Qué bárbara! Para qué aclaró que era de importación, y para colmo decirlo en inglés. Primer *faux pas* de la noche de la pobre doña Ana Paula)" (*Compro* 90, su énfasis).

A los del "grupo", a pesar de que les gusta la facilidad de vida que les brinda la tecnología dicen extrañar al viejo México cuando las familias "bien" se conocían y no había gente de quinta como ahora. Mientras Alejandra, Sofía e Inés están en un fin de semana en Tepoztlán (a donde no invitan a Ana Paula por considerarla "naca"), entre bebidas y comida recuerdan cómo era antes:

> —La verdad es que extraño al México de antes, cuando todo el mundo se conocía. Tengo nostalgia de esas fiestas, de las charreadas que se organizaban en las viejas haciendas, de las bodas de antes...
>
> —Para ver cómo ha cambiado México, nada más hay que ver la gente que sale retratada en la sección de Sociales de los periódicos. La verdad es que sale pura gente de quinta. Esas secciones ya ni las leo, me deprimen. (116)

A pesar de sus prejuicios y de sus excesos, lo miembros del "grupo" han logrado mantenerse más o menos saludables físicamente, pero no así casi todos los hijos e hijas de los personajes principales de estos textos que se exceden en todo. En su comportamiento podemos observar los peligros que Gilles Lipovetsky describe en la presentación de *Debo* con respecto a la situación de la sociedad presentada. Él asegura que "El acceso a numerosos objetos de consumo, al progreso de la tecnología, la globalización, los viajes y las tarjetas de crédito, en apariencia nos hace la vida más fácil" (15). Sin embargo, continúa diciendo que cuando ya lo tienes todo y puedes alcanzar lo que deseas, la felicidad se convierte en algo inalcanzable ya que es entonces cuando se recurre a las drogas tratando de encontrarla allí. Asevera que,

> El fenómeno de las dogas acompaña a la era del vacío en una sociedad donde el consumo y el trabajo dan sensaciones muy poco intensas.... Ésta [necesidad de exuberancia] también puede explicarse como un afán de clamar la angustia de una sociedad en la que estamos sufriendo, no por la represión o por el control, sino por el contrario porque ya todo se volvió posible. (16)

Los hijos de estas familias lo tienen todo fácil, han recibido todo o más de lo que sus padres recibieron a la misma edad. Tienen la libertad de hacer y deshacer a su entero gusto. Abusan y maltratan a sus sirvientes, a los empleados de los antros que frecuentan, del alcohol y de las drogas. Uno de ellos, Rodrigo, el hijo de Antonio y de Alejandra pasó meses internado en "Oceánica, el centro de Tratamiento para Alcoholismo y Adición a Otras Drogas" (144), pero no le sirvió de nada y siguió drogándose. Alejandra no acepta que su hijo tenga un problema grave, como los otros jóvenes, y no acepta que sean ellos mismos los culpables del mal estado de su hijo. Es más, piensan que es culpa de los hijos de Ana Paula que les han dado un mal ejemplo. Cuando discuten de si deben llevar o no a su Rodrigo a un centro de desintoxicación Alejandra trata de justificarse diciéndole a Antonio que, "¿[s]abes quién fue siempre una pésima influencia para Rodrigo? Los hijos de Ana Paula. Esos se metían de todo. Además de nacos ¡drogadictos!" (145). A pesar de que culpa a los hijos de Ana Paula por ser malas influencias ellos saben que, tanto Rodrigo como los hijos de todos los del "grupo" abusan de las drogas y del alcohol.

A través de los dos textos los sirvientes, y cualquier otro empleado, de estas familias reciben el maltrato, el desprecio y el despotismo no solo de los hijos sino también de los padres. Ni Marina, la nana y cocinera de Alejandra (que ha estado con ella toda su vida) y de Antonio, se salva de su maltrato. Un día cuando el matrimonio ha invitado a Sofía y a su novio a cenar leemos que Marina está enferma porque llovió toda la noche y se mojó todo en su cuartito, hasta sus camas porque se cuela el agua por todas partes y no hay vidrios en las ventanas. Al no verla por la mañana Alejandra pregunta por ella. Carmen le explica que,

> [a]maneció enferma, señora. Dice que tiene calentura por las aginas. . . . [Alejandra le contesta que] Dile que se tome dos Cafiaspirinas (los bufferins eran para ellos). . . Adviértele que ya mandé a hacer la cena con Víctor Nava pero que de todas maneras la necesito.' Tres horas después, Marina, con una temperatura de 39.2 grados y con una debilidad pavorosa, empezó a preparar lo que serviría de aperitivo. (*Debo* 302)

Alejandra, es como su madre, una mujer totalmente insatisfecha y tiránica a la que la servidumbre no le duraba más de tres meses. A las empleadas, doña Licha, su madre, "[l]es gritaba; las vigilaba; las regañaba; las controlaba; vaso que rompían, vaso que les descontaba de su quincena miserable" (*Debo* 303). Convenientemente, doña Licha tenía ataques de histeria antes de que terminara la quincena y echaba a las mujeres a la calle sin pagarles, acusándolas de robo, leemos, "[a]ntes de irte, enséñame tus cosas', les decía . . . '[e]se carrete de hilo café oscuro es mío. ¿De casualidad ese lápiz de ojos no es de las niñas? Esa botellita de perfume vacía que tiré a la basura, es mía. ¿Por qué recuperaste las medias que mandé tirar?" (*Debo* 303). Todos, son más o menos igual que ella, aunque Sofía piensa que ella trata mejor a sus muchachas porque en su cuarto hasta tienen televisión.

Conclusiones

Para concluir puedo decir que se pueden observar los cambios culturales, la llamada trasculturación, en obras como *Compro, luego existo* y *Debo, luego sufro* porque recrean la vida de personajes perteneciente a la clase burguesa en la Ciudad de México, una clase que tiene gran poder adquisitivo y de movilidad que adquiere hábitos, objetos y costumbres de otras sociedades y que modifica su comportamiento intentando vivir como si estuviera en algún país más desarrollado aunque viva en México y, por consiguiente, no puede alcanzar la felicidad completa. Los personajes, el "grupo" de estos textos, se mueven con gran facilidad y han normalizado sus vidas entre lo local, lo nacional y lo internacional. En su comportamiento se pueden observar el consumismo, el materialismo y superficialidad, mismos que mezclan y entrelazan a sus raíces culturales (de las que no se pueden sustraer), a su racismo y a su clasismo. En ellos, esa mezcla, la de lo local y la de lo foráneo, los hace profundamente infelices y fracasados moralmente. Como consecuencia victimizan tanto a sus sirvientes como a sus propios hijos y ninguno puede alcanzar la felicidad completa. En ese ir y venir, se van transculturando, pareciera que quisieran migrar, pero al estar en México su única "salvación" es transculturarse.

Obras citadas

"Biografía." *Guadalupe Loaeza*. http://guadalupeloaeza.com.mx/biografia.php. Consultado 26 abril, 2018.

Foucault, Michel. *Historia de la sexualidad 1-La voluntad de saber*. Traducida por Ulises Guiñazú. Siglo Veintiuno, 15a edición en español, 1987.

—. "Of Other Spaces: Utopias and Heterotopias." *Architecture /Mouvement / Continuité*. Translated by Jay Miskowiec. March 1967, https://web.mit.edu/allanmc/www/foucault1.pdf October 1984. Consultado el 20 de septiembre, 2020.

Held, David. "Introduction." *A Globilizing World? Culture, Economics, Politics*. Routledge, 2000, pp. 1-4.

Loaeza, Guadalupe. *Compro, luego existo*. Alianza Editorial, 1991.

—. *Debo, luego sufro*. Océano, 2000.

—. *Oaxaca de mis amores*. Entrevistada por Paco Ignacio Taibo II. XVI Feria Internacional del Libro del Zócalo. Para leer en libertad, 2016, www.youtube.com/watch?v=vl4iVtiCw9U. Consultado el 22 de septiembre, 2020.

Manzo-Robledo, Francisco. "La segmentación de los grupos sociales en el espacio urbano: *La región más transparente* (1958) de Carlos Fuentes y *Las reinas de Polanco* de Guadalupe Loaeza (1988)." *Espéculo. Revista de estudios literarios*. 23, Universidad Complutense de Madrid, 2003. www.ucm.es/info/especulo/numero23/segmenta.html. Consultado el 1 de mayo, 2018.

Oleza, Joan. "Multiculturalismo y globalización: pensando históricamente el presente desde la literatura." *Prosopopeya. Revista de crítica contemporánea*, otoño-invierno, no. 4, 2003, pp. 133-156.

Ortiz, Fernando. *Contrapunteo cubano del tabaco al azúcar.* Consejo Nacional de cultura, 1963.

Quesada, Catalina. "Presentación: Nuestra globalización." *Cultura y globalización en Hispanoamérica. Pasavento: Revista de estudios Hispánicos*, vol. II, no. 2, (verano 2014), pp. 261-71.

Said, Edward W. "Traveling Theory". *The World, the Text, and the Critic.* Harvard University Press, 1983.

Índice Analítico

A

Abrams 11, 12, 23, 24
Abyección (abyecto) 11, 25, 149, 147, 64, 66, 149, 67,136
Aculturación/aculturarse iv, ix, 69,72, 75, 79, 80, 84, 85, 87, 88, 119, 198, 276
Acto 21, 40, 41, 43, 44, 45, 81, 99, 100, 101, 102, 103, 104, 109, 154, 169, 170, 188, 221, 222, 270
Agamben (Profanaciones) vi, vii, 40, 42, 45, 51, 52, 55, 56, 125, 133
Agenciamiento 10, 103, 136, 140,159, 211, 221, 222, 223,229, 230, 231, 237, 251, 264, 271
Ahora me rindo ix, xi, 97, 98, 99, 100, 101, 102, 104, 105, 106, 108, 112, 113
Akutagawa 139, 147
Alfonso Caso 11
Alfonso Reyes 129
Alimento 31, 40, 42, 43, 44, 45, 46, 206
Alma 20, 24, 49, 85, 122, 209, 210, 236
Alienación 83
Alire Sáenz 5, 10, 177, 178, 179, 180, 181, 182, 183, 184, 185, 186, 187, 188,189
Álvaro Enrigue 9, 97, 98
Altar 34, 86
América 11, 15, 24, 39, 61, 62, 64, 65, 74, 79, 92, 95, 104, 130, 119, 122, 123, 133, 134, 170, 175, 186, 198, 218, 219, 231, 235, 247, 248, 249, 251, 277

Ángel Rama 7, 25, 119, 127, 198
Animal 18, 42, 45, 70, 86, 87, 123, 124, 213
Antiguo 56, 65, 74, 131, 125, 208
Antropológico 153, 157, 158, 159, 165, 169, 172, 173
Apachería 98, 99, 100, 101,102, 104, 106, 107, 109, 112
Apocalipsis 16, 45
Aquelarre 121, 123, 128
Augé 153, 156, 157, 158, 159,162, 170, 171,73
Austin (López) 17, 19, 23, 190, 254, 259
Autobiografía 67, 98, 155
Auto-identidades ix, 61, 173
Auto-etnografía 62, 66, 67, 71, 73, 94
Auto-representación 65, 67, 68, 77
A vuelta de rueda tras la muerte 177, 179,180, 181, 188, 190
Asimilación 99, 127, 247
Asesinato 35, 80, 128, 136, 139, 141, 145, 146, 188, 202, 246, 249, 253, 254, 256, 259, 260, 261, 268, 271
Arguedas 120, 198
Arquetipo viii, 6, 7, 9, 11,12, 14, 20, 23, 39, 40, 41, 42, 44, 56, 135, 141, 145
Aztlán 16, 17, 33, 201
Aztecas viii, xi, 5, 6, 12, 13, 14, 15, 16, 17, 18, 21, 23. 24, 25, 31, 32, 33, 34, 35, 36, 38, 62, 81, 200, 201, 206, 212, 240

B

Bárbaro/barbarismo/Barbarie 35, 38, 39, 41, 53, 54, 55, 64, 118, 181, 185, 190, 244, 245
Baudot 64, 65, 73
Bateille Georges vii, 6, 8, 10, 12, 13, 15, 18, 22
Balas de Plata 259, 264, 271
Beatriz Sarlo vii, 119, 127, 133
Bellinghausen 78, 89, 90, 92, 94
Bernardino de Sahagún 18, 30, 200
Besar a detective 253, 266, 271
Bill Cope 29, 37
Bien y mal vii, 8, 9, 10, 11, 12, 16, 21, 36, 268
Biopolítico 39, 53, 97
Biopoder 46, 137
Bolaño xi, 178, 189, 190, 235, 236, 237, 238, 239, 240, 241, 242, 243, 244, 245, 246, 247, 248, 249, 250, 251
Bolivar Echeverría viii, 5, 8
Borrar, borrarse, borrado 87, 100, 102, 103, 104, 154, 159
Briceida Cuevas 71
Brolisnaw, Malinowski 118, 277,
Bruja viii, ix, 117, 118, 119, 121, 122, 123, 124, 125, 126, 127, 128, 129, 130, 132, 133, 136, 137, 139, 140, 142, 144, 145, 146
Byron 26, 37

C

Carlos Fuentes 155, 280, 287
Carlos Monsivais 206, 207
Capitalismo Gore 254, 255, 265, 270, 271
Cristina Rivera Garza 98, 105, 255, 261, 264

Cultura(s), cultural, aculturación, etc. vii, ix, x, xi, 8, 11, 12, 13, 15, 18, 22, 23, 25, 26, 28, 37, 38, 39, 47, 48, 49, 50, 51, 52, 61, 62, 63, 64, 65, 66, 67, 68, 69, 72, 73, 75, 76, 77, 78, 79, 80, 81, 83, 84, 85, 86, 87, 88, 89, 90, 91, 93, 94, 95, 99, 109, 110, 112, 113, 118, 121, 125, 126, 127, 133, 134, 145, 147, 153, 154, 155, 156, 157, 158, 160, 161, 167, 168, 170, 173, 174, 175, 177, 178, 183, 184, 185, 188, 190, 195, 197, 198, 201, 204, 205, 210, 212, 214, 215, 216, 217, 221, 222, 224, 225, 226, 227, 228, 229, 230, 238, 239, 241, 243, 247, 249, 253, 254, 255, 256, 257, 258, 267, 269, 270, 271, 275, 276, 277, 278, 279, 287, 288
Coatlicue 200, 201, 202, 203
Contrapunteo Cubano 218, 276, 288
Códice Borgia, Borbónico, Florentino 18, 30
Cora 197, 200, 202, 203, 211
Corrido(s) 154, 156, 157, 163, 166, 167, 168, 170, 171, 173, 175, 197, 212
Cosmos (micro) 21, 35, 48, 56, 140
Crosthwaite, Luis 154, 164, 169, 186, 222, 223, 225, 226, 228, 229, 231

D

Dios/dioses, dios(a) 8, 11, 12, 15, 16, 17, 18, 20, 21, 22, 26, 29, 30, 31, 32, 33, 34, 35, 37, 38,40, 49, 65, 81, 100, 200, 201, 206, 212, 213, 214, 217
Divina 9, 48, 202
Deidad/es 21, 31, 34, 200

Duchesne-Winter 56, 46, 51, 55, 56
Doris Sommer 76, 106, 113
Drácula 12, 28

E

El Huésped viii, ix, xi, 39, 40, 41, 43, 45, 49, 50, 51, 52, 53, 56, 57
Espacio(s) vii, ix, x, 9, 25, 26, 27, 33, 40, 46, 53, 104, 107, 109, 125, 127, 129, 130, 131, 135, 136, 139, 140, 143, 144, 145, 153, 154, 156, 157, 158, 159, 160, 162, 163, 164, 165, 166, 167, 169, 170, 171, 172, 173, 174, 177, 178, 179, 181, 182, 183, 184, 185, 186, 187, 188, 191, 196, 199, 201, 215, 218, 221, 222, 223, 224, 225, 226, 227, 228, 229, 230, 231, 235, 237, 238, 243, 245, 246, 250, 253, 255, 256, 262, 280, 283, 287
España/español/la 14, 15, 18, 30, 38, 62, 63, 64, 65, 67, 77, 88, 92, 99, 100, 103, 110, 111, 118, 156, 158, 161, 167, 168, 174, 177, 178, 188, 189, 197, 203, 206, 208, 209, 212, 214, 227, 228, 230, 250, 275, 277, 287
Estados Unidos (de América) vii, x, 17, 80, 92, 98, 100, 101, 104, 105, 107,108, 110, 156, 160, 162, 166, 168, 170, 179, 181, 182, 185, 186, 188, 191, 195, 196, 197, 199, 204, 205, 206, 209, 212, 214, 216, 217, 218, 222, 223, 227, 228, 230, 255, 256, 261, 276
Estadunidense x, 7, 15, 16, 99, 100, 101, 103, 104, 106, 110, 129, 156, 166, 167, 169, 172, 177,178, 179, 180, 181, 188, 199, 209, 212, 214, 267

F

Félix Jorge Baez 30, 37
Fernando Ortiz vii, viii, ix, 25, 118, 119, 120, 126, 133, 276, 198
Frontera/fronterizo ix, x, 97, 98, 99, 100, 104,107, 110, 113, 125, 146, 153, 154, 155, 156, 157, 158, 159, 160, 164, 165, 166, 167, 169, 170, 171, 172, 173, 174, 177, 178, 179, 180, 182,183, 184,185, 186, 187, 188, 189, 190, 191, 196, 197, 199, 204, 205, 209, 212, 214, 215, 216, 217, 218, 221, 222, 223, 224, 225, 227, 228, 229, 230, 231, 240, 247, 253, 254, 256, 262

G

Galtung vii, ix, 80, 81, 82, 83, 88, 95
Género (trans-género) viii, x, 17, 27, 69, 83, 105, 121, 141, 156, 167, 168, 173, 182, 191, 195, 196, 197, 199, 200, 202, 207, 212, 215, 219, 224, 258, 265
Geografía (s) xi, 143, 183, 185, 186, 188, 189, 190, 235, 236, 237, 238, 239, 241, 243, 244, 245, 246, 247, 248, 250
Geopolítico 53, 97, 101, 107, 179, 221, 222
Gilbert Durand ix, 39, 40, 53, 54, 56
Gloria Anzaldúa 107, 155, 174, 209, 214
Guamán Poma 65, 73
Gótico viii, 25, 26, 27, 28, 29, 31, 33, 34, 44, 54
Greenblatt, self-fashioning 67, 73

H

Hambre viii, 17, 39, 40, 41, 42, 43, 44, 45, 47, 72, 92, 93
Hegemónico(a)(s) viii, 221, 222, 228, 229, 231
Heterogeneidad (heterogéneas/os) x, 26, 36, 154, 155, 198, 278
Hombres-búho 5, 17, 18, 21
Homi Bhabha 109, 228, 231
Hubert Matiuwaá 75, 79, 80, 84, 88, 95
Husserl 6, 9, 10, 11, 22

I

Irma Pineda ix, 72, 75, 78, 79
Iuri Lotman 26, 125, vii
Indigenismo 65, 76, 77
Intertextual, intertextualidad 27, 28, 147
Imaginario 37, 40, 42, 56, 62, 76, 97, 121, 129, 165, 166, 169, 171, 172, 183, 185, 189, 213, 231

J

Juan Tiburcio 70,
Jung vii, viii, 5, 6, 7, 8, 9, 10, 11, 12, 13, 14, 15, 16, 20, 21, 22, 23, 24, 39, 40, 41, 46, 48, 53

L

Leetoy 61, 73,
Literatura de los pueblos originarios 77, 79, 62
Los Perros del fin del mundo 36
Los Tigres del Norte 154, 166, 167, *168, 170, 172, 173, 174*
Longue Durée 97

M

Mabel Moraña viii, 119
Malinche 195, 196, 199, 206, 207, 208, 209, 210, 211, 212, 214, 216
Margo Glantz 206, 210
Mictlán 30, 160, 195, 197, 198, 199, 200, 216, 217
Michelle Foucault 49, 56, 276, 287
Migración ix, x, 26, 27, 29, 75, 78, 80, 83, 84, 86, 92, 93, 108, 109, 110, 126, 153, 156, 160, 166, 168, 172, 181, 189, 190, 195, 196, 197, 200, 204, 205, 212, 214, 215, 217, 218, 221, 222, 235, 242
Montemayor 64, 67, 73, 78, 95

N

Nahualli 30, 38
Náhuatl 6, 12, 23, 37, 38, 64, 69, 161, 167, 217
Natalio Hernández 69, 77
Natalia Toledo 71, 74
Nettel viii, 39, 41, 43, 45, 47, 48, 50, 52, 53, 54, 56, 57

O

Oralidad 61, 73, 80, 94, 95, 103, 117, 127, 128, 129, 130, 131, 132, 214

P

Poético viii, ix, 49, 72, 75, 79, 80, 82, 84, 85, 86, 87, 88, 89, 91, 92, 93, 94, 100, 106, 129, 147, 161, 210, 215, 218, 235, 271
Pratt vii, ix, 67, 73, 209, 210, 218
Prehispánico vii, viii, 5, 18, 77, 97

Pueblos Originarios 61, 62, 63,65, 66, 68, 73, 75, 76, 77, 78, 80, 81, 82, 83, 88, 91, 93, 94, 95, 101, 109

Q

Quinn-Sánchez K 65, 73, 76, 95
Quetzalcóatl 11, 12, 30, 65, 198, 202, 204, 217, 218
Queer 137, 147, 264, 265

R

Ricardo Vigueras 177, 178, 179, 180, 181, 182, 184, 185, 187, 188, 190
Ricoeur vii, 73

S

Sacrificio 12, 13, 15, 17, 20, 21, 30, 31, 32, 33, 34, 56, 111, 201, 221, 222
Semiósfera 25, 27, 28, 131
Soler Frost (Pablo) viii, 5, 6, 13, 14, 17, 18, 19, 20, 21, 23, 25, 38

T

Tiempo profundo 97
Transmedia(l) vii, viii, 25, 26, 27, 28, 29, 31, 32, 34, 35, 36
Transcultural(idad, es) transculturalizado, vii, viii, ix, xi, 34, 35, 81, 117, 120, 121, 126, 127, 130, 132, 134, 235, 236, 237, 238, 239, 244, 245, 270, 278,
Tezcatlipoca vii, viii, 11, 12, 15, 16, 21,25, 26, 29, 30, 31, 32, 33, 34, 35, 36, 37, 38, 200, 202, 217
Todorov 15, 24, 63, 74, 215, 219
Tzompantli (Corto metraje), viii, 25, 30, 31, 32, 37, 38

V

Vasos comunicantes 28, 185
Vampiros viii, xi, 5, 6, 12, 13, 14, 16, 17, 21, 23, 25, 28, 31, 32, 33, 35, 38, 46
Veracruz 37, 70, 121, 122, 123, 126, 130, 132, 133, 134, 135, 136, 143, 146
Viaje 16, 17, 44, 99, 161, 166, 195, 197, 198, 199, 200, 204, 205, 211, 213, 214, 216, 237, 239, 254, 283, 285
Violencia(s) viii, ix, x, xi, 15, 16, 18, 31, 32, 33, 35, 36, 55, 61, 62, 68, 72, 75, 78, 80, 81, 82, 83, 84, 85, 87, 88, 89, 92, 94, 95, 103, 105, 106, 107, 112, 121, 130, 140, 143, 146, 177, 178, 184, 186, 187, 188, 189, 190, 191, 196, 201, 202, 207, 208, 219, 226, 235, 236, 237, 238, 242, 244, 245, 250, 253, 254, 255, 256, 257, 258, 259, 260, 261, 263, 265, 266, 268, 269, 270, 271

W

Walter Mignolo 106, 107

Y

Yásnaya Aguilar 109, 110
Yuri Herrera x, 153, 157, 160, 164, 166, 168, 175, 196, 200, 218, 219

Z

Zapoteco/ca(s) 62, 73, 75, 77, 79, 81, 84, 87, 88
Zonas (fronterizas, rurales, etc) 81, 82, 94, 172, 173, 197, 215, 225, 246, 262
Zombi(s) 44, 56

CPSIA information can be obtained
at www.ICGtesting.com
Printed in the USA
BVHW072119120223
658291BV00014B/2017